为了人与书的相遇

Chinese and Americans: A Shared History

中国人与美国人：一部共有的历史

徐国琦 著 尤卫群 译

四川人民出版社

CHINESE AND AMERICANS: A Shared History
by Xu Guoqi
Copyright © 2014 by the President and Fellows of Harvard College
Published by arrangement with Harvard University Press
through Bardon-Chinese Media Agency
Simplified Chinese translation copyright © 2019
by Beijing Imaginist Time Culture Co., Ltd.
ALL RIGHTS RESERVED

四川省版权局著作权合同登记号：图［进］21-2019-27

图书在版编目(CIP)数据

中国人与美国人 / 徐国琦著；尤卫群译.
— 成都：四川人民出版社，2019.1
ISBN 978-7-220-10817-4
Ⅰ.①中… Ⅱ.①徐…②尤… Ⅲ.①中美关系－国际关系史
Ⅳ.①D829.712
中国版本图书馆CIP数据核字(2018)第255199号

出版发行：	四川人民出版社
地　　址：	成都槐树街2号
网　　址：	http://www.scpph.com

责任编辑：张春晓
特邀编辑：马希哲
装帧设计：陆智昌
内文制作：陈基胜
全国新华书店经销
山东临沂新华印刷物流集团有限责任公司　印刷

开本：965mm × 635mm　1/16
印张：21　字数：265千字
2019年1月第1版　2019年1月第1次印刷
定价：78.00元

如发现印装质量问题，影响阅读，请与印刷厂联系调换

谨以此书献给美茵、文歆和文虎

——他们代表了中国人和美国人最优秀的品德

序

这本书的副标题"一部共有的历史"*，为我们提供了一把钥匙，它不但是徐国琦解读美中关系史的关键所在，而且指出了当今史学研究的一个重大发展方向。

徐国琦自己就是"共有的历史"精神的代表。他自1962年在安徽出生，就是中国历史不可分割的一部分。后来他负笈美国求学，如今是一名杰出的历史学家，他的著作为中国和美国的历史研究，实际上为整个世界的历史研究都做出了卓越的贡献。

他出生的村庄地处中国最贫穷的地区之一，那里直到1993年才正常通电。尽管他的父母都不识字，但国琦却是非同凡响的学生。1980年他被安徽师范大学录取，大学毕业后考入南开大学成为美国史专业的研究生。他的导师是杨生茂先生。杨生茂先生曾在1940年代在斯坦福大学师从托马斯·贝利（Thomas Bailey）。1987年徐国琦获得硕士学位。在获得哈佛—燕京学社奖学金到哈佛攻读博士之前，他曾在南开大学历史研究所任教。

1991年他开始在哈佛大学学习，我就是在那时第一次见到他的。

---

* "Shared history"常被译成"共享的历史"，本书采用台湾师范大学历史系吴翎君教授的译法，见吴翎君《从徐国琦Chinese and Americans: A Shared History谈美国学界对中美关系史研究的新取径》，《台大历史学报》第55期（2015年6月），219—249页。特此致谢。——译注

他和许多外国学生一样，也包括我自己在内都曾有过同样的经历，那就是在最初开始学习的时候，英文口语和写作都不过关，特别是，他对于数十年间欧美历史学家在学术及文献研究方面的发展，对他们所取得的研究成果，都不甚了了，因为中华人民共和国在很长一段时期几乎完全封闭了与国外学术界的联系。所以，徐国琦不仅要克服语言方面的困难，还要迅速跟上历史学界不断发展的学术研究步伐。可以说他在这两方面的努力都非常成功。

我们如今仍然能在他身上看到推动他成功的两个重要品质：毅力和执著。他在博士论文写作期间，是哈佛大学非常受欢迎的助教。1999年博士论文完成之后，他即任教于密歇根克拉马祖学院（Kalamazoo College），在那里一直工作到2009年，之后转赴香港大学任职。

在美期间，他将研究兴趣扩展到国际史，其中又以中美关系为侧重点。我相信，这对于他自己和学术界来说，都是十分令人欣慰的选择。美国史和中国近现代史都是他的看家领域，而且他一直是从全球视野出发考察这些国家的历史。这些特点体现在他在很短的时间内接连出版的以下学术专著当中：《中国与大战——寻求新的国家认同与国际化》（China and the Great War，2005）、《奥林匹克之梦——中国与体育，1895—2008》（Olympic Dreams: China and Sports, 1895-2008，2008），以及《西线陌生客——一战中的华工》（Strangers on the Western Front: Chinese Workers in the Great War，2011）。总的来说，这三本书都是建立在对欧洲、美国等多个国家和地区档案文献研究基础之上的学术专著，都是如何以"国际化视野"研究历史的典范。他的第一本书考察在国际化乃至寻求新的国家认同的过程中，作为这一进程的一部分，中国是如何于1917年加入到对抗德国的第一次世界大战之中；第二部著作侧重于体育运动，追溯中国人对于国际体育赛事，特别是奥林匹克运动会坚定不移地追求和积极参与；第三本专著叙述第一次世界大战期间，赴欧华工同欧洲人和美国人在欧洲战场共处，从而建立起千丝万缕的直接或间接的联系。

徐国琦的所有这些著作，包括以中文写作的专著及文章在内，都表明他在历史学家们将历史研究国际化的转变中，站在了最前列。不仅在研究单个国家的国别史领域，而且在研究不同民族国家之间交流互动的国际史领域，都是如此。根据传统，这一主题曾被"大国兴衰"的概念所涵盖，也即对不同国家根据其各自的大事记展开分析，通常用"国家利益"、"国家安全"、"力量均衡"这一类的词语来解读。这样的研究不可避免地倾向于以西方为中心，特别是偏重西欧和美国，世界上其余的国家和地区则主要是作为大国力量延伸和控制的对象而进入人们的视野。然而史学研究的国际史方法则是最大限度地将世界上尽可能多的国家和地区纳入研究范围。徐国琦的著作向人们展示应该如何运用国际史的研究方法，指出为什么以欧洲为中心书写近代国际关系在今天看来完全是不合时宜的。

同时，在国际史研究中，历史学家们已经将注意力越来越多地集中在个人及其所属的社团方面，而不是简单地侧重于政府和军队因素。在这个意义上，"国际"事务强调跨民族或跨社会的交流互动。在这一层面，重点在于不同的民族和非政府机构（如宗教团体、商业社团及各种文化机构）是怎样进行跨国界接触的。人际交往、团体之间的联系是弄清这些现象的关键，而在更为正式的国家间交往中，国家安全、领土完整和力量均衡则是政府的首要考量。换句话说，在一个层面的国际关系中人们假定国家之间存在分歧及潜在的冲突，而在另一个层面，国际关系实质上意味着无限的跨越全球的交往。

徐国琦的这本新作为上述第二个层面的研究做出了显著的贡献。这本书将焦点集中在中美两国民间的、个人的以及非政府机构之间的互相交往和积极互动，而不是像许多同类著作那样只述及两国政府之间的官方往来。这本书从一开始就向人们展示，不管国与国之间的外交关系如何演变，都存在自成一体的各阶层交往，即非政府的交往，这一类互动自始至终都很活跃。这一点在教育领域尤其值得注意。中国的学生和老师被带到美国，美国则相应地将教育者和传教士送过太平洋。在这样的过程中所成就的是共有的经历，之所以是共有的，是因为所有这些个人同接受他们的各个机构和学校之间建立了他们自己特定的关系。中国人和美国人可能都很在意各自在对方心目中的形象，他们对于未来也都产生出相互依存的发展愿景。从这个意义上来说，这些特定关系有时会比实际存在的更"虚幻"和不可捉摸。

这一共有的历史并非中美所独具或是排他性的，它同样适用于中国人和美国人之外的世界。徐国琦正确地摒弃了文化决定论，这种文化决定论认定每个民族有其独特的文化传统，这些文化传统从来不会因为跨文化交往的存在而发生任何改变，始终如一。

这样的文化决定论在某些时候钳制了国际关系研究。然而，这里展现的共有的历史取代了文化决定论，并且会被亚太地区乃至全世界的许多人赞赏和推崇。所有历史都属于全人类。从来就不存在什么只为某一个国家及其人民所拥有而不被任何其他人所共有的历史。

所有历史必定都是共有的历史，但是这种共有的历史究竟如何形成，则需要翔实的研究论证。这本书就是这样的指点迷津之作。

入江昭
哈佛大学

致谢

在近三十年的时间里,关于如何理解中美关系史的问题一直吸引着我。1980年代我先是到南开大学攻读研究生,后来留校任教,从那时起开始认真思考这个问题。已故的杨生茂教授当年是我的导师,在他的指导下,我开始对这一专题进行系统性的学习,甚至将我的研究结果收录在杨先生主编的《美国外交政策史》一书中。1990年代我有幸来到哈佛大学,在传奇学者入江昭教授门下攻读博士学位。从文化和跨民族/跨国家的视角出发,入江教授彻底改变了我对中美关系及其历史的认识。哈佛大学毕业之后我来到密歇根州,任教于克拉马祖学院,在美国的腹地亲身观察体验美国文化、社会和政治,数年间收获极大。2009年,在美国生活、学习和工作了近二十年之后,我回到中国任教于香港大学,因而有了新的机会直接观察和研究中国政治和社会。多年来我一直想要根据我的学习和思考写一本有关中美关系的专著。在我已经完成的几本书中,如《中国与大战》、《奥林匹克之梦》,以及《一战中的华工》,读者轻易就可以找到我对中美关系思考的脉络。如今,在将近三十年之后,我终于将这本聚焦中美关系研究新视野的专著呈献在读者面前。我首先要感谢的,是我终生的导师入江昭教授和已故的杨生茂教授,是他们将我带入这一引人入胜的领域。入江教授在本书的写作过程中给予了我无数的鼓励,并花费宝贵时间用心阅读整部手稿,给我提出极其宝贵睿智的建议和洞见。如果没有入江教授持续不断的大力支持和鼓励,这本书不可能完成。入江教授不仅带着宽宏的关爱为拙著作序,对这本小书褒奖有加,更重要的是,在他身上体现出一位真正的大师和导师的风范以及他对学生们的学术研究全心奉献的精神。无论就个人还是专业方面,没有人比入江教授对我的影响更深刻。我还要向哈佛大学出版社的编辑林赛水(Lindsay Waters)表示衷心的感谢,他不仅在几年前就鼓励我撰写这本书,并且耐心等待本书的完成,而且对我从未失去信心。他的助手王珊珊巧妙地使我的写作不偏离正轨,在我有问题和需要帮助的时候随时为我提供协助和指导。我要向在威斯特切斯特印刷服务公司(Westchester Publishing Services)的John Donohue及其团队表示由衷的感谢,感谢他们为本书所做的出色的排版编辑工作。

由于这本书是多年的思考、研究以及写作的积累,我无法记下所有更多在学术上有恩于我的机构和个人并逐一致谢。谨向为这本书的完成直接提供帮助的人们尽可能地表示特别的谢意:Ernest R. May教授,我在哈佛大学就读时曾有幸受教于他,2008年秋天,当我同他在其肯尼迪政府学院的办公室讨论这本书的细节时,他毫不掩饰对本书主题的极大兴趣和兴奋之情,并给予我许多极好的意见和鼓励,甚至提出在这本书完成之后为之作序。令人悲痛的是,没等我有机会呈现给他完成的书稿,他便于2009年不幸逝世。然而,他的深刻影响留在了本书的很多篇章之间。何复德(Chuck Hayford)和Terre Fisher不止一次通读了本书的手稿。何复德认真地审阅全部章节,并提出了很多尖锐的批评意见和深刻的建设性见解,以及非常宝贵和富有见地的建议,使得本书比较完善。为使我的思路和语言和谐统一,Terre以她卓越的编辑组织才干使得最后的成书有了极大的改进,我对此永远心存感激。庄竞滔(Kendall

致 谢

Johnson）和 Barbara Keys 也分别仔细通读了手稿，并提出许多深刻见解和意见。

Jay Winter 教授以及他在耶鲁大学的研究助手 Alice Kelly，都热心回应我的求助，为寻找耶鲁大学相关手稿和档案中的某些资料提供了及时和无价的帮助。多年的老朋友赵梅是北京《美国研究》杂志极富才华和见地的优秀主编，因为她的鼓励，我曾在1980年代末至1990年代中为《美国研究》写了几篇有关中美关系以及美国外交政策方面的文章。后来由于需要集中精力完成我的哈佛大学博士论文，我不得不停止相关文章的写作。但如果没有赵梅博士督促我对有关问题继续进行思考，写作本书的学术研究之火恐怕早已熄灭。

我还要感谢以下各位所提供的特别帮助：哈佛大学哈佛—燕京图书馆的林希文（Raymond Lum）在他的工作范围之外帮助我搜寻档案资料。哈特福德高中档案馆的 R. J. Luke Williams 花费很多时间同我一起查询珍贵的馆藏，甚至同我分享他自己所写的相关文章。台北"中央研究院"胡适纪念馆的潘光哲馆长在我查询图书档案时，特别准许我查阅图书馆内很多尚未公开的资料。吴翎君也为我搜寻档案资料提供了大量帮助，并同我分享对中美关系的共同兴趣。路康乐（Edward J. M. Rhoads）准许我阅读他当时尚未出版的关于清代留美幼童研究的书稿，石约翰（John E. Schrecker）特别给我看他的有关蒲安臣研究的资料，并且在长达十年的时间里花费了许多时间就我们共同的研究兴趣展开讨论。我的三位出色的研究助手同为哈佛大学学生：Michael Chang、Lily（Jiali）Zhu 和 Chen Yichen，他们都为我的研究提供了我所需要的帮助。Hajo Frolich 也为我提供了许多及时的帮助。

很多学校和机构都为这本书的完成提供了极大的帮助。在香港大学，我有幸同许多关心、支持和慷慨帮助我的人一起工作，真是莫大的福分。我对我的历史系同事们给予的支持表示最热忱的感谢，感谢文学院院长雷金庆（Kam Louie）和行政院长沈德祥（Edward Shen），无论何时，他们都在我需要的时候一如既往地给予我支持和帮助。感谢香港大学文学院的查良镛学术基金会（Louis Cha Fund）和徐朗星研究基金会（Hsu Long-Sing Research Fund）的慷慨资助。香港大学所提供的基础研究资助，并给我急需的学术研究假，是使我的研究和从事本书写作不受太大干扰的关键。我还要向哈佛大学瑞德克利夫高级研究院（Radcliffe Institute for Advanced Study）表示由衷的谢忱，在本书立项之初，我曾于2008—2009年间作为驻院研究员在那里进行研究写作，研究院不仅提供了一个激励我思考和大有收获的环境，使我能够快速启动写作本书的项目，还为此向我提供了几位非常胜任的助手。2013年夏，研究院让我重新返回，允许我在那里对已经完成的书稿进行最后润色。我也非常感谢剑桥大学的Hughes Hall学院，通过多丽丝·施文香港大学—剑桥大学Hughes Hall基金（Doris Zimmern HKU-Cambridge Hughes Hall fellowship）的支持，我得以在剑桥大学美丽的校园从事这本书的研究写作，在那里度过了一段收获丰硕的时光。

许多图书馆和档案馆都使我受益巨大。除了我所在的香港大学的图书馆提供那些极有价值的馆藏之外，下列图书馆为我查阅其珍贵的资料收藏提供了极大的方便：哈佛大学档案馆和图书馆、耶鲁大学手稿图书馆和档案馆、英国国家档案馆、大英图书馆、康涅狄格历史协会、哥伦比亚大学善本书及手稿图书馆、约翰·霍普金斯大学档案馆、亨廷顿图书馆、华盛顿州立大学特殊馆藏部、美国国家档案馆、吉米·卡特总统图书馆、理查德·尼克松总统图书馆、约翰·肯尼迪总统图书馆、杰拉德·福特总统图书馆、美国国会图书馆手稿部、北京国家图书馆、台北"中央研究院"近代史研究所档案馆、台北"中央研究院"胡适纪念馆藏书资料库、基督教青年会档案馆（YMCA Archives, University of Minnesota, Minneapolis）、本特利历史图书馆（Bentley Historical Library, University of Michigan, Ann Arbor）、哈特福德高中档案馆、圣三一学院伯克利图书馆、都柏林大学学院詹姆斯·乔伊斯图书馆、柏林德国外交部历史档案馆、巴黎法国外交部档案馆等。本书的完成离不开以上所有个人和机构的帮助，但书中若留有任何事实上的出入或解释上的错误，责任当由作者本人独自承担。

在所有这一切之上，我最深深感激的人是我的妻子尤卫群，她的理解和奉献精神使她全力在各方面支持和帮助我的工作。我的三个孩子美茵、文歆和文虎都给了我很多鼓励和支持。他们继承了中国文化传统而成长于美国，是中国人和美国人的最好代表。我带着对他们的爱和羡慕将这本书献给他们，希望通过他们以及其他很多人的努力，未来的中美关系将会享有更多的合作互利，有共同的价值观及对未来的展望，而冲突和误解将会越来越少。

目　录

导言　中国人和美国人之间非同寻常的共有历史 / 001

19 世纪的使者
第一章　蒲安臣——中国派往世界的第一位使节 / 025
第二章　中国第一批留学生——19 世纪的清代留美幼童 / 075
第三章　戈鲲化：美国第一位汉语教师 / 107

国际化中的中国和美国
第四章　古德诺：中国的美国顾问 / 143
第五章　约翰·杜威：洋孔子兼文化大使 / 211

大众文化与中美关系
第六章　由体育运动而产生的共有外交旅程 / 243

结　语 / 269
注　释 / 275
参考文献 / 301
索　引 / 311

导言
中国人和美国人之间非同寻常的共有历史

> 在为自由而战的革命中诞生的美利坚,是一个年轻的国家……但我们的宪法却是全世界延续使用的最老的成文宪法。中华文明……是世界上最古老的文明。然而作为现代国家,中国却很年轻。我们可以互相学习。
>
> ——吉米·卡特

2008年8月8日是北京选定的夏季奥林匹克运动会开幕的日子,就在这一天,美国总统乔治·布什(George W. Bush)参加了美国驻北京大使馆新馆大楼——"新时代之新使馆"[1]的落成使用揭幕典礼。中国人和美国人都特别愿意选择这一幸运的日子来开启新纪元。为了纪念新馆的启用,美国国务院就中美两国之间悠久的历史交往特别编辑出版了一本印刷精美、图文并茂的纪念册。这本书的英文版和中文版几乎同时发行。书的名字为《共同的旅程:中美两百年史》(*A Journey Shared: The United States and China–Two Hundred Years of History*)。遗憾的是,这本只有短短64页的书乏善可陈,即便被冠以如此立意高远的书名,充其量也只是一般的外交史大事记,遗漏了真正的共同旅程之中那些关键落脚点。正是由于这些严重缺陷,历史学家易社强(John Israel)将这本书称为"咖啡桌上的读物"。[2]

如果说在这里美国国务院颇有失误,那么多年的学术研究中也存在同样的问题。以传统视角研究中美关系似乎有两个致命缺陷:第一,这些研究通常以美国和美国人为着眼点,只把中国人简单地作为对西方所进行的各项活动及行为的被动反应者来描述。很少有人给中国人率先做出的乃至改变中美关系的行为予以同等程度的重视。第二,这些研究通常设定一种自上而下的方法,过分强调政府部门、政治家和经济方面的作用,而轻视和忽略个人因素,特别是那些中国人和美国人合作发起、共同积极参与其中的活动和经历,例如体育运动这样的大众文化。读者可以随便拿起一本中美关系史通论,里面对本书所涉及的个案几乎看不到任何认真的探讨。这种传统研究方法无法提供完整的历史画面,但是只有在完整的历史画面中,中国人和美国人才会被同等聚焦,才能显示出他们为加深相互了解和建立更好的双边关系，各自在观念的形成及推动实施方面是如何不相上下，如何同样的积极活跃。

这本书要与众不同。它既不是关于文化差异和冲突、战争的发端、文明的碰撞、美国的衰落或天朝的崩溃的论述，亦非对中美之间的外交关系、政治关系、种族关系，以及经济关系进行传统衡量——这种传统意义的查考虽然极有见地，但是已经被用滥。我只是不想在众多的同类论著中照例再添一本罢了。相反，这本书分析的是那些极为明显却又令人不解地被忽视或曲解的文化交流中的个案、中美之间共性发掘中的个案，以及中国人与美国人在共有的历史经验积累中所做出的贡献的个案。本书通过以文化而非政治、经济、种族或外交为参照系，揭示中国人和美国人共有的历史过去如何为民族的发展追求带来影响，指出中国人和美国人的共同经验所具有的重大历史意义。在本书的写作中，我选择从文化视野出发，而不是站在政治、经济或者外交的角度进行研究。我所说的"文化"主要指在从19世纪至今的漫长旅程中，中美两国人民和社会所共有或共同经历的梦想、希望、失望、激动和挫折，以及在此期间进行的各种活动。我对文化国际主义（或者说"国际文化主义"）尤为关注。文化国际主义是我借用入江昭教授的定义和概念。入江教授在他分析透彻且振聋发聩的《文化国际主义和世界秩序》（*Cultural Internationalism and World Order*）一书中指出，即使在第一次世界大战之后建立世界新秩序遭遇全球性的挫折，"国际文化主义"依然存在。在1920年代，"教育人士、学者、艺术家、音乐家，以及许许多多的各界人士跨越国界，在文化层面上促进相互间了解。这些有识之士期望在一个新的世界里，学生、学者可以交换，学术事业可以合作，互相举办艺术展览及时事讨论会，而这一切将取代相互间的军备竞赛及军事同盟，成为国际事务的主导"。[3] 根据入江教授的观点，国际文化主义是指人们为了建立和促进文化间了解、合作，建立跨国界的共同价值观，以及通过学生学者的交换、讲座等文化活动的交流所做出的一系列令人惊叹的努力。得益于入江教授论著的启发，我努力想向人们揭示，在中国人和美国人共有的历史经历中，国际文化主义很早就是中美关系的主旋律。通过对中美之间自 19 世纪直到当代的深层哲学和文化交流的考察，我想从中探索出一个新范式，用这个新范式研究和理解中国和美国这两个迥然各异的庞大社会和国家。在我看来，文化国际主义作为一个重要的主题早已长期作用于中美关系之中，只是还没有受到人们重视而已。

有些至关重要的问题仍有待于我们去思考。如果事实上确实存在这类共有的经历，那中国人和美国人究竟是怎样为各自的历史和民族发展创造条件、发挥作用的呢？我们往往把两个国家作为相反的例子来看待，但实际上有些时候他们仅仅是存在差别而各不相同罢了。他们在历史紧要关头，难道不是也共享共同性、共享相同的价值观和目标吗？是什么样的危机和挫折使得他们迎面相向，甚至在某些时候导致互相愤怒指责和毫无用处的武力干涉呢？在以国际史研究方法来研究中美关系正方兴未艾之时，本书试图对中美两国进行条分缕析的比较，从中不单可以发现两者间被掩藏的历史联系，更重要的是为新的中美关系史研究提供一个全新的学术研究范式。

《孙子兵法》早已指出，"知己知彼，百战不殆"，人们今天也常说"了解你的对手"，我们则应当加上一条忠告，即"了解你的朋友"。然而"了解你自己"至少同等重要，却又极难做到。了解自己意味着弄清楚自己"是谁"。但是中国人和美国人都在各自的国家认同问题上陷入重重困境。中国人的问题在很大程度上源于历史，与此同时，美国人的麻烦则更多的来自当下。因此，无论中国人还是美国人，都需要紧紧把握他们共有的历史和共有的世界。自从苏联解体和冷战结束之后，美国人一直在自问，他们的国家究竟是一个帝国、一座民主的灯塔,还是一个处于严重衰落中的超级大国?更糟糕的是,美国人在两次世界大战和冷战中面对显著的敌人而团结奋斗,如今却因找不到明确的对手而陷入困惑。中国是他们新的敌人吗?

美国一向以帝国的姿态行事,尽管绝大多数美国人并不这么认为。但是,假使美国确确实实是一个正在衰落的超级大国,那美国人就需要调整他们的外交政策,懂得如何应对中国这样国力上升的大国。美国现在或许依然是一个超级大国,但同时也在很大程度上倚靠着它将来的对手和最大的债权国——中国。从历史上看,不存在永远的超级大国,更何况是靠借债支撑的超级大国。罗马帝国消亡了,同样的命运也曾降临在中华帝国、沙俄帝国和大英帝国的头上。美国是抗拒历史命运,还是会受到命运的格外垂青,连美国人自己也不清楚。早在1918年,温斯顿·丘吉尔(Winston Churchill)就看穿了美国经验的悖论,他形容美国《独立宣言》是一部伟大的契约文件,宣告了一个说英语的人民国家的自由独立:"以此为据,我们失去了一个帝国,但是我们也因此保存了一个帝国。"[4] 美国是否会步大英帝国的后尘呢?

中国面临的挑战更为严峻,因为它的基本认同根植于世界上最悠久并一脉相承的文明的骄傲之中。中国人从不需要将文化同政治分开,也从不认为有必要将国家与文明区分开来。传统的中国就是"天下",天朝的价值观就是全世界的价值观。中国人为自己发明造纸技术、首先使用纸币而骄傲。8世纪的唐朝是真正的世界性帝国。1776年,美国人刚刚打响独立战争,而中国则无论在经济、军事还是文化上,都已经毫无异议地成为东亚超级大国和世界强国长达几个世纪之久了。

指控中国文化一成不变显然是错误的。毕竟,中国人同世界上其他地区的人一样,有很强的适应能力。尽管他们喜欢引用孟子的话,"吾闻用夏变夷者,未闻变于夷者也",但是中国人在必要时也能够迅速做出改变。[5] 中国拥有两千多年以仁义道德为基础的儒家文明,还有在7世纪就已经发展完备的科举制度,在长达一千多年的时间里,中国一直是世界上其他国家和地区的人们向往和羡慕的地方。不列颠和美国在19世纪设立文官制度时,都曾从中国的科举制度中受到启发——或许是感到自愧不如吧。[6]

然而,当中国人在20世纪初期丢弃儒家文化转向西方文明之后,又不得不陷入另外的怀疑:中国到底是一个文明,还是一个民族国家?中国是一个政党国家,还是一个文明废墟?他们不禁担心自己的"中国化"能否延续下去,就连马克思主义理论,也是西方的舶来品。1931年,乔治·丹顿(George H. Danton)写道:"中华文明的悲剧在于,尽管他们实际上从整个宇宙的高度出发考虑问题,但他们眼中的宇宙却始终是一个微观宇宙。"[7] 今天的中国继承了过去的遗产,却想以消化不良的外来体系为基础,拼凑出一个新的国家认同。毕竟,中国人摒弃了作为官方意识形态的儒学,废除了两千年的封建王朝统治。他们已经证明他们比自己的西方资本家老师有更强的资本家能力。当美国有声望的有识之士忙于保护有着百年历史的老建筑,中国人却以发展经济的名义,不假思索、毫无遗憾地铲平了古代建筑和遗迹。历史化为了尘土。

种族因素是身份认同和使人困扰的另一个根源。作为一个移民国家,美国的种族问题一直很棘手。美国没有像"华夏人种(汉族)"那样的"美国人种",而在20世纪初,以孙中山为代表的改革派就是以复兴汉人的"驱除鞑虏,恢复中华"为口号,要将一个多民族的清王朝变为以汉人为主的民族国家。美国的政治制度曾一度排斥其他族裔。早期《美国宪法》中完全剥夺了非洲裔美国人的公民资格。而很少有人注意到,1790年新生的美利坚众合国通过的第一条法律只承认白人的公民资格。尽管美国人吹嘘他们同中国人之间关系特殊，然而从1882年一直到1943年，华人被区别对待，并且特别作为一个人种被禁止移民美国。2012年，美国众议院通过决议案，对排华法案表示遗憾，然而美国政府至今仍然未就当年针对中国人的这个野蛮法案做出任何正式的官方道歉。美国政府也是在事隔四十多年之后才为二战期间强行把日裔美国人关进集中营正式道歉，并对受害者进行赔偿。然而对历史上美国的华人移民及其后代所受到的不公正对待，美国政府至今尚未有任何交代。

在历史上，中美两国都在开疆拓土，都以领土范围来定义其国家和帝国实力。19世纪早期，美国开始西进运动，与此同时，大清帝国将版图扩张至中亚。中国现在还在继续以"西部大开发"的政策向西挺进，发展那些很久以前被清王朝征服的地区。中美两国都在越南打过灾难性的战争。清代乾隆皇帝1789年的安南之役最终导致清军在战场上全军覆没。美国以阻止中共势力扩张为名发动了越南战争，但出于不同的原因，在越南同样陷入"泥潭"。当铁杆的反共分子尼克松（Richard Nixon）决定将美军从越南战场的泥潭里解脱出来时，他意识到他需要中国人帮忙。中国政府仅仅是对美国作出友好姿态，就帮了尼克松的忙。美国人撤出越南五年之后，在1978年的下半年，正当中美邦交正常化之际，中国为了给排华的越南一个教训，打响了对越自卫反击战。1979年初邓小平在著名的访美之行中，同样为对越战争向美国人寻求支持，[8]但是吉米·卡特拒绝了他的要求。

这两个国家在不同时期曾互为榜样，美国国父如本杰明·富兰克林（Benjamin Franklin）便被中国所吸引，他认为中国是"最古老的，并且为悠久历史所证明了的最有智慧的国家"。富兰克林曾经认为，对美国来说，中国应该是比欧洲更好的榜样。[9]中国甚至在美国的独立中扮演了一个间接的角色：1773年波士顿倾茶事件（Boston Tea Party）中被倒入大海的茶叶主要来自中国。美国人刚刚独立，便梦想得到中国的市场和财富。1784年，美国第一艘商船"中国皇后"号（Empress of China）驶进广州，仅仅这一次首航便创造了25%—30%的利润。中国的革命者又最终跟随美国革命者的脚步，于1912年宣告民主共和国的成立。而他们的领袖孙中山，更是一位基督徒和美国公民。[10]

国家认同的确立也包括界定世界上的朋友、同盟和敌人。在两次世界大战中，中国和美国是亲密的盟友，它们面对共同的敌人作战，对世界新秩序怀有同样的期望。美国总统伍德罗·威尔逊（Woodrow Wilson）关于一战后世界新秩序的蓝图深刻地激发了中国人的向往之心，影响了他们对自己、对美国人和外部世界的认知。[11]中国学生游行到美国驻北京公使馆门外，高喊"威尔逊总统万岁！"未来中国共产党的创立者之一陈独秀盛赞威尔逊是"世界头号大好人"。[12]领导美国加入二战的富兰克林·罗斯福（Franklin D. Roosevelt）总统将中国列为"四大警察"，即战后最重要的四个国家之一。中国人和美国人的命运在冷战期间又以一种不同的方式交织在一起。中美两国在两场惨烈的战争中互相开火——在朝鲜战争中直接交战，在越南战场上间接对抗。因此中国在两次大战中是美国的盟友，在冷战时期仅有的两场炽烈战争中则成为美国的死敌，这种敌友关系的转变，是他们之间所不能共享的。

无论中美两国有着怎样相互影响和作用的历史，他们至今仍然在为认识对方大伤脑筋。美国人并没有什么借口为他们对中国的认识天真幼稚、对他们自己那样无知找到开脱。2003年11月21日，中国总理温家宝对《华盛顿邮报》记者说："如果开诚布公地讲，我要说，有些美国人对中国的了解远不如中国人对美国的了解。"但总的来说，比起一般中国人，一般美国人有更多可靠的渠道了解中国，并且比起中国的美国研究学者，美国的中国研究学者有更好的专业训练。这主要是因为信息透明度的缘故。还必须指出，尽管美国人可能更了解中国，但这并不意味着他们对中国的认识有多深刻。在1972年尼克松访华之后，一些美国人如经济学家肯尼斯·加尔布雷斯（Kenneth Galbraith）、演员雪莉·麦克雷恩（Shirley MacLaine）都曾到中国访问，他们不懂中文，或者只懂只言片语，然而，仅仅根据在中国一次短短几个星期的旅行，他们就立刻出版了关于中国的所谓"权威性"著作。一些美国人甚至声称，贫穷的中国已经解决了后工业化时代的问题：废物回收、穷人的医保、一个高密度人口国家的社区归属感。[13] 基辛格（Henry Kissinger）2011年出版了厚达五百多页的《论中国》，俨然以一种权威的口气宣称，中国与其说是常规意义上的民族国家，还不如说是一个历经久远历史而形成的自然形态，因此，美国和中国作为两个不同国家，其划分更多的是在于文化差异，而非陆地间的距离。[14] 自从1980年起，在美国每四年一度的总统选举中，中国问题都是两党共同的主要议题，报章评论员和各种媒体也无不以中国问题专家自居。

中美之间的经济纽带导致两国关系既是建设性的，也有不光彩的相互利用。美国人对于所谓中国市场的迷恋，在时间上甚至长于自己的建国史。美国建立于高尚道义原则之上，然而他们的对华政策却是实用主义而非理想主义的。从广东十三行的早期贸易时期到1860年代，"在洋人同中国人的每一笔交易中，对美国人来说，重要的问题都是，跟英国人一起获利最大，还是跟中国人一起获利最大"。[15] 美国两所著名的大学杜克大学和斯坦福大学都同中国渊源深厚：这两所大学的建校资金要么来自同中国的海外贸易所获得的巨额盈利，要么源于利用华人劳力在西部做苦工赚得的利润。当然，这两所学校没有一个正式承认过他们所欠中国人的债。众所周知，英国人为了扭转贸易逆差在19世纪向中国倾销鸦片，致使中国白银外流。但是又有谁听说过詹姆斯·杜克（James B. Duke）因卖香烟给中国人而发了大财呢？杜克在1881年听说卷烟机的发明之后，第一句话就是，"把地图给我"。当他看到中国有四亿三千万人口，当即便对手下说："[那里]就是我们要去卖香烟的地方。"根据高家龙（Sherman Cochran）的研究，第一批香烟于1890年进口到中国，随即一发而不可收，销量从1902年的12.5亿支增加到1912年的97.5亿支，1916年则高达120亿支——是1902年的十倍。到了1915年，美国每年输入中国的香烟数量超过了其输入到世界上所有国家和地区的香烟数量总和。如此高额的销量及令人惊叹的利润让杜克欣喜若狂。"我们的经营在中国获得了巨大的进展，"他对新闻记者说，"其种种可能……怎么估计都不为过。"[16] 以他在中国赚得的巨大财富为基础，杜克后来创办了以他自己的名字命名的大学。另外中国人为修建中央太平洋铁路和从圣·荷西到旧金山的铁路做出了贡献，是华人在危险的内华达山区开凿隧道，斯坦福大学的创建者就是因为雇佣华工修建横跨美国大陆铁路的西部延伸线而致富。这些华工拿着非常廉价的工资，很多人在修路的艰苦劳作中死去。

尽管经济和贸易问题主导着当今中美关系，但是直到不久前，这两个问题还不是两国共有历史中真正重要的因素。在19世纪以及几乎整个20世纪，人们口中所谓的中国市场只不过是一个想象中的神话。美国对中国的贸易只占其对外贸易总额的1%到3%。在1949年后长达二十三年的时间里，中美贸易关系根本就不存在。1971年，中美贸易额为490万美元，并且全部是通过第三国进行的间接贸易。在尼克松于1972年访华之后，中美直接贸易逐渐恢复，然而那一年中国大陆的对外贸易总额仅为55亿美元，比美国对中国香港的商业贸易额还要少。[17] 到了1970年代，中国同美国的经济贸易扩大，但是美国人发现，同中国人做生意感觉并不好，"就像跟一个漂亮姑娘近得让她踩着你的脚"。[18] 1978年，中国开始打开国门，实行经济改革，中国的对外贸易总额达到200亿美元，但其中只有10亿来自对美贸易。[19]

如今很多人都知道中国是美国最大的债权国，但并不清楚自从2010年起，中国也是美国高等学府的最大生源输送国。在2009/2010学年，有127 822名中国学生在美留学。一年之后，这一数字达到157 558，比上一年增长23%，几乎占美国外国留学生总数的22%。这使得当年中国留学生人数连续两年在全美高居榜首，超过了任何一个国家的留美学生人数。此外，中国还在继续向美国输送越来越多的留学生，这种趋势看来有增无减。相比之下，在2010/2011学年，向美国输送留学生第二多的国家是印度，有103 895名留学生到美国的高等院校深造。[20] 如果我们将2000/2001学年和2011/2012学年在美国攻读学位的中国留学生人数进行比较，结果更加令人瞠目：其增长率高达223.7%。而在同一时期，英国在美学生人数仅增长12.9%，德国在美学生人数甚至呈下降趋势，下降了7.7%。除了令人透不过气来的中国留美学生激增以外，中美两国学者合作的势头也突飞猛进。在2000—2012年间，中美两国学者合作发表论文的数量增长了700.3%，而在同一时期，美德学者联合发表的文章数量增长101.2%，美英学者合作发表的论文数量增长131.3%。从高等教育及学术合作的角度来说，我们有理由将现今这一时代称为中国时代。[21]

或许某一天中国会失去"美国最大的债主"这个头衔，但是她会在很长时间内保留赴美留学生最大输出国的地位。1980年代和1990年代的很多留美学生都已回国，并且成为中国历史性改革大潮中的弄潮儿。他们有的因为在中美两国之间旅行、工作和生活，被称为"海鸥"，有的因为归国后长期在中国生活和工作，被称为"海龟"（与"海归"同音）。容闳是中国1870年代第一次赴美留学运动（详见第二章）的推动者，他和孙中山都有中美双重国籍。套用那时还不存在的称谓，容闳堪称中国最早和最著名的"海鸥"，而孙中山则是最早的"海龟"。近年来,空前的赴美留学浪潮将产生出更多的"海鸥"和"海龟",不管是返回中国,还是留在美国,抑或选择穿行于两国之间,这些人将对中美两国共有历史的发展所做出的贡献实在是难以估量!正如《纽约时报》专栏作家托马斯·弗里德曼(Thomas Friedman)敏锐观察到的,"我还没有想要把21世纪交给中国,因为我们的中国人仍将会打败他们的中国人"。[22]

中国领导人在了解美国人方面进展缓慢,美国领导人在了解中国方面则更加迟钝。但毛泽东当政之前,同美国人打交道看上去比同斯大林交往更自在。毛泽东在1944年11月10日给富兰克林·罗斯福总统的信中写道,"中国人民和美国人民一向有着深厚的传统友谊",他希望能同美国人培养更加稳固的关系。[23]甚至连1950年代极端反共的美国国务卿约翰·福斯特·杜勒斯(John Foster Dulles)也曾说:"我最有价值的珍藏之一是我8岁时收到的德高望重的中国名臣李鸿章的信。信的开头第一句话是:'给福斯特将军的小外孙,你外公是我在困惑和遇到麻烦之时的朋友和顾问。'"杜勒斯随即说道:"对我来说,这封信象征着我们两国人民曾经有过并且本该一直就有的关系。它饱含一个古老社会同一个年轻社会之间兄弟般的情谊。它反映了善意的幽默和对家庭关系的尊重,使美国人更容易了解并且喜欢上中国人的品格。"杜勒斯承认,美国对中国的贸易从来没有大幅度的增长,两国间的交往"基本上是文化和精神上的"。[24]

关于美国人对自己所犯的政治错误的态度,中国领导人经常忽略不计。1973年11月,毛泽东问访问北京的基辛格:"你们国家为什么总是对没有多大意义的水门事件抓住不放?"1974年4月,邓小平在纽约会见基辛格时,也问为什么"关于水门事件还在闹出这么大动静",又说:"毛主席要我告诉你,我们对此很不满意。"基辛格没有回答,却把话题转到中国国内发生的事件。邓然后问:"博士,你了解孔子学说吗?"基辛格带着礼貌上的谦虚回答:"不多。"邓解释说孔子非常保守,为了解放人民的思想,必须抛弃孔子的儒家学说。或许基辛格对儒家学说不是很了解,但是他对于中国人的历史意识非常熟悉。在1971—1973年中美关系开始恢复的早期,基辛格一直持采取"低"姿态,这使得他能够遵循他所谓的"中国综合征"规则,即永远以"礼貌、敬佩甚至自我贬抑和谦卑的学生态度,聆听世界战略大师们的教诲,从中汲取智慧"。[25]基辛格没有想过反问有多少中国人——包括中国领导人在内——对孔子学说懂得多不多,他们中间是否有人敢于承认对于孔子学说知道得"并不多"。

但是问题比两个国家间的相互了解要复杂得多。

很多中国人都草率地得出结论,认为美国作为唯一的超级大国,阻碍中国在国际大家庭中受到应有的尊重。事实上,中国的最终对手不是美国,而是自己。美国人当然也有自己政府方面的失败,但是在社会公义的表述范围内,他们能够努力去实现自己的想象和梦想,美国人应该从中国人进入现代社会的经验中吸取教训。美国人或许相信他们永远都是一个超级大国,他们的全球性主导地位是他们应得的,但是中国在过去一千年的几百年里也同样处于主导位置。并且中国人最终懂得了"富贵终究是过眼烟云,转瞬即逝"。[26]

这两个自我独立的大陆架国家共同享有一部悠久而交错的历史。蒲安臣(Anson Burlingame)被亚伯拉罕·林肯(Abraham Lincoln)于美国内战期间任命为首任北京华公使的时候,是美国社会名流,事实上他还是中国向世界派出的第一个外交使团的团长。当中国在1870年代想要向国外派遣官费留学生时,美国被选为目的地。本书的第一章和第二章将围绕一系列被忽略的史实展开讨论。清廷大臣努力想了解美国人,他们以创造性的和非传统的方式与美国人进行更为有效的对话,注重两国共有的文化,加深相互间的认识。清朝政府通过任命美国人蒲安臣为中国在国际上的代表，遣送120名幼童赴美留学，开启了国人至今仍然川流不息的出国留学之旅。那些留美幼童得以切身体会美国近代教育，学习西方文明，并包括上至美国富强的秘诀，下至如何打棒球。与此同时，美国人和世界也获得了观察了解中国官员和普通百姓的机会，认识他们的文化、梦想及挫折。

本书的第三章和第五章侧重中美之间一系列的文化认知和交流。第三章揭开一段几乎被人们遗忘的历史，即在1870年代晚期，波士顿的一群商人如何通过招募一位中国诗人戈鲲化，快速设立美国的汉语和中国文化教育，该章还会介绍和叙述戈鲲化其人，以及他的经历和贡献。第四章和第五章讲述20世纪同哥伦比亚大学渊源极深的两位美国教授是如何被遴选到中国工作的，他们一位供职于中国政府，另一位任教于中国的高等学府。古德诺（Frank Goodnow）受著名的卡内基国际和平基金会以及前哈佛大学校长查尔斯·艾略特（Charles W. Eliot）的推荐，到中国任职；约翰·杜威（John Dewey）则接受中国学者邀请来华——这些中国学者都是新兴的改革派，在1919—1921年间寻求中国民族发展的方向，面临着前所未有的挑战。通过对当时的背景和交流活动的仔细考察，并运用共有历史研究的新视角，这些章节向人们展示，在历史的紧要关头，中美两国人民如何寻求使对方了解自己，如何达成相互间的共识，以及如何以赞赏的眼光看待对方。

这些交流为建立后来周恩来称之为"平等互利"的关系打下了基础。然而在第一次世界大战结束时，两国间也存在着互不信任、利用与被利用，以及互相伤害的基础。正如我在我的中国国际化研究三部曲之一中所指出的，[27]一战那一代中国精英知识分子，"面对西方国家热衷于向中国推行不平等的权利表现得天真幼稚"，结果，由于"中国人对于西方抽象理念的浪漫理解，妨碍了这些精英分子对西方及国际体系本身有更清晰和更深刻的认识"。[28] 美国人坚持要中国对他们的传教士、贸易和投资实行门户开放，却对中国移民关上了大门。

第六章则从关注个人影响遽而转向体育运动的突出作用。美国人将现代体育运动介绍到中国，中国人从而以体育运动为平台，向全世界发出呼吁，即要求世界以尊重和平等的态度对待中国人，宣告他们最终争取自立于世界之林的权利。这一章将向人们展示，体育运动作为大众文化怎样带动两个国家走到一起，帮助两国从新的角度了解各自的不同认知，揭示体育运动在两国寻求建立国际新秩序以及在各自国际化进程中所发挥的重要作用。这一章还通过1980年莫斯科奥运会的相关抵制行动，考察中美两国政府如何通过体育运动实现共同的外交目标。如今评论员们都将中美两国的体育竞争解读为两国的实力对抗，例如2008年北京奥运会上中国的金牌数量超过美国时，两国的评论员都声称在世界强国的力量均衡当中中国正在取代美国。而当2012年伦敦奥运会上美国重新回到人们所熟悉的金牌及奖牌数量世界第一的位置上，中国紧随其后居于第二时，又有人得出结论，认为此乃当前国际政治实力的真实反映。不过几乎没有哪个权威评论者提到，甚至意识到是美国人首先将现代奥林匹克运动带入中国的，并且，在中国利用体育运动重返当代国际新秩序、向全世界显示其国家实力上升的过程中，是美国人扮演了至关重要的角色。

已有的学术研究要么对我们此处讨论的个案忽略不计，要么对之持否定或怀疑的态度。长期以来，中国人将蒲安臣、古德诺，在某种程度上也包括杜威在内，统统称为"帝国主义的走狗"，认为他们无意为中国或者中国人做好事。他们将第一批留美学生视为中国保守派和美国文化代理人共同利用的工具。中国学者至今仍未认识到大众文化在中美共有的历史中的重要意义，而对于同一课题的研究，美国学术界又往往只注重美国人的视角，极少从中美双方的角度出发关注这些个案。中美学术界对于我们所讨论的这些个案的研究，始终在视而不见和充满怀疑之间徘徊。

与大量侧重中美两国差异和冲突的中美关系研究不同，我在这本书里着重强调那些个案包含的长期被忽视的积极方面。蒲安臣以他的双重身份和代表中国同美国所签订的条约，显然对中国人和美国人都产生了重要影响。清朝留美学童既影响了美国人对中国和中国人的认识，也同样影响了中国人对美国人的认识。这些少年学生带有美国教育背景，也有和美国人交往的经历，后来都为中国的民族发展和促进中美之间的交往做出了极大贡献，例如同美国人商讨退还庚子赔款用于教育，邀请古德诺来中国担任宪法顾问等。戈鲲化不仅在当时哈佛大学校长艾略特改革哈佛乃至整个美国高等教育的雄图大计中发挥了一己之力，更重要的是，他是第一位向美国人系统介绍中国古典诗词学问以及中国文化的华人。在中国由封建王朝制度转向共和制的过程中，古德诺是一位重要的美国见证人，尽管他后来因为卷入袁世凯失败的帝制复辟阴谋而染上污点。杜威既亲身经历了近代中国的转折点——五四运动，同时也影响了中国的变革，他作为一名社会知名学者，通过向中国听众宣讲科学与民主价值观，帮助中美两国人民达成共识。包括奥林匹克运动会在内的各项体育运动，为中美两国实现各自的内政和外交目标提供了便利的途径。我要证明的是，这些个案都涉及中美两国共有的历史。的确，享有共同的经历或相似的遭遇，与分享共同的旅程有所不同，因为共同的旅程意味着共同的目标和共同利益，尽管在旅途中存在困难、挑战和磨难。然而，尽管中国人和美国人之间存在着巨大的差异，在所有这些个案中，中国人和美国人确实进行着多层次多方位的交往，他们之间又确实存在着很多共同之处。

本书每个章节讲述的都是各自独立的事件，但我所选取的这些事件都是围绕着"共有的历史"这一主线。从"共有的历史"出发，我们能够从过去中美两国之间曾经有过的合作、曾经共同经历的起伏及挫折中得到新的启迪。19世纪中美两国在重新塑造和建立各自的国家形象过程中都陷入了不同的危机，那些个人的经历和历史则折射出两个国家共有的历史和危难。后面的章节把19世纪将中美两国人民联系在一起的文化价值和影响放在突出位置。这些章节最终是要向人们展示中美两个国家如何围绕民主意识、教育理念、世界新秩序蓝图如宪法主义和威尔逊主义，以及世界体育运动，来重新塑造各自的民族国家，以及怎样获得外交上的辉煌成功或陷入极度失望的。

对于共有历史的研究重要吗？答案是肯定的。至少在两个方面，研究共有的历史意义重大。首先，它对于历史研究的发展至关重要。费正清（John King Fairbank）在他1948年出版、随后多次再版的里程碑式著作《美国与中国》(The United States and China)中写道，"历史学家们一直都在被误导，是由于这样一个事实：即我们[19世纪]同英国在中国的初步合作在美国档案中并不总是那么明显"，因为官方的外交活动"在文献记录上很糟糕，如同洗碗水般乏味"。[29] 然而，如果我们运用来自中美双方的历史资料，特别是运用在个人书信文章和保留下来的各类文件中的丰富史料，就会发现，在19世纪晚期的蒲安臣使团和清朝幼童留美两大事件中，美国实际上都发挥了举足轻重的作用。美国人在这些事件中由于受到中国人的鼓励而采取了主动。与广泛流传的有关美国人在中国的被动角色及奉行所谓跟在英国人后面"利益均沾"政策的老生常谈相反，这些个案表明，不管是中国人还是美国人，都对美国在其中所要发挥的作用期望甚高，也都为探索国家发展的新方向而主动采取积极步骤。对于美国的学术研究，费正清持这样的观点："突出的一点是：在直到1949年的中美关系中，中国总是处于劣势，陷入困境，是我们的价值观和善举的受惠者。美国总是优越的一方，没有遇到过多少麻烦，能够出手相帮。由于是这样一个不平等的关系，我们无疑对此非常受用。"[30] 学者们倾向于区别对待两个国家的历史经验，如费正清所言，"对于中美关系，中国人的体验和美国人的体验是有差异的"。[31] 但是，如果我们将目光转向关注他们共有的历史，运用来自两方面的史料，呈现在我们面前的画面就会显得截然不同。其次，由于意识到传统研究方法的局限，长期以来，其他学者早就开始呼吁历史研究需要新视野。甚至早在四十多年前，入江昭在《跨越太平洋：美国—东亚关系秘史》（*Across the Pacific: An Inner History of American-East Asian Relations*）一书中就指出，中国与美国是两个"最有历史意识的民族"，然而具有讽刺意味的是，由于双方"对于两国关系极其严重的误判"，导致两国陷入灾难性的冲突。入江昭从中美两国人民对于各自历史背景的认识入手，以这些背景同他们自身的历史经验和国际体系的关系为焦点，揭示出一部引人入胜的"秘史"。[32] 他指出，"只有当人们将美国—东亚关系作为学术问题来看待，为克服口号宣传、感情用事、极端经验主义做出努力的时候，才有可能超越过去，并期冀一个更为和平的太平洋地区"。因此，入江昭号召中美两国人民要将自己"从过去的沉重负担中解脱出来"。[33] 韩德（Michael Hunt）也对所谓中美之间有特殊关系的问题有独到的研究。他对这种（中美之间）存在特殊关系的看法进行追根溯源，得出的结论是，"通过对传说中的这种特殊关系进行仔细推敲"，表明这种"特殊"在于："两个截然不同、天各一方的民族，在冲突中纠缠在一起而不能自拔；在某种范围内，他们都是自身误判和迷思的牺牲品。"[34] 费正清、入江昭和韩德都是中美关系研究领域的开拓者和巨人，在这些开路先锋为我们所打下的基础之上，新一代学者到了作出新贡献、开辟学术研究新天地的时候了。受到前辈榜样的鼓舞，这本书以那些可能被人们一笑了之

导言　中国人和美国人之间非同寻常的共有历史

的共有历史为焦点，查考鲜被研究的关键个案，探索与众不同的研究范式。希望通过指出中美两国共有的历史和经验，对未来中美两国人民关系更上一层楼有所助益。毕竟，如费正清强调过的，从历史的角度出发看问题"不是奢侈，而是必需"。[35]

以"共有的历史"为着重点，不仅在学术上对于发展跨国历史研究有重要意义，而且具有现实意义。例如，当时对蒲安臣持怀疑态度的人批评蒲安臣幼稚可笑，只是碰巧到了中国，回到家乡却许诺"将光辉的十字架竖立在[中国的]每一座山岭之上"。然而，他促进两国人民相互了解的真诚愿望，以及他为了让中国同世界其他国家建立友好关系所作出的不懈努力，恰恰是今天的中国人和美国人都需要承认的。太多的时候哪一方都不愿意站在理性的一面：每当有一方开放自己愿意磋商的时候，另一方则不以为然。

此外，这本书中的个案研究，显然同当前及未来的中美关系息息相关。当中国掀起新一轮出国留学高潮的时候，中国人和美国人都竭力想弄清楚其背后的涵义和重要性，而最早发生的清代学生留美浪潮则为我们的期望和努力获得成功的愿望提供了历史参照。当中国政府通过建立孔子学院表明提高软实力的决心，当全美出现中文学习热的时候，戈鲲化的故事将对增进中美两国人民的相互了解和交往很有价值。对于两国学术界怎样能够摆脱成见与误解，帮助建立共识，古德诺和杜威的个案则提供了清晰的实例。体育运动作为一种大众文化，在带动中国人和美国人走到一起促进共同利益的实现方面，已经向我们显示出其价值和重要意义。从共有历史的角度出发，通过个案分析，我们可以发现，美国人在同中国人的交往中，用19世纪的专有名词来说，带着"传播美国文明"的强烈愿望。蒲安臣对于"文明"的执著能够也应该被视作文化和道德国际化的表现而加以研究。我选择以蒲安臣、戈鲲化、留美幼童、古德诺、杜威和体育运动为个案，希望向人们揭示，并且在中美双方几十年的交往中我们也可以看到，文化的国际化怎样曾经并将继续是中美关系发展的一个推动因素。

我相信，这一新范式和新视野将对学术研究和理解当前中美形势，甚至对于未来中美关系的发展都有意义。诚然，由于中美两国的国际地位和发展模式的不同，它们将来注定还会有很多对抗和冲突，但重要的是两国间仍然需要维持一种健康的关系，因为在很多方面它们仍然同处一舟，它们的命运依然紧密联系在一起。基辛格《论中国》一书中，强调中国人和美国人"互相需要，因为彼此都太大而不会被另一方所控制，太有个性而不会对另一方作出迁就，彼此都太需要对方而无法承担分道扬镳的损失"。[36] 中国已经累积三万多亿的外汇储备，超过了世界上任何一个国家，其中一半是美国政府债券，标志着中国是美国最大的债权国。光是数量规模就确保中国至少在经济上将与美国同呼吸共命运。即使中美两国可能会进入某种金融冷战阶段，我们仍然要切记，在它们所谓"巨大到不可能崩溃"的关系中，双方都害怕彼此摧毁的可能性。在所有的挑战和经济冷战中，事实是中国已经日渐进入美国的未来经济并与之融为一体。这对于双方来说可能都是一件好事。2011年，在《外交政策》（Foreign Policy）题为"美国的太平洋世纪"的文章中，美国国务卿希拉里·克林顿（Hillary Clinton）写道："到头来还是没有一本如何发展中美关系的现成指南。但是这其中的风险实在太大，我们决不能失败。"[37]

杰出的中国研究学者费正清在他生前最后一部著作《中国：一部新历史》（China: A New History）中写道："或许中国人最终会加入到广大的外部世界之中，却恰好赶上这个世界的崩溃。"[38] 当西方经济萎缩、力量均衡的天平倒向中国的时候，如果西方，特别是美国，在对中国关系的掌控上出现失误，费正清说的可能没错。大英帝国的桂冠诗人鲁德亚德·吉卜林（Rudyard Kipling）曾在一首诗中写下假想的墓志铭："这里躺着一个傻瓜，他一度想要夺取东方。"当美国人出于好意或恶意竭力要夺取中国的时候，中国人立刻反击回去。问题似乎再明显不过：如果美国人把中国人当做敌人，那么他们肯定会变成敌人。然而我们也能很容易地看到其他可能性，正如新加坡学者马凯硕（Kishore Mahbubani）所言，"只有一个国家能够为一个有综合国力的、现代化和可持续性发展的中国提供表率，这个国家就是美国"。不幸的是，在他看来，"华府没有人为中美关系提出全面新战略的建议，更不用说执行了"。[39]

未来的中美关系有赖于两个国家以过去为鉴，并珍惜它们所共有的传统。只有这样，即使永远不会没有纷争和互相夺取，它们对未来的展望也会注重相互间的建设性交往或求同存异。中国和美国既非无条件的盟友，也非永远的对手。中国人民和美国人民既不是简单的朋友，也不是一成不变的仇敌。正如中国人早在两千多年前的《战国策》中就已写下的，"前事不忘，后事之师"。一百五十多年前，为表达对于中美两国人民之间更为友好的关系的期望，一位清朝高官写下了以下诗句：

> 文明启夏，绵绵五千。
> 如日方升，是美利坚。
> 古国虽旧，其命维新。
> 瞰彼美人，迢迢在西。
> 其来其来，其若奔骐。
> 一朝相遇，人也何怡。[40]*

---

* 由于没有找到中文原诗，此诗特请陕西师范大学历史系王玉华教授按照档案中英文翻译的意思，再以古体诗译出，特此致谢——译注

但是同样也可能形成另外一种局面：

> 万物分崩离析，中流砥柱不再，
> 纯粹的无政府状态 向全世界放开，
> 血红色的浪潮，到处汹涌
> 无罪者的庆典被湮灭无踪；
> 最优秀的人信心尽失，而那最坏的人
> 却充满狂热的激情。[41]

历史，即便是共有的历史，也不会如老旧的教科书般为人们提供"教训"。但是它的确提供了种种实例让我们借鉴，让我们从中得到鼓舞或记取遗憾。当中国人和美国人踏上前方充满危险的旅程时，这样的历史能够为他们提供最好的指南。

19世纪的使者

第一章
蒲安臣——中国派往世界的第一位使节

[蒲安臣条约]是建立在公正、启蒙和进步的广泛利益之上的条约，所以它必定经得住考验。它搭建起太平洋上的桥梁，它推倒鞑靼人的高墙，它为古老的民族注入了新鲜血液和青春活力。

——马克·吐温

[中国]不是带着威胁的口吻而来，她是带着两千三百年前的儒家古训"己所不欲，勿施于人"而来。你们难道不该用基督教更为积极的教义"你们愿意人怎样待你们，你们也要怎样待人"来回应吗？她带着你们自己的国际法而来，她告诉你们她愿意按照这一法律加入你们……她要求，一句话，就是在这种正是她最驾轻就熟的文明状态中，让她自由地伸展自己。

——蒲安臣

在中国人和美国人的共有历史中，交织着相互间相去甚远的期望和出人意外的挫折，而这种最令人难以捉摸的关系，可能就集中体现在蒲安臣（1820—1870）身上。亚伯拉罕·林肯曾任命蒲安臣为奥地利公使，但他却成为第一任美国驻北京公使。正当蒲安臣在1867年准备结束在北京的任期返回美国之际，他受清廷重托，率领中国第一个外交使团于1868年出使西方，并最终代表中国同美国签订了第一个平等条约。后来他又代表中国同沙皇俄国进行外交交涉，在远访俄国时于圣彼得堡去世。蒲安臣是中国皇帝的使节，却从来没见过皇帝；对于特意让他递交给外国政府的中文国书，他一个字也不认识，因为他既不会说中文，对中国历史和文化也知之甚少。

一百多年前，正当门户开放刚刚开始的时候，有位美国时事评论员从跨文明的角度提出："如果蒲安臣的名字都不能永远与世界文明划时代的重整联系在一起，那几乎没有人能够流芳百世。"[1]然而一个多世纪过去了，我们仍然在等待着对蒲安臣的人生及其贡献的切实研究的出现。绝大多数中国人和美国人从来没有听说过蒲安臣，原因大概如同历史学家卫斐列（Frederick W. Williams）在1912年所指出的，蒲安臣"在世的时候就没有被同时代的人认真对待"，并且"在他过早离世之后，由于美国人突然兴起的对于华人移民的恐惧同他签订的条约有关，又使他名誉扫地，演说家们便在各个场合将脏水全都泼在他身上"。[2]

第一章　蒲安臣——中国派往世界的第一位使节

派往中国的美国文明之代表

19世纪中叶中国和美国都挣扎于关乎生死存亡的政治危机之中。自1840年代的鸦片战争开始，外国势力的入侵和加诸中国的重重经济压力，随着1860年英法联军开进紫禁城，将圆明园抢劫一空并付之一炬而达到顶点。然而，对王朝的致命威胁则来自内部。中国长期以来备受农民起义和造反的煎熬，在西部地区平定回民叛乱掏空了国库，而1850年代的太平天国运动则是革命性的大暴动。太平天国的领袖们从传教士宣扬的教义和《旧约圣经》中得到启示，要用基督教致福千年的太平盛世取代儒家文化。满族统治者曾经傲气凌人，势强力盛，如今看上去却已疲惫不堪，腐败透顶，无力镇压起义及捍卫自己的朝廷。[3]而在地球的那一边，在蒲安臣的家乡，1861年开始的美国内战，是最为血腥、也许是美国人所打的最具破坏力的战争。[4]1864年，同治中兴时的满汉联合最终打败了太平天国，并随之在外交政策方面做出改革，与此同时，林肯的军队也开始走向内战胜利。中国人把来自内部的麻烦和来自外部的威胁并称为"内忧外患"，美国人在同一时间也面临自己的"内忧外患"，因为在美国人南北对峙互相厮杀的时候，大不列颠则在外交上甚至军事上支持着反抗林肯政府的南方。

就在这两个国家都处于重建和变革之时，蒲安臣来到世上。1820年11月14日，在纽约中南部一个叫做新柏林的小城里，蒲安臣出生于一个贫穷但是极其虔诚的基督教家庭。他很小就随父母搬到俄亥俄州，后来又移居密歇根州，当时这两个州都是边疆拓荒之地。根据他一位幼年朋友的回忆，"安臣小时候是个英俊少年，乐天又可爱，长大之后也同样热诚、充满活力和富于献身精神"。[5]在很大程度上，他在道德上的高标准和政治上的理想主义，都是他在美国边疆生活的时候培养出来的。他既是一个理想主义者，也是一个有追求的人，他通过努力考上了哈佛大学法学院，毕业后，在马萨诸塞州开办了自己的律师事务所。也是在这里，他同来自坎布里奇望族的简·利弗莫尔（Jane Livermore）结婚，这场婚姻为他成功的政治生涯又助了一臂之力。1850年代，蒲安臣曾三次担任国会议员，作为北方人和进步的政治家，他是坚决反对蓄奴制度的"自由土地运动"组织成员。1856年，因强烈谴责在参议院殴打麻省参议员查尔斯·萨姆纳（Charles Sumner）的南卡罗来纳州议员普雷斯顿·布鲁克斯（Preston Brooks），迫使布鲁克斯向他提出决斗挑战，蒲安臣随即引起了全美关注。蒲安臣在他的著名演说"保卫马萨诸塞"中，义正词严地谴责布鲁克斯的野蛮袭击行为："我以马萨诸塞主权的名义予以谴责，因为它因杖击而受损。我以人道的名义予以谴责。我以公平正义的名义予以谴责，因为即使恶霸和为钱而战的人也要尊重公平的游戏规则。"[6] 蒲安臣接受了布鲁克斯的决斗挑战，但是他的条件吓跑了布鲁克斯——决斗要在加拿大一边的尼亚加拉瀑布那里用来复枪进行。这一事件使蒲安臣成为英雄，一跃成为政界的明星。

在蒲安臣的政治生涯中，他要"捍卫"的主要原则思想是主权、正义和人道主义。甚至当他还年轻的时候，其书信和演讲中就满是"良心"、"人类"、"道义"和"文明"这些词语。[7] 有一个广泛流传的故事很可能是真实的，刻画出了他这种政治态度。1849年，蒲安臣在伦敦有机会造访议院，当他无意中在专门为贵族保留的座位区舒服地坐下后，被要求离开。一位殷勤的贵族则表示他可以留下，为他辩护说他在自己的国家可能也是一位贵族。"我在我自己的国家当家做主，先生，"蒲安臣在离开的时候回答道，"如果我把自己同贵族联系在一起，会失去我的主宰地位！"[8] 不管是否属实，这个故事也折射出蒲安臣对于在1850年代访问美国的匈牙利革命者拉约什·科苏特（Louis Kossuth）的态度。科苏特的浪漫故事，以及他对奥地利和俄罗斯帝国不懈的抗争，深深打动了美国人，因为他们都以支持拉丁美洲从西班牙手中获得自由为骄傲。[9]当科苏特为呼吁人们支持意大利独立到访马萨诸塞州并作演讲时，专门为他举办的招待会的主席就是蒲安臣。

在1860年的总统竞选活动中，蒲安臣由于花太多的时间离开麻省为林肯的竞选委员会工作，失去了众议院的议员席位。作为对他的回馈，林肯任命蒲安臣为"驻奥地利特命全权公使"。这个任命实在算不得什么，正如国务卿威廉·亨利·西华德（William Henry Seward）所承认的，"我们是商人"，西华德写道，而在维也纳并没有什么商务可做，代表们"没过多久就得出结论，他们在那里无事可做，亦无甚可学"。[10]此外，当蒲安臣还在前往维也纳的赴任途中，奥地利政府就已宣布蒲安臣为不受欢迎的人，因为他支持科苏特和萨丁人的独立。慰藉的奖赏再一次来临。1861年6月17日，西华德书面通知蒲安臣，他被改派为驻华公使。[11]

1861年，中国国内的动荡丝毫不比美国逊色，这一年对于中美两国的对外关系来说都是关键性的一年。历史学家毕乃德（Knight Biggerstaff）指出，直到那时，"还没有哪个有影响的中国人认识到有必要适应西方世界，已经做出的些许让步被认为是暂时的转圜之计，一旦中国变得强大便会翻转过来"。[12] 1860年，中国在英法联军发动的第二次鸦片战争中被打败，圆明园被付之一炬，中国这才终于设立了一个外交机构——总理衙门（总理各国事务衙门），但起初这只是一个临时机构，并没有法定地位，因为这里的官员都是来自其他部门。到1861年，中国才第一次允许外国使节常驻北京。在蒲安臣出使中国并在北京设立公使馆之前，美国派往中国的使节是在葡萄牙的领地澳门停留，驻扎在代办和秘书卫三畏（Samuel Wells Williams）租用的房子里。这种偶然使得蒲安臣成为第一位常

19世纪末美国驻华使馆(哈佛大学图书馆)

驻北京的美国公使。1861年10月24日，蒲安臣自巴黎抵达香港。

然而，由于缺乏冬季交通工具，加上危险的军事情势，蒲安臣又用了六个月的时间才到达北京。他最终于1862年7月20日到达都城，准备居住下来，履行自己的外交职责。

蒲安臣来北京的时机简直不能再糟了。首先，蒲安臣压根儿就没想到他会成为林肯在中国的首席外交官。他对中国并不了解，此前也没有对这个国家表现出任何兴趣。不过，他在给西华德复信接受任命时写道："尽管我并不那么自信地接受我的新任命，但还是非常愉快，因为这是一片新天地，并且我还年轻。"[13] 当时蒲安臣41岁。其次，那时中国和美国对于对方都不重要，甚至彼此都不感兴趣。清朝没有对外政策，1870年代之前甚至还拒绝派遣驻外使节。蒲安臣来的时候，中国对于美国没有表现出任何外交兴趣，美国人对中国也不大关心。美国使团的预算少得可怜：1862年的支出总数，不包括薪水，只有399.90美元，与之相比，英国政府批准的其驻华使团的预算则为5750英镑。鉴于资金稀少，人员有限，蒲安臣将1862年的美国驻华使团比做"一艘没有水手的船"。[14]

美国同样没有一套像样的或独立的对华政策。在蒲安臣来华之前，国务院通常要求其在中国的外交官"在同美国在华的和平政策不矛盾，在同门户开放和利益均沾政策不矛盾的情况下，要和其他列强在所有方面通力合作"。[15] 随着美国内战的深入，华盛顿没有多大可能为中国事务分心，在任何情况下中国都可能被排在所有议事日程的最后，国务卿西华德因此也无法为蒲安臣作出多少具体指示。"您无需受制于[我们]任何武断的指令，尤其是考虑到中国人和政府特有的品性和习惯"，西华德在给蒲安臣的训令中这样开头。在"不同的情况下"，他微妙地继续说道，亦即，假如清王朝不会被造成两千万人伤亡的太平天国运动击垮，假如美国政府能够在自己迫在眉睫的内战中抽出一两艘战船，美国总统肯定会指示蒲安臣不要去扰乱清政府的自信心，哪怕这样做是为了保护美国公民的财产和利益。但是，西华德悲叹道："远在这里我们怎么能了解［大清］帝国政府有什么能力，甚至有什么措施，来进一步扩大他们已经保证过的对外国人的保护呢？"美国缺乏力量，却不得不尽量摆出一副威武的面孔，因此他总结道：

> 然而，我认为，你的职责是按照我们同友好国家交往的一贯精神来行事，特别是不为那些反对帝国政府的暴动和叛乱提供任何帮助、鼓励或支持……大英帝国和法国不仅在中国有外交代表，而且背后有支持他们的陆海军力量。然而，遗憾的是，你却没有。根据我的理解，我国在华利益和上述两国完全一致。没有理由怀疑英国、法国公使的行为不是为了更好地增进所有西方国家的利益。所以，兹训令你和他们协商合作……除非在特殊情况下有极其充分的理由不和他们保持一致。[16]

再回头想想，这些诸多的不利因素——准备不足、两个国家彼此无甚兴趣、相互间缺乏既定的具体外交政策——最后在某种程度上给了蒲安臣更多转圜的余地。他与外交事务唯一有意义的关联是他曾身为众议院外交事务委员会委员，而这种经验缺乏反而使他能够采用一种开放性的措施解决面临的问题。由于美国还是一个国力虚弱的国家，没有既定的利益政策，在中国也没有主要竞争对手，蒲安臣得以同其他国家的外交官从头建立友好关系。而他也同样可以同清政府寻求有效合作，因为清政府针对美国也没有什么既定政策。

蒲安臣的个人性格魅力是他最大的优势。作为一名众议院议员，他以"才华横溢但不做事、富于幽默感但不够聪明、浅薄但又雄辩滔滔的演说家"而为人所知。有人暗示说他不喜欢勤奋工作，但是如果他的积极性发挥出来，他做起事情就会精力旺盛、充满智慧并大胆无畏。[17]

作为一个有磁铁般吸引力、能说会道又热情洋溢的雄辩家，蒲安臣在这个与世隔绝的无聊地方吸引着其他外交官向他靠拢。蒲安臣在北京的同行当中非常受欢迎，以至于他的妻子简在蒲安臣决定于1867年下半年辞去职务时写道："安臣走后，我不知道这里的人该怎么办。一些不合作的家伙开始进入这个一度平静的圈子，大家都跑到安臣这里解决所有争执。他被称为'和事佬'，从早到晚与人讲个不停，不是跟甲方谈，就是跟乙方谈。"[18] 被20世纪早期的美国驻华公使田贝（Charles Denby）称为"美国在华最举足轻重之人"的丁韪良（W. A. P. Martin），当时是北京同文馆教习，他与蒲安臣很熟，有时候为蒲安臣做翻译。[19] 根据丁韪良所言，蒲安臣通常带着"欢快的表情"，"中等身材，很结实，他的粗眉毛显示着聪明的印记，一串串幽默从嘴中蹦出，蒲安臣先生无论从哪方面都深得人心，令人难忘"。[20] 另一个蒲安臣身边的助手、公使馆秘书卫三畏在给家人的信中写道，"蒲先生是一位心地极为善良的人，他和蔼可亲，受到周围所有人的喜爱"。[21]

1864年冬，蒲安臣斟酌是否要辞去中国的职位，回美国实现自己的政治抱负。本身就是有经验的外交官，并且最有资格评论蒲安臣的卫三畏在写给他兄弟的信中说：

> 他是世上最热心的人之一，对家乡形势也感到振奋，确信这场令人悲哀的战争将会从我们的制度中彻底铲除蓄奴制，并且会将北方和南方空前紧密地团结在一起。他在这里对中国人有相当的影响力，对其他外交使节的影响更大。因此我们愈发希望他留在这里的时间，能比他的任何前任都长。然而不管林肯能否连任，他都特别想回家，去亲眼观察那里的形势发展。[22]

然而，蒲安臣取得的成就是实实在在的，并非只是他迷人的魅力带给人们的错觉。首先，尽管美国公开宣布合作和"门户开放"政策是其在中国的出发点，但是在蒲安臣到来之前，还没有哪个美国外交官在执行这一政策时取得实际效果。卫三畏的儿子卫斐列后来将蒲安臣称为"门户开放原则之父"，年轻时曾在白宫当过林肯秘书的美国国务卿海约翰（John Hay）则于1898年正式将门户开放定为美国的国策。年轻一辈的卫斐列后来继承父亲的事业在耶鲁大学教授汉学，根据他的看法，"蒲安臣真正重要之处并不在于他这个人本身或是他的尽心竭力，而是在于他将一个想法（合作政策）付诸实践——他将这个想法变成他驻节海外的指导原则"。[23]

有些时候，模糊不清甚至令人误解的政策倒可能促成各方合作，竞争的各方也许更容易支持他们所曲解的政策。"合作政策"就是一个最好的例子。我们都已看到，按照国务卿西华德的理解，在美国国力尚未成熟之时，这一政策只不过是其国力成长过程中的权宜之计。而对于蒲安臣来说，"合作政策"意味着大英帝国、美国、法国、俄国和中国之间的协商合作，保证争端的和平解决和中国的逐渐发展。[24] 这一政策有两个主要组成部分。它的成功有赖于主要列强之间的合作，特别是在中国有着最广泛利益、并且实力最强的英国的合作。合作政策得以实施，关键是保证得到英国外交官员及在伦敦的英国政府的支持。对蒲安臣来说幸运的是，他刚刚到达中国的时候，这一合作政策确实符合英国和其他列强的利益。毕竟，在经过两次鸦片战争之后，英国已经从中国攫取了最大范围的租借地。因此一旦这一切得到切实保证，它自然会支持清政府维持其现有地位，特别是在清王朝面临国内叛乱之时，合作政策是维护大英帝国利益的最有效政策。[25] 英国驻华公使卜鲁斯（Frederick Bruce）向伦敦的上司罗素爵士报告说："据我从蒲安臣的言论中得出的判断，他完全赞同两个基本原则，而我认为这两个原则应该是我们考虑问题的指导,也就是说,我们真正的利益存在于对[太平天国]叛乱的镇压和对[清廷]秩序的恢复之中,至于开放口岸以及建立居住地,如果没有领事权,只会在人们中间产生争端,带来误解,最终无益于我们在中国的地位。"[26]

合作政策成功的第二个关键,是中国除了认同之外没有别的选择。结果,蒲安臣成了倡导和推动这一政策实施的最佳人选。蒲安臣同卜鲁斯建立了密切合作的友谊关系。丁韪良注意到,蒲安臣和卜鲁斯"关系格外密切,后者没有哪一天不是在美国公使馆以喝茶和讨论正在发生的事件中度过的。两个人都认为自己在为对方指路"。卜鲁斯是个单身汉,他每天上午11点来到蒲安臣的办公室,一直待到晚上7点,两个人密切交谈。蒲安臣便是利用这一密切关系展开自己的外交手段,如同丁韪良所观察到的,"如同一人饰演两角,他们的感应是共同的,但是在说服力方面,卜鲁斯根本不是蒲安臣的对手"。[27]

蒲安臣取得的最重要的成功,就是说服卜鲁斯同意解散英国阿思本舰队,这是当时中英之间令人头痛的主要纠纷。[28]中国人恳求蒲安臣出面帮助,蒲安臣"做得非常成功,避免了危险局面的发生"。丁韪良甚至认为,"从那一天起,他对中国人的影响极为明显,并且日渐加强,直到他被赋予出使半个世界的使者的荣耀"。[29]确实如此,这一成功表明,通过蒲安臣的身体力行,合作政策行之有效,并且给中国人留下了深刻的印象,那就是:蒲安臣对中国很友善,在需要的时候他愿意帮助中国。著名的士大夫学者、被任命进入满人占优势的总理衙门的第一位汉人董恂,甚至专门为蒲安臣赋诗。董恂曾经负责就阿思本舰队一事同英国人谈判,这是一项非常棘手的任命。他在日记中写道,自己花了五个多月的时间同英国人"往复辩论",却一无所获,沮丧至极。他"奔驰各馆数昼夜"呼吁外国使团的支援,一直到蒲安臣出面才为他解了围。[30]按照中国士

大夫的习惯,赠诗是友谊和信任的表示。蒲安臣将要离开中国的时候,董恂写下一首送别诗给他:

> 持节登轮赴远程,中朝一片颂客卿。
> 慈心历遍关山道,四海从今说太平。

如果说这首诗还带着拘谨的外交口吻,那么下面这几句诗则直接将蒲安臣作为知交好友来描述了:

> 春寒犹自别君王,出使依然向远方。
> 汽笛未鸣肠已断,题诗将罢泪成行。
> 遥遥黄鹤千万里,片片丹心茉莉芳。
> 待得明年来归日,真堪置酒赋冯唐。[31]*

当然,对蒲安臣来说美国人的利益仍然高于一切。1866年,当时还名不见经传的马克·吐温在夏威夷见到了蒲安臣,后者当时正在短期回美之后的返华途中。马克·吐温亲眼见到蒲安臣对于美国作为一个帝国所怀有的抱负。[32] 他在给朋友的信中写道:"蒲安臣先生私下对我说,如果他出使那里(即夏威夷),两个星期内就会让美国国旗在皇宫大殿的屋顶飘扬。而且他是非常认真的。他渴望那些富裕的岛屿。"[33] 但是在中国,蒲安臣则表现出和平友善的一面,并且关心中国的福祉。蒲安臣在给西华德的公函中写道:

从中国获取势力范围当然不是我们的政策,在维持条约所

---

* 由于没有找到中文原诗,因此董恂赠蒲安臣的诗句,均由陕西师范大学历史系王玉华教授按照档案中英文翻译的意思,再特别以古体诗译出,特此致谢。——译注

赋予的权利之外，我们也无意干涉中国的政治纷争。当这些都受到海盗和土匪（叛乱也是一样）威胁，英国人、法国人和中国人都在寻求维系条约权利的时候，保持中立就是采取淡然处之的态度。这不仅是为了我国公民的利益，也是为了文明的利益。如果将来任何时候英国人或法国人，或者其中的任何一方，要对中国的领土统一造成威胁的话，那么，单凭我们为了法律和秩序一向同他们站在一起这个事实，我们对他们这种政策的反对也会更有分量。触动他们侵占的诱惑实在太大了。"[34]

实际上，由于美国国力实在太虚弱，又深为自身的国内事务所困，所以完全取决于蒲安臣来向外国公使以及他的驻在国中国展示美国与他们有关，并且对他们有用。蒲安臣的第二个主要成就在于，他极大推进了美国在华长远利益。

看起来蒲安臣对于同中国人合作似乎比同英国人合作要乐意得多。蒲安臣在1864年6月5日给美国驻华领事们的指示中，要他们既要寻求同西方列强合作，也要寻求同中国人合作。他们应该承认中国人的合法权益，按照条约规定的条款行事。蒲安臣跟他们说："你们要明白，我们在中国是在努力以公平的外交手段代替武力。"[35]

蒲安臣吸引中国官员的另一方面，可能是因为他的中文名字：蒲安臣。我们不知道这个中文名字是谁给他起的，但是这些汉字传递出一个积极的形象，因为从字面意义上看，就是"安分的臣子"。在当时，中国人很容易因为名字中哪个字有避讳而遇上麻烦。蒲安臣同他的中国主人使用殷勤的、带有保证性口气的语言，这样的姿态也可以解释为什么刻板的中国人信任和喜欢他，特别是同英国和法国的领事相比，因为那些人更喜欢使用威胁性的或生硬的、公事公办的口吻。卫三畏在给他兄弟的信中曾私下抱怨道："蒲先生在很多方面都夸大其辞……在中国，他总是过多地为这个政府[考虑]，

在应该推他们一把的时候也不去施加压力。"³⁶

蒲安臣本人也积极地将中国人带入美国人的视野，引起他们的注意，就像他在夏威夷对马克·吐温所做的一样。亨利·华兹华斯·朗费罗（Henry Wadsworth Longfellow）的诗《人生颂》（A Psalm of Life）被译成中文，也因蒲安臣作为信使所起的作用而成为中美文化交流史上的佳话。蒲安臣认识朗费罗，朗费罗曾任哈佛大学教授，并在马萨诸塞州的坎布里奇居住，而蒲安臣的岳父也住在坎布里奇。这个英诗汉译的故事背后有一段引人入胜的国际史，其中就有蒲安臣的参与。汉学家威妥玛（Thomas Wade）当时任英国驻北京公使馆秘书，他为了练习中文，将《人生颂》译成汉语。随后，他将自己的译文拿给董恂看，董恂又对威妥玛的译文加以润色，作成七言译诗，并题写在一幅扇面上。蒲安臣于1865年返回美国作短期停留的时候，董恂特意请蒲安臣将这柄扇子带给朗费罗，"一个小小的纪念，以示敬意"。蒲安臣显然成功履行了文化信使的职责。朗费罗被这把写有自己诗句汉译的扇子深深打动，请蒲安臣代他向董恂致谢，转达问候。蒲安臣可从来不会放过任何一个感动中国官员的机会。返回北京之后，当他在总理衙门的大臣面前说起朗费罗收到那把扇子是如何喜悦和激动的时候，一定给这些大臣留下了极为深刻的印象。董恂听到蒲安臣的叙述之后，甚感欣慰，当即为此赋诗一首。多亏了蒲安臣，《人生颂》成为第一首汉译美国诗，也可能是所有美国文学作品中第一篇被译成中文的作品。³⁷ 杰出的中国学者钱钟书也认为，《人生颂》的翻译是中国最早的英诗汉译。³⁸

通过参与翻译惠顿（Henry Wheaton）的《万国公法》（Elements of International Law，也称《万国律例》），蒲安臣还在将近代国际法介绍到中国方面发挥了重要作用。1863年夏，总理衙门就一件有关天主教传教士的案件同法国人发生争执，陷入困境，一位颇有影响的军机大臣文祥来找蒲安臣，问他有没有被西方国家广泛认可的

第一章　蒲安臣——中国派往世界的第一位使节

国际法方面的权威著作以供参考。蒲安臣知道丁韪良已经着手准备翻译一部类似的著作，便推荐了惠顿的书，甚至同意安排将其中的部分章节翻译出来。要感谢蒲安臣的安排，因为他使得本来充满疑虑的总理衙门很快决定，由清朝政府出面拨发专款，资助整本书的翻译和出版。董恂主持了整个翻译，并为该书撰写序文。[39] 1865年，《万国公法》译成付印，并正式进献给当朝皇帝。丁韪良还郑重地将这本书题献给蒲安臣。[40]《万国公法》因此成为中国了解西方国际法的第一部主要参考书。当中文译本被带到日本之后，也成为第一部向日本人介绍国际法的著作。

蒲安臣在美国公使任上最后一个举动也是一个文化外交方面的行动：将一幅乔治·华盛顿的画像送给徐继畬这位以了解西方著称的中国学者和大臣。1865年，徐继畬受命任职于总理衙门，1867年被委派管理扩编的同文馆。作为《瀛寰志略》的作者，他对西方世界有一定程度的了解和赞赏。有一位美国传教士用中文写了一本小册子，《瀛寰志略》就是在此基础之上写的，这是一部有关近代国际事务的开山之作。徐继畬在书中这样称颂乔治·华盛顿："气貌雄毅绝伦，呜呼，可不谓人杰矣哉！"[41]董恂曾为此书作序。

蒲安臣说服了担惊受怕的清政府，让他们感到合作政策对于双方都是有利的。1864年春，当蒲安臣了解到隶属美国南方邦联的"阿拉巴马"号巡洋舰有可能在中国沿海攻击北方联邦的商船时，他立即请求总理衙门向沿海各省官员发布公告，不许"阿拉巴马"号或其他邦联战船进入中国近海，也不准在中国口岸靠近或停泊。总理衙门的公告称："所有将军督抚和滨海各省都督都要同地方官员一同严加看管；如果阿拉巴马汽船，或任何［美国南方］战舰，用计欲损害美国人的财产，接近中国海岸，他们必须在辖区内禁止任何类似船只进入中国港口。"对于中国"如此友善和迅速地提供帮助"，蒲安臣深表感激。这可能是中国政府第一次采取行动影响到西方国家的国内事务。中国的善意姿态吸引了美国人的注意。马克·吐温写道："中国是所有外国政府中第一个对我们表示友好公正的（国家），它对南方政府四处劫掠的'阿拉巴马'号及其同伙们说：'中国不支持你们这些叛乱分子，没有港口让你们的船停靠！'"[42]

蒲安臣一家在北京过得很好。简告诉她的姐姐："从很多方面来说，我都舍不得离开北京。我们的房子那么漂亮和舒服，我真不愿意走。但是我们待的时间越长就越不想走。我想我们已经把足够的生命贡献给中国了。"到1867年，蒲安臣已经在北京住了将近七年，无论从哪方面讲，时间都已经很长，并且他曾试图在1865年就辞职返回美国；在1866年西华德说服他回到中国之前，他甚至卖掉了自己的房子，去意明确。到1867年时，出于个人的、政治上的和家庭方面的考虑，蒲安臣还是最后决定：是时候把中国留在背后了。[43]卫三畏认为蒲安臣的职责是留在"他能做很多事情"的地方，但是简在给父亲的信中说，蒲安臣"觉得为了中国的好处，他自己做出的牺牲已经够多了"。[44]她在11月12日写道："安臣今天去了总理各国事务衙门，作最后的道别。"[45]然而，这次"道别"将使蒲安臣的人生再次发生转折。

"想必是有史以来一个大国对另一个大国的最高敬意"：中国出洋使节的任命

一度四面受敌的清廷正在复兴，但对于如何向世界派遣外交使团尚无头绪。西方外交团体不断提醒中国人，1858年的《天津条约》十年后要进行修订，期限很快就要到了。1866年，清帝国海关总税务司赫德（Robert Hart）回欧洲度假，带上了手下的低级官员斌椿，

第一章　蒲安臣——中国派往世界的第一位使节

让他对西方事务有一些了解。这充其量只是一次学习和走马观花，斌椿根本没有任何谈判的授权。不过，这毕竟是向外迈出的第一步，不管这一步多么不起眼。

随着时间的迫近，1867 年 10 月 12 日，总理衙门发出一份内部通函，征求将军、督抚、大臣们的意见和建议。这封密函承认成立一个外交使团迫在眉睫，向他们征询有关应对礼仪的看法。密函指出，在所有缔约国中，中国是唯一没有向国外派遣外交官员的国家。总理衙门暗示遣使出国是有益处的，可以使他们更好地了解西方国家。但是使才难觅，没有什么人想到国外去，有资格的人就更少了。

十七名高官大吏，包括位高权重的曾国藩和李鸿章，以及总理衙门的大臣都呈上了自己的意见。曾国藩表示支持，并论及康熙皇帝当年与俄国使臣并没有在磕头的问题上大做文章。李鸿章则想到马戛尔尼（George MacCartney）使团所引起的纠葛，援引《中英天津条约》中关于英国外交代表"大英钦差大臣作为代国秉权大员，觐大清皇上时，遇有碍于国体之礼，是不可行"，以及"惟大英君主每有派员前往泰西各与国拜国主之礼，亦拜大清皇上，以昭划一肃敬"。李鸿章指出"自来敌国相交，最忌情形隔阂，议论盈庭，莫得要领"，因此他赞同总理衙门派遣使团出国的主张。[46] 根据毕乃德的说法，绝大多数人在回应中都提出，对于传统礼仪，要采取中外双方都能接受的变通，至少在外国全权代表递交国书时要这样做。几乎所有人都赞同摄政期间禁止接见外国使节，尽管不清楚持此议者是指在皇帝成年亲政之后便会答应接见外国人，还是他们期望推迟觐见的决定能使这个问题被搁置起来，不再被提起。绝大多数人在回复中都感到遣使出国是不可避免的，在物色到合适的人选后，应该尽快向外派遣使团。唯一的意见不同之处在于，是应派出短期使团，还是常期性质的驻外使团。[47]

然而，即使这样的意见也传递出高层官员的无知。他们仍然坚信大清朝是世界中心，并不懂得中国在一个充满敌意的世界中形势岌岌可危。不过，即便如此，他们显然意识到有必要遣使出国，也有必要对华夏传统礼仪做出变通。他们共同担心的是，什么时候以及如何能为这一外交使命物色到合适的"可遣之人"。

简言之，大臣们一致赞成遣使出国，但是没有人够资格。不过，假使他们能找到合格并且愿意奉派出国的人，问题仍然得不到解决：如果外国朝廷没有要求中国使臣行跪拜礼，中国朝廷又怎能强迫外国使节三跪九叩呢？显然，慈禧太后谕知蒲安臣使团成员志刚，让他知道清廷想要参与对外事务遭到强烈反对的时候，考虑的正是这个问题。她问志刚出使国外时是否会与外国君主见面，志刚回答，这完全取决于各国君主，但他自己断不先自求见。[48]事实上，有位总理衙门大臣坚称，使团拜见外国元首时应该严格遵循传统礼仪，亦即中国使臣要跪拜磕头！为了解决这个棘手问题，总理衙门最终找到了一个权宜之计：一个外国人或许可以代表中国。结果，最为适当的人选便是蒲安臣。[49]

恭亲王在给朝廷的奏折中将这一颇成问题的决定作了概括："近来中国之虚实，外国无不熟悉，外国之情伪，中国一概茫然，其中隔阂之由，总因彼有使来，我无使往。"如恭亲王所指出的，对于行磕头跪拜礼的争执，用中国人为使臣，诚不免于为难，用外国人为使臣，"则概不为难"。1867年恭亲王的奏折中明确反映出这样做的原因：

> 通商各国将届修约之期……遣使一节，本系必应举行之事，止因一时乏人堪膺此选，是以［总理衙门］明知必应举行，而不敢竟请举行……美国使臣蒲安臣……其人处世和平……迨后回转西洋一次，遇有中国不便之事，极肯排难解纷。……臣等因

第一章　蒲安臣——中国派往世界的第一位使节

其来辞,款留优待。……[蒲安臣]自言嗣后遇有与各国不平之事,伊必十分出力,即如中国派伊为使相同。……今蒲安臣意欲立名,毅然以此自任,其情洵非虚妄。臣等遂以送行为名,连日往其馆中,叠次晤谈,语极慷慨。伏思向来西洋各国,互相遣使驻扎,不尽本国之人;但使诚信相孚,原无分乎区域。……臣等……复向蒲安臣谆切要约,伊已慨然允诺。[50]

蒲安臣辞去美国驻华公使一职正逢其时,为保守的清廷官僚们挑选他做中国的对外使节提供了机会。当然,在这一看似心血来潮的决定之前,蒲安臣已经长时间受到中国人的考察。英国公使馆曾向伦敦报告,说总理衙门已经"一再地、谨慎地"做了调查。[51] 英国公使阿礼国(Rutherford Alcock)提到,在蒲安臣被任命的几个月前,他与文祥讨论中国遣使出洋的事,文祥突然指着阿礼国的翻译柏卓安(John McLeavy Brown)问道,有没有可能"把他让给我们"。蒲安臣使团的决定公布之后,阿礼国意识到文祥几个月前就开始考虑蒲安臣和柏卓安的人选了。[52]

蒲安臣自己也曾经在不同场合发出试探。1865年,他第一次计划辞去驻华公使职位时,总理衙门大臣恒祺前来拜访,告之恭亲王对他的离开表示难过,恭亲王感到"正在失去一位可靠的朋友",要为他举办一个告别宴会。恒祺告诉蒲安臣:"如果其他外国公使辞职,我们总是等着他们先给我们正式通知,告知他们打算离开。而这次有别于我们的惯例,是我们提前过来,以博得您的好感,这是恭亲王赐予[您]的信任和尊敬的特殊表示。"

恒祺还特别提到蒲安臣为使中国政府摆脱与英国舰队之间的"尴尬"处境所给予的帮助。蒲安臣回答说:"在离开你们国家之后,说不定我还有机会为你们效劳。"[53] 1865年3月3日,恭亲王在总理衙门会见蒲安臣,并告诉他:"我忍不住要问阁下,您真有必要离开我们吗？阁下是被贵国政府召回吗？"蒲安臣告诉恭亲王他只是暂时离开，恭亲王回答："但是我们不许阁下说不。我们希望您能亲口发誓会再回来。如果您愿意回来履职，就和我一起干了这杯酒，以示承诺。"蒲安臣正是这样做的，他喝干了杯子里的酒。[54] 3月6日，董恂和文祥前来美国公使馆拜访，蒲安臣提议，为了避免那些驻北京公使的误解，他们应当向西方国家派遣使团。董恂回答，清政府已经确信有必要派遣使节。蒲安臣说董恂会是极好的首任使节。董恂随即建议，"在您路经的国家中，如果他们对我们有疑虑，您是能够代表我们说句话的"。

3月7日，恭亲王和另一位总理衙门大臣来到美国公使馆，再次提醒蒲安臣，他被寄予很大的期望，"在返乡途中访问所经过的不同国家时，[蒲安臣]能够为中国做良好的代表"。3月8日，文祥、董恂和恒祺再次造访美国公使馆。蒲安臣给他们看了他为指导美国驻华使节而起草的内部公函。他读了其中关于同中国的合作政策的部分，并且表示他已经取得北京所有外国公使对这一政策的支持。在听了蒲安臣友好的对华政策和他愿意代表中国的迫切愿望之后，中国人交给蒲安臣一份备忘录，请他在返美途中将备忘录中的信息转达给外国政府。中方备忘录称：

> 中国政府无意冒犯任何人，在与各国驻华使臣的交涉中，他们的态度已经表现得更为尊重，在平等相待方面已经达到了最高限度……然而，鉴于各个国家的习俗多少有些不同，担心一些与中国有约的国家会认为中国没有遵行所有的礼仪要求，我们特别请求阁下，在您返美途中，就此代表我们向各国声明，向他们解释清楚，中国政府在与他们的交往中在礼仪规则方面绝无冒犯的意思。[55]

这种超乎寻常的友好的信任和亲善也表明，早在1865年，对于任用蒲安臣将来为清廷服务，中国人可能就已经有了一些打算。正如3月8日恒祺对蒲安臣所说的："如今中国人对所有的外国公使领事都持尊敬态度，但从来没有像现在这样，恭亲王和重臣们连日都到美国公使馆来。"文祥和董恂引用了董恂诗中最后一句与蒲安臣告别：

遥遥黄鹤千万里，
片片丹心茉莉芳。

1865年的会谈不过是一个前奏。1867年11月，蒲安臣决定辞去驻华公使职位返回美国。当时为蒲安臣做翻译的丁韪良后来这样形容告别场景：在辞行谈话中，蒲安臣告诉东道主，即使他走了，仍然能够通过"纠正偏见"为中国效力。恭亲王回答，"在那一方面能做的太多了"，并且问道，"阁下是否取道欧洲？"当蒲安臣做出肯定的回答后，恭亲王请蒲安臣在巴黎特别是伦敦的"朝廷"面前尽力。平常讲话最多的文祥解释说，恭亲王的意思是问蒲安臣是否愿意做中国的公使。"如果有可能，"亲王插话道，"一个公使能为两个国家服务的话，我们将十分愿意阁下做我们的使者。"[56]

11月18日总理衙门正式提出聘请蒲安臣为中国使节，蒲安臣当即接受。11月21日，圣旨下达："使臣蒲安臣处事和平，洞悉中外大体，着即派往有约各国，充办各国中外交涉事务大臣。"蒲安臣身着全套正式的外交礼服接受朝廷任命。他并没有辞去美国公使之职，甚至没有通知西华德他的辞职意愿，直到接受中国政府的任命和册封之后才这样做："为了我的国家的利益，为了文明，我在此特辞去美国驻中国特命全权公使之职而接受中国任命。"1868年1月15日美国参议院为蒲安臣接受这样一个文职任命通过了赞成票，西华德也以"欣然批准"作答。[57] 将自身的使命和文明联系在一起，在这方面，蒲安臣并不是在做一件前无古人的新鲜事。1843年6月17日，顾盛（Caleb Cushing）在从中国人手中赢取条约（即《望厦条约》）之前，到波士顿参加了一个晚宴并作演讲，美国总统约翰·泰勒（John Tyler）也在座。顾盛提醒人们，文明最初是从东方向西方推进的，但是由于现时西方在科技上的优势，"知识学问正从西方反过来向东方推进，我们已经变成了我们老师的老师"，然后他转过身直接对美国总统说道："我去中国，先生，允许我为了文明这样表达自己。"[58]

蒲安臣使团颇具规模。除了蒲安臣之外，使团还有三十多名成员，其中包括六名同文馆的学生，每个学生都有一位导师或照料者陪同；四名打字员；两名军官。使团还有两名外国秘书：一个是法国人德善（Emile de Champs），为使团二等秘书（右协理），他曾在1866年陪同斌椿一同赴欧洲旅行；使团的一等秘书（左协理）是来自英国公使馆的柏卓安，即文祥成功要到的人。最重要的是，使团有两位使节志刚（满人）和孙家谷，都是文祥手下的官员。[59] 尽管恭亲王向蒲安臣保证志刚和孙家谷"有资格会同办理一切中外交涉事务"，他们在蒲安臣使团内的级别和职位并没有清楚的界定。使团携带的国书中有关出使目的、蒲安臣的权力和级别，措辞同样模糊。蒲安臣在给西华德的信中或许夸大了自己的头衔，降低了使团中中国人的地位，因为他说"两名最高级别的中国人"是被挑选来处理来往公文中的中文文件的，是"学习者"。不过，由于官方颁给使团成员的指示和委任书没有清楚标明他们的职能，或许蒲安臣把自己设想为使团的领导倒也并非完全是误导。[60]

1867年11月26日总理衙门向蒲安臣颁发出使条规训令，明确表示"深知贵大臣[即蒲安臣]公正和平"，清政府决定委派蒲安臣出使有约各国，"办理各等事宜，即同中国官员"。同时在条规中

蒲安臣与中国助手志刚、孙家谷(哈佛大学图书馆特藏)

特别指出，中国仍须再行派员前往，既是为了"事无窒碍"，也使中国所派官员得历练一切，训令要求蒲安臣"无论何项大小事件"，都要对中国派员"逐细告知，俾该员一切了然，以便寄知总理衙门核定"。关于礼仪成规方面，训令指示此次中国所派使团人员同外国元首"暂无庸相见"，但是如果偶尔相遇，"亦望贵大臣转达，彼此概免行礼，俟将来彼此议定礼节，再行照办"。此外，"遇有彼此有益无损事宜，可准者"，由蒲安臣和两位中国钦命大臣斟酌定夺妥当，咨商中国总理衙门办理。公文的最后重申蒲安臣使团"系属试办，并非驻扎各国大臣，其归期以一年为满，期满仍回中国"。[61]

在让蒲安臣、志刚、孙家谷递交给美国的国书中，恭亲王进一步表明，中国特别因为修约问题才遣使出国。但是"中外礼节不同，语言文字尚未知晓"，蒲安臣则因"处事公正和平，洞悉中外大体，中国政府对他有充分的信任"而被选中。看起来中国方面赋予蒲安臣的权力相当大。"使臣们抵达美国和其他国家的时候，各国与蒲安臣单独交涉定夺相关事宜；当蒲安臣做出决定时"，中国派员则会同商酌并寄知总理衙门，"如此使整个使团交涉办理畅通无阻"。国书进一步解释蒲安臣"懂得外国语言风俗"，两名中国随员"精通汉语及中国事务"。国书指出，任命志刚和孙家谷随同蒲安臣出访，"不仅是对[中美之间]已有友谊的真诚表示，也是为他们在外交事务方面提供历练的机会"。[62]

国书原件以满汉两种文字写于皇家专用的黄纸上。清廷为使团计划访问的所有十一个同中国缔约的国家都准备了满汉两种文字的国书，国书的英文翻译则由使团的左协理柏卓安完成，英文国书随后经过卫三畏、赫德和丁韪良共同审阅核对并签字。英文国书并非完全按照中文字面译出，甚至有些许有意改动之处，但总的来说，转达了中国人想要传递的信息。国书的重点在中英文两个版本中都表述得十分清楚：蒲安臣实际上并不是官方外交大臣，只是一名使者。他被称作"使臣"或如字面意义上的"送信的臣子",只是作为信使,而非现代意义上的外交领事或大使。但清朝皇帝通过与"蛮夷"以对等的身份和口气交流,已经改变了对世界或"天下"的看法。在"天下"观念中,皇帝乃"天子",从来不认为其他国家的君王与自己是对等的。如今清朝的国书请各国接纳蒲安臣使团,表明中国传统的世界观已然适时发生变化。同样重要的是,总理衙门只是一个临时办事机构,它本身并不是按照法规成立的,其内部成员也都是从其他部门借调的。正因为如此,1868 年 1 月 25 日卫三畏在写给西华德的信中强调,"这些国书的准备和递交标志着这个政府的一大进步,其重要意义并不亚于遣使出国本身"。不过根据卫三畏的说法,不少中国官员强烈反对预备这些国书,他甚至相信使团最后出国时并没有带什么国书。[63]

然而,尽管美国还是一个国力衰微的国家,并且对中国并没有太大兴趣,但是由于它是第一个接受中国国书的国家,或许可以说,美国在带领中国走出这一步发挥了一些作用。由于中国通常拒绝外国使节面见皇帝的要求,绝大多数外国使节并不是亲自将国书呈递给皇帝的。尽管如此,两位美国驻华公使列威廉(William B. Reed)和蒲安臣的国书都是直接写给大清皇帝的,并且清廷也以皇帝的名义做出回复。日期为 1858 年 6 月 7 日的第一次回复是:"朕,大清国大皇帝,祝美利坚国大总统身体健康。"日期为 1863 年 1 月 23 日的第二次回复,以"大清国大皇帝问大美国大总统好"为开端。信中紧接着对蒲安臣作为美国公使的到来表示欢迎。"披阅[贵国国书]之余,备见词意肫诚,唯以永敦睦谊为念,实为欣悦。已饬总理各国事务衙门妥为接待使臣蒲安臣。"[64] 从中我们再一次看到,远在使团酝酿之前,美国人就在帮着为使团的建立奠定基础。

任命蒲安臣为中国使臣,这在中国的近代化和国际化历史中都堪称非凡之举。当然,即使在清廷内部,这件举措也极富争议。总理衙门大臣倭仁坚决反对遣使。根据文祥的说法,倭仁"对于外国事物非常无知",并且"不管是什么样的对外政策都让他不满",更不用说赞成指定一个洋人来代表中国了。[65] 甚至连负责起草使团正式文件的文员总管也私下里将蒲安臣称为"蛇足",按过去的说法即是"多余和不自然的"。他向文祥建议,让志刚和孙家谷负责使团的官印,以防蒲安臣滥用。[66] 任命蒲安臣可能看上去很偶然,但是大臣们至少在1865年就已经开始按步骤为此进行筹划了。在这个意义上,当1869年赫德告诉蒲安臣的继任劳文罗斯(J. Ross Browne)蒲安臣使团是自发的,是蒲安臣到总理衙门辞行时制造的"笑话",是从谣言中产生的,[67] 这说明连赫德都弄错了,或许他只是出于嫉妒才这么说。一名英国评论员声称蒲安臣出使实际上是蒲安臣自己精心设计的,[68] 同时另外一个人则断言是赫德"提议蒲安臣先生获得任命或帮助了他的任命"。[69] 甚至还有英国人表示,如果蒲安臣成功了,赫德以后也想得到这样的任命。[70]

但是显然是中国大臣主动提出蒲安臣这个人选。可以肯定的是,即便是挑选一名外国人作为"信使",也绝对出人意料。这其中文祥起了主导作用,让蒲安臣代表中国显然是他的主意。[71] 了解文祥的外国观察家们一致称赞他为"政府中最进步和最爱国的人","大概是朝廷中最有能力和最开明的大臣"。蒲安臣写道:"政府中有一位出色的人物,就是文祥,他精通时事,了解形势的严重性,热切地、毫不动摇地力争维持政权的完整。"[72] 1870年美国国务卿西华德见到文祥时,后者在言谈中带着某种悲哀和遗憾的口气,因为他劝导同僚及政府官员赞同自己的主张,施行更为开明的政策,却收效甚微。文祥甚至告诉西华德他的内心想法,即"王大臣立于山顶,要比站在山脚下的普通人看得更远。当他为众人指点迷津,他们却怀疑他指错了方向。他们高喊:'把他拉下来!'当他们最终达到了他的高度,才开始纠正自己的错误。尽管这对于众人来说已经足

第一章 蒲安臣——中国派往世界的第一位使节

够了,但对于王大臣来说却已经太晚了"。[73]

蒲安臣的妻子简在写给儿子的信中,带着激动无比又有些夸张的口吻告诉儿子,他的父亲被任命为"中国派向所有缔约列强的大使"!蒲安臣的薪水至少三万美元,所有旅行费用都不用自己承担。她写道:"你可以想象上个星期全北京是何等的兴奋,尤其是我们自己有多么的激动。我曾十分担心,害怕你父亲会生病。这件事太大,责任太重,他不能轻易就做出决定。他又成了'不眠的蒲安臣',就像当年他在华盛顿充满兴奋的从政时光那样。不过现在全都决定下来了,他开始睡得多了一些,气色也比过去好,我希望他很快恢复健康。"[74] 11 月下旬,简写信给她父亲,说"这是中国向文明迈出的一大步——即最古老的国家用最年轻的国家 [的人] 来作为她在全世界的代表!卫 [三畏] 博士说这是上帝为安臣对中国人所持的严谨公正态度和忠诚履行自己职责的奖赏"。[75] 简显然受到蒲安臣本人的兴奋情绪的感染。

蒲安臣的妻子预料蒲安臣的任命会在整个世界引起强烈反响,这可能是正确的。蒲安臣自称是"为了我们国家和文明的利益"而接受任命的,他后来告诉西华德的时候,将其进一步引申为:"有着人类三分之一人口的世界上最古老的国家,第一次开始寻求同西方国家建立关系,并向最年轻的国家求助,希望通过它的代表来作为那样一种变革的媒介,这样的使命可不是让人随便恳求得来或能轻易拒绝的。"卫三畏在 1867 年 12 月 23 日对西华德敏锐地指出,中国挑选一位最年轻的国家之一的公民,通过外交途径将这个最古老的国家介绍给世界,表明其"通过与美国的合作来谋求最大利益"的愿望。[76] 卫三畏在给其兄弟的信中写道,蒲安臣是"中国人在北京能够找到的出使外国的最佳人选。如果有人能让各国首脑对这个帝国产生好感的话,那么他正是能这样做的人"。卫三畏也对中国表示出担忧和同情。他在同一封信中说:"从外表看,中国所拥有的一切足以让其他国家对她发生兴趣,但在现实中,她又是一个半文明的国家,不得不在力所不及的地方对这些外来势力予以容忍。她正在努力弄清楚她在人类社会应有的权利,如何进一步维护这些权利,还要保证不得不给予其他国家的特权。"卫三畏写道,对于中国来说,"教训是深刻的,道路是漫长的,充满数不清的障碍。然而,就像南方各州的奴隶们那样,她发现,作为劣等民族会受到一种待遇,作为平等一员得到的是完全不同的另一种待遇"。[77] 在这里,他甚至已经触及中美之间某种共有的历史了。

1868年2月9日,《纽约时报》报道称,蒲安臣被任命为中国使节是"破天荒的一步"。[78] 后来,该报又称这次出使是"当机立断"之举。[79] 阿礼国向伦敦报告说,他相信这是"中国政府自行迈出的最重要的一步,与迄今为止任何审慎的措施相比,更有可能取得极大的收益……"他又补充道,大概"从来没有哪个国家如此向另一个不同种族、信仰和语言的国家,致以更崇高的敬意了"。[80]

蒲安臣使团在美国:政治与外交

1868年2月,蒲安臣和两位中国使臣出发前往美国。恭亲王声称美国之所以是使团出使路线的第一站,纯粹因为蒲安臣是美国人。[81] 不过,中美双方都认为,在蒲安臣的祖国更可能首先取得出使的成功,这对于随后在欧洲取得进展关系重大。执政的共和党与亲共和党的报纸高调对中国表示同情,民主党则大多保持沉默。[82]《纽约论坛报》报道:"蒲安臣使团别开生面,并具有非凡的重要意义,激起了人们极大的兴趣。"[83] 该报进一步指出,使团"不是徒有其表的出使",而"确实是中华帝国的对外宣告,即从今往后它希望被

蒲安臣使团(哈佛大学图书馆特藏)

作为众多文明之邦的一员来对待，而不是像之前那样被排除在外；它将采用西方外交规则和惯例；它将承认国家间的平等地位"。[84]《芝加哥论坛报》惊叹，"美国公使摇身变成了清国大臣！乍一看，这种转变简直完全是在恭维我们的民族骄傲，但如果我们对此有正确的认识，就不难将其视为对我们国家的信任，这是蒲安臣先生的荣耀，是预示中国未来的吉兆"。[85]

蒲安臣使团到达美国之时，正值总统安德鲁·约翰逊（Andrew Johnson）遭参议院弹劾期间。蒲安臣巧妙地报告说，由于总统和国会之间尚有"未处理完的事"，使团需要先走访西海岸。[86] 即便出现这样的节外生枝，如简在给她父亲和姐姐的信中所说，蒲安臣使团仍旧"吸引了那么多人，人们那么兴奋，任何时候都是如此……自从我们来到这里，就全都是激动和喧嚣……毫不夸张地说，除了睡觉以外，我没有任何属于自己的时间，就连睡觉的时间也很难挤出来。我们接连数日都是宾客盈门"。[87]

不同的人和组织机构，从圣经学会到剧场经理，都迫不及待地涌上前来向他们发出邀请，安排见面会。[88] 在为使团举办的"所有人都热情洋溢的盛大招待会"上，蒲安臣表达了愉快的心情。[89] 使团成员应邀出席国务卿、大法官，以及许多政府要员的家庭私人晚宴。各界领袖和两百多位宾客，包括有影响力的政客、地方名流以及军官出席了旧金山的宴会，宴会主席是加利福尼亚州州长。[90] 蒲安臣使团于6月到达华盛顿的时候，一名参议员评论道："我认为这是人们所能想象到的、对双方来说都同样极为好奇的一次访问。"[91]

蒲安臣使团访美之行的高潮，是6月6日使团造访白宫递交国书。国务卿西华德将使团介绍给众人，也为焦头烂额的总统准备了讲话稿。《纽约时报》头版报道称，中国使团"吸引了众多的人，包括许多女士前往白宫"，不少人"预料会出现拥挤的人流，在使团到达之前很早就在大厦的走廊和公共大厅等候了"。[92] 总统主持了隆重的欢迎宴会迎接蒲安臣使团；6月9日，使团应邀出席了众议院的招待会。众议院议长斯凯勒·科尔法克斯（Schuyler Colfax）告诉尊贵的客人说，众议院非同寻常地中断了正常日程，特别欢迎来自"最古老的国家"的使团，因为美国正在向太平洋地区扩张，政府中没有人能放过进一步的商业关系所能带来的好处。[93] 6月17日，蒲安臣的老朋友、参议员萨姆纳（Sumner）在参议院预备了欢迎招待会。旁听席上挤满了前来观看的人，且主要是女宾，当使团成员两人一排通过中间的过道走进来，被正式介绍给大家时，"这些女士对于我们的外国来访者表现出了异乎寻常的兴趣"。走在最前面的是蒲安臣，紧靠着萨姆纳参议员，其次是参议员谢尔曼（Sherman）和孙家谷，然后是参议员亨德里克斯（Hendricks）和志刚，再后面是其他使团成员。有几名参议员通过翻译同中国人边走边交谈着。[94]

纽约同样热情慷慨地接待了蒲安臣使团。各界领袖主办了公开晚宴，出席的来宾包括纽约州州长、纽约市市长，有蒲安臣的岳父艾萨克·利弗莫尔（Isaac Livermore），还有知名学者、将军、出版商和各界名流显要。纽约州州长在讲话中说，蒲安臣使团象征着"最与世隔绝的社会"向最年轻、最自由和最进步的国家致以友好的敬礼……我们命中注定要为东边富饶的欧洲的福祉、为西边人口众多又富庶的亚洲的福祉开放这片自由、平等和进步的世界"。他也对中国能够挑选一个美国人来协助"促进人类社会的财富、博爱和幸福"表示赞赏。[95] 蒲安臣使团直到8月20日才到达波士顿。社会贤达为他们举办了盛大的宴会，参议院外交委员会主席查尔斯·萨姆纳、顾盛，以及爱默生（Ralph Waldo Emerson）都在来宾之列。萨姆纳骄傲地盛赞蒲安臣"曾经是波士顿三分之一强人口的代表，而今他却是超过人类三分之一人口的代言人"。[96] 杰出的哈佛学者奥利弗·温德尔·霍姆斯（Oliver Wendell Holmes）为欢迎宴会朗诵了一首诗，其中有这样的诗句：

> 我们，新诞生的国家人民，
> 迎接古老土地上的王者大臣。[97]

"同世界上最古老的王朝派遣到最年轻的共和国的使团相会"，美国哲学家爱默生"在这一非凡时刻"[98]表达了他的喜悦之情。蒲安臣充分利用了这些盛情美意。志刚在日志中写道，蒲安臣曾告诉他与新闻舆论界保持良好关系的重要性，因此中国使团专门主持设宴，邀请数百名记者出席。志刚言其"颇称盛事"。[99]在旧金山，志刚甚至发表了可能是中国官员对西方听众所作的第一次公开讲话。他说大清朝"充分意识到，任命蒲安臣为第一个派往列强国家的使团之首，其职位及能力可以带来罕有的优势。以蒲安臣为首带领使团成员，我们无需害怕失败，并且，如果这次同外国开展亲密交往的第一步取得丰硕成果，就像在加州短短的十八年间，你们以自己的努力和辛劳而达到如此繁荣的景象那样，我们的国家就有理由祝贺自己"。意味深长的是，志刚明确在为自己的国家做宣传，并指出蒲安臣是使团的团长。[100]在波士顿，蒲安臣使团也为当地人士举办了两次招待会。为了突出中国使团的到来，蒲安臣将新近发明的皇家黄色龙旗作为某种意义上的中国国旗挂了起来。

蒲安臣在旧金山晚宴上的第一次主要演说中，很谨慎地避免对于使团的出使目的做过多的说明，因为当时尚未向美国总统递交国书，但他强调此次遣使出访意味着"进步"。[101]在波士顿，蒲安臣宣告，"华盛顿的国度已经向孔夫子的国度表示欢迎。一方的伟大思想已经同另一方的伟大行动合二为一"。[102]在白宫，蒲安臣告诉约翰逊总统，"在过去的三年中，中华帝国政府已经接受了西方列强通行的国际法，并已进一步得出结论，如果得到允许，中国将以同美国"

以及西方各国"行使外交惯例的方式进入国际社会"。[103]

在纽约,蒲安臣发表了他最为轰动的演说。"在岁月流逝的雾霭中现身"的中国已经来到了西方:

> 她不是带着威胁的口吻而来,她是带着两千三百年前的儒家古训"己所不欲,勿施于人"而来。你们难道不该用基督教更为积极的教义"你们愿意人怎样待你们,你们也要怎样待人"来回应吗?她带着你们自己的国际法而来,她告诉你们她愿意按照这一法律加入你们……她要求,一句话,就是在这种正是她最驾轻就熟的文明状态中,让她自由地伸展自己。

蒲安臣注意到西方许多敌视和挑衅性的反华观点,他向美国听众指出:"使团被派往基督教世界,就是同这些蛮横无理者的邪恶意志对抗。中国向外派遣使团本身可能已经表明了她的困境。"他甚至涉及为何是他而不是别人被选为使团团长这个话题:他解释道,他被任命的主要原因是"我同合作政策的确立有很大关系",而这一政策得到了来自缔约国家和中国两方面的共同支持。至于使团所负使命,蒲安臣宣布:"这一宽宏大量的政策建立在永恒的公正原则基础上,我将为之聚集地球上最为强大的力量,以及世界上开明的共同智慧。"[104]

在6月9日国会举办的招待会上,蒲安臣将招待会称为"两个文明的相会"。这是一场革命,是"一个伟大民族向另一个伟大民族致意"。但是当他对美国人讲下面这番话的时候,可能有些夸张,甚至未得到授权:"我们邀请你们扩大贸易范围。我们邀请你们深入考察中华文明的构成。我们邀请你们更好地了解那里人民的生活方式、节俭克制、谦让忍耐和崇尚学识,他们的科举制度,他们的茶和丝的高深文化;并且我们应当向你们寻求现代科学……以及你们基督教信仰的圣经教义。"[105] 其实中国人在这个时刻对于扩大贸易或基督教并没有真正的兴趣。但不管怎样，蒲安臣的雄辩技巧确实激发了西方对于中国和中国人的想象力。

蒲安臣外交上的巨大成功将是他未经授权而签署的条约，而这一成功在很大程度上同他与美国国务卿西华德的友谊有关。正如简写给她姐姐的那样，他们于6月2日晚上6点到达，而西华德立即要求在当晚9点约见蒲安臣。这是一次"令人相当愉快的会面"。6月4日，简写道，西华德"驾车带我们出去，我们在他家度过了一个闲适的夜晚，非常享受……星期六晚上，西华德先生为我们举办了盛大的招待会"。[106] 在私人友谊之外，西华德是一个头脑冷静、公事公办、一心为美国谋求利益的政治家。他直接向蒲安臣询问中国皇帝什么时候准备好同外国使节直接会面，提出："您现在是天朝的代言人，多年来一个严肃的问题，即关于'入觐得到皇帝亲自接见'的问题一直悬而未决。如果美国公使在北京得不到政府首脑的接见，那么中国公使又怎么能在华盛顿被政府首脑接见呢？我们必须为此困境找到一条出路"。[107] 幸运的是，当时中国皇帝只是一个小孩子，西华德便临时决定美国总统将会接见中国使团，但这"仅限于皇帝还未成年期间，[美国]才保留且搁置了追究同中国皇帝直接会面的特许"。[108] 在中美签约方面，西华德要比蒲安臣更为主动，礼仪问题并没那么关键。

条约的谈判主要在西华德位于奥本的居所进行。[109] 西华德的儿子当时是助理国务卿，他后来写道，谈判"很仔细，因为大家都希望其他列强在签订类似的条约时以此为范本"。他还补充道，由于美国当时正处于"关于'重建'和'弹劾'的政治风口浪尖，为避免遭到恶意攻击和党派争执而造成耽搁，大家都认为事前知道条约事项的人越少越好"。西华德、蒲安臣和两位华人使节先在口头谈判会上达成共识，随后由西华德起草文本。[110] 西华德后来告诉丁韪良,他"非常满意地"亲自起草了被称为《蒲安臣条约》的草案,当然其中包含了中国使者的意见。[111]

《蒲安臣条约》是中美两国之间签署的第一个平等条约,这或许是清朝在19世纪唯一的平等条约。条约最重要的是第5、6、7、8条,在本章我只就第5、6条和第8条展开讨论,关于第7条的意义则留待第二章讨论。《蒲安臣条约》的第5条和第6条涉及中美两国之间的自由移民。第5条为:

> 大清国与大美国,切念民人前往各国,或愿常住入籍,或随时来往,总听其自便,不得禁阻为是。现在两国人民互相来往,或游历、或贸易、或久居,得以自由,方有利益。

第6条为:

> 美国民人前往中国,或经历各处,或常行居住,中国总须按照相待最优之国,所得经历、常住之利益,俾美国人一体均沾。中国人至美国,或经历各处,或常行居住,美国亦必按照相待最优之国,所得经历、常住之利益,俾中国人一体均沾。惟美国人在中国者,不得因有此条,即特作为中国人民。中国人在美国者,亦不得因有此条,即特作为美国人民。

自从1850年代中国人开始前往美国以来,美国特别是西海岸一带对华人存在广泛的歧视。卫三畏在1868年7月给蒲安臣的报告中写道:"如果在华美国人受到1855年以来在美华人所受到的不公正对待的十分之一,〔中美之间〕肯定早已爆发一场战争。"[112]蒲安臣,特别是志刚和孙家谷,亲眼看到了在美华人所遭受的痛苦和歧视。《蒲安臣条约》的第一条即明确针对在美华人所受到的歧视,为华人提供保护措施。第5条和第6条不仅威胁到南方各州绝大部分歧视华人的法律，更重要的是，条约为华人提供了联邦法律保护。譬如在1878年，当美国参众两院都通过了关于限制单艘船只载运华人人数的法案之后，美国拉瑟福德·海斯（Rutherford B. Hayes）总统以这种限制同《蒲安臣条约》条款规定不符为由否决了议案。很显然，《蒲安臣条约》为1880年代美国不断增长的对华人的广泛限制提供了主要的法律阻碍，在某种程度上推迟了美国将全国性排华合法化。

《蒲安臣条约》对中国的朝野上下也必定是一个冲击，尽管没有几个人能理解条约基本内容所包含的重大意义。中国政府直到1893年还对移居海外的华人持歧视态度。朝廷从不认为移民拥有任何"人权"，海外移民不值得受到如《蒲安臣条约》所表明的任何保护。就在《蒲安臣条约》签订的几年前，一个美国人问一个大权在握的清朝总督，为什么中国不派遣外交使节到美国去保护华人，总督回答："派遣官员到我们的疆土之外不是我们的作风。"这个美国人说："但是远在太平洋彼岸那边你们的人多不胜数，有好几万人。"总督回答："皇帝统驭百千万民，对于区区几万漂到外国的弃民有什么好关心的？"美国人坚持说："当中很多人都很富有，有从我们的金矿里得到的黄金啊。就是为此，他们可能也是值得看顾的。"总督答："皇帝的财富不可计量，为何要去关心那些已经背井离乡、把掏出来的沙子堆到一起的子民？"[113]然而《蒲安臣条约》已经超出了仅仅为在美华人提供法律保护的范围。正如蒲安臣的朋友、参议员萨姆纳所言，《蒲安臣条约》是"一个极好的开端"，将会"打开那些长达数百年被闩住和拦起来的中国大门"。[114]国务卿西华德将两个条约视为自己一生中所取得的最辉煌的成就。其一为1867年美国从俄国手中购买阿拉斯加的协议，其二就是一年后签订的《蒲安臣条约》。一个扩大了美国的领土范围，另一个扩张了美国的文明。西华德在去世前不久曾向一位朋友解释道,他通过《蒲安臣条约》,"使四亿中国人从虚假哲学与传统自负这样一个微妙组合的束缚中解脱了出来"。[115]蒲安臣认为他的条约不仅制止了臭名昭著的苦力贸易,而且因此"吸引朴素勤劳的自由移民进入这个国家,因为有了这些平和的劳工,我们才能够将太平洋铁路推进到内华达山脉的顶峰"。[116]《纽约时报》首肯,蒲安臣"因着移民和我们饥渴的太平洋海岸的缘故,看到同其他任何国家相比,中国更能同美国结成紧密的联盟"。[117]

不管怎样,官方要求蒲安臣使团所担负传递的关键信息,是让中国自主发展成为一个文明国家。条约的第8条明确提倡不干预政策,言明中国有权决定"于何时、照何法、因何情"修建铁路、电报,或进行其他内部实体改进。鉴于西方列强以往对中国的炮舰外交政策、强制欺压和掠夺利益的历史,这一条款对于维护中国主权有着极为重要的意义。正如蒲安臣自己的解释,《蒲安臣条约》"源自将中国的控制权还给她自己的愿望,以对抗那些想要将控制权从她手中夺走、将其交给变幻无常的利益驱动者和粗暴强权力量的侵略心理"。这一条约是合作政策的"结果","以公平的外交举措取代过去的强权行径"。[118]

蒲安臣使团于1868年6月2日抵达华盛顿,《蒲安臣条约》于7月4日签署,并于7月16日由参议院批准通过。1869年9月3日,蒲安臣致信西华德,告诉他恭亲王对于条约的签署表示"由衷的赞赏",蒲安臣要求美国政府在对华人苦力的待遇方面予以"积极的帮助"。尽管意识到条约很有用处,但是中国政府批准条约仍然需要时间。在伦敦,蒲安臣在写给卫三畏的私人信件中强调了驻北京外国使节和通商口岸居民之间的意见分歧:"做中国贸易的外国商人们对我们的反对真令人难过。我希望您将会向中国人做出解释,让他们知道中美之间的这个条约能够给他们带来多大的好处。"[119]

志刚和孙家谷在谈判中充其量扮演的是被动角色，但是看起来他们对于结果很是满意。根据西华德的儿子描述，在拿到条约的中文翻译件之后，志刚和孙家谷拿来了厚厚一册丁韪良翻译的惠顿《万国公法》，对照条约的详细内容逐条进行讨论，然后才同蒲安臣一道在条约上签字。[120] 志刚和孙家谷总结道，条约各条"皆系有益应办之事"。将条约呈送北京总理衙门时，他们对条约逐条附以长篇注释，建议总理衙门尽快议覆施行。[121] 志刚同孙家谷以及蒲安臣都认为该条约可以成为中国以后需签条约的范例，"执此以往各国，即不必另寻头绪，以为迎刃而解之势"。[122]

然而，恭亲王对于这份条约却感到不安。的确，中国没有要求或授权蒲安臣同美国签订条约，但是官方指令中也并没有阻止他这样做。恭亲王担心，如果蒲安臣在出访的第一站就签订条约，那到其他国家也不免会有相同之举。所以恭亲王向朝廷建议，与其立即批准《蒲安臣条约》，不如等使团返回中国之后，总理衙门对随后签订的所有条约一同讨论，确认没有问题之后再批准通过。只是由于受到蒲安臣要求速办的请求催促，并且收到志刚和孙家谷的各项解释，恭亲王才改变了主意。他称赞蒲安臣使团此次出使"于中外一切交涉事件，颇为有益"，其与美国所签订的条约"尚无窒碍难行之处"。朝廷于1869年批准了条约，并且由蒲安臣的朋友董恂作为全权大臣在北京与美国公使互换了批准后的条约文本。[123] 当卫三畏前往总理衙门交换条约的批准件时，丁韪良负责翻译。丁韪良后来写道，中国人"表达了他们对于条约的完全理解和领悟"，并且对文祥先前所说过的话表示遗憾，因为文祥说："你们西方人为什么这么没有耐心，急着要我们表态？一旦中国开始行动，她会比你们想象的快得多。"[124] 1869年12月14日简在柏林给父亲写信说，北京给蒲安臣发来电报，告诉他中国已经批准了他的条约："在孙大臣的邀请下，昨晚我们全都去剧院了。他高兴得像个孩子，极其热情地为我们做东。"[125]

马克·吐温在《纽约论坛报》上将《蒲安臣条约》称为"或许是尚有待于受到人们推崇的最全面、最无私、最广泛的条约"。马克·吐温继续说，在条约的"任何条款中都没有卑鄙、苛刻或可耻。它为一个国家免费提供了一个贪心的人所能要求的所有优惠、所有好处、所有让步。这个国家的好几代人已经习惯于将'条约'理解为以在他们的地域尽可能掠夺'利益'为回报的圈套"。马克·吐温指出《蒲安臣条约》

> 着眼于在中国向世界开放广大而有利的商机，美国从中只取其该得的份额。它着眼于提升一个非凡的民族，惠之以它过去所不知道的更纯正的宗教，更高级更先进的文明。它是建立在公正、启蒙和进步的广泛利益之上的条约，所以必定经得住考验。它搭建起太平洋上的桥梁，它推倒了鞑靼人的高墙，它为最古老的民族注入了新鲜血液和青春活力。[126]

马克·吐温在这里当然给了《蒲安臣条约》太多的溢美之词，但是这一条约本身显然具有突出的贡献和重要地位。《蒲安臣条约》至少反映出中美两国之间做出的共同努力，以及两国共有的利益。我们下面转向欧洲特别是英国对《蒲安臣条约》的反应，从中可以看到上述这一点变得尤为重要和明显。

蒲安臣使团在欧洲：寻求合作

《纽约时报》称蒲安臣"忧心忡忡"地来到美国，但是"带着胜利"

而离开。[127] 不过，蒲安臣仍然感到担忧。在使团乘船前往英国之前，蒲安臣同朋友有过一次长谈，他告诉这位朋友："我已经做了一些事情，对于过去可以放心了。可是对于将来呢？什么都没有完成，并且英国……正在起来与我作对。"[128] 当使团到达欧洲时，蒲安臣和他的中国政策遭到了欧洲人甚至居住在中国的美国人的攻击。一个英国人写道："当我将蒲安臣这个名字和'冒险'放在一起的时候，希望能得到蒲安臣先生的原谅。我这样做是因为他和那个狡猾而又唠叨的政客西华德所签订的条约的缘故，其他国家也要受其条款约束，所有在中国的改进、提高和进步不仅被遏制，甚至连这方面的讨论也因此受到阻拦。"[129]

英国驻北京公使阿礼国向他的政府抱怨，在华盛顿签订的《蒲安臣条约》已经让中国人对谈判表现出傲慢和冷淡。[130] 他请求外交部批准他的策略，即如果总理衙门拒绝接受他更为强硬的条约修订条款，就要让他们感觉到是在冒"事实上的战争"的危险。[131] 赫德也攻击《蒲安臣条约》，尽管他是中国政府雇员，并且薪酬极其优厚，但是他显然支持"扼住中国喉咙"这一被广泛接受的西方策略，因此对《蒲安臣条约》深感不满。当新到的美国公使劳文罗斯就《蒲安臣条约》的第8条条款征询赫德的看法时，赫德以权威的口气郑重声明，这一条款拒绝向中国施加压力迫使中国促进改革，可能还因此再次允诺中国不必奋力争取"发展外在的强大"。向中国承诺不会强迫她改进，可能会使她丧失奋发图强的最大动力。[132] 赫德还指责报界和"不理智的公众"，因为他们将蒲安臣使团的出使目的本末倒置。在赫德看来，使团出访本来是针对外国的各种要求寻求"缓冲"的，但是报界却为要从中国看到立竿见影的、向前推进的作为而对《蒲安臣条约》极尽吹捧之能事。

赫德还告诉蒲安臣在中国的继任劳文罗斯，没有几个中国官员真正懂得西方。[133] 劳文罗斯在总体上显然不赞成蒲安臣的中国政策。

与蒲安臣不同的是,劳文罗斯认为美国对待中国的态度应该同英国一样。他在写给国务卿西华德的信中说,对于保持友好关系,至关重要的是必须对"在西方文明与这个古老国家之间存在的困难和对立有最充分的认识"。对他来说,如果过于乐观自信地看待中国人的学识和他们的能力、治理才能,以及要求进步的愿望,"很容易产生令人兴奋的错觉,这只能导致我们的失望和对他们的伤害"。[134] 劳文罗斯在不同的场合评论道:"中国与那些基督教国家在法律、习俗和宗教上的不同如此根深蒂固,妨碍着他们在平等条件下对外交往。"[135] 中国不久前爆发了针对外国人的暴力行为,他坚持认为蒲安臣使团正是此事的起因。[136] 对他来说,"对于一个为所欲为的异教国家毫无保留的认可"是"致命的"。[137] 那些拥护"扼住中国喉咙"之说的外国居民极力吹捧劳文罗斯,在众多支持者中,上海的美国人圈子里许多人对"蒲安臣使团造成的误解"表示担忧。[138] 英国公使阿礼国提到,他曾从劳文罗斯那里得到过一些帮助。劳文罗斯正致力于抵消"蒲安臣先生的条款所带来的不利影响"。[139] 对于中美双方来说都比较幸运的是,由于美国政府"不满他在报告中对中国人和蒲安臣使团所用的口吻",[140] 劳文罗斯于1869年被政府召回。

蒲安臣使团在英国遇到困难并不出人意料。英国的对华贸易者并不喜欢合作政策,有些人还看不起蒲安臣这个美国人。当蒲安臣被任命为中国使臣时,伦敦《泰晤士报》便对他冷嘲热讽。1868年9月2号的报纸这样写道:"把我们国家的人排除在外,而选择一名美国绅士,再看看他的资历,他对于任命他的朝廷的语言甚至一窍不通。对于这一既成任命,我们会感到很不愉快。中国政府对美国没有任何义务,反而是对我们负有明显且繁重的义务。"但是文章继续写道:"毋庸置疑,以他们的目标看来,这个选择是合理的,这在对外派遣的使节和美国所签订的条约中已经有所体现。条约的目的无非就是要强化中国统治者旧有的这种消极抵制和不友好的态度。"《泰晤士报》形容蒲安臣使团是"目标向着美国人,有倒退的趋势"。《泰晤士报》所热衷的对美国和中国的"诽谤"颇有"恶名",致使曾经在北京住过一段时间的佩里·普拉斯（Perry Plus,大概是美国人）写信给《纽约时报》编辑表示不满。他指责英国报纸曾经"在内战期间与美国的敌人为友,把叛乱的南方称为'自由的先锋',而把林肯和他的将军们称为'暴虐的工具'"。如今"一个使团宣告在广义上可以说是世界主义的目标",而将其"诬蔑"为"美中沆瀣一气",并且"当中国人从闭关自守中走出来,同西方所有伟大国家为友的时候,[《泰晤士报》]却认为该使团的派遣意味着对英国伤害最重的公然羞辱"。[141]

西华德对蒲安臣使团在英国受到的恶劣对待并不意外,他于1868年9月15日致密函给蒲安臣,警告他虽然使团在美国获得了成功,但是"在英国那些嫉妒和怀疑的无礼声浪",会给他带来烦扰和失望。不过西华德仍然勉励蒲安臣："我认为通过多次您已经熟稔的自我斟酌和见机行事,您能够得到一个公正表达自己的机会。"西华德要蒲安臣对英国"无聊而且可能会让人很伤脑筋的耽搁"做好准备,鼓励他利用美国在柏林和巴黎的公使馆,在这两个首都创造有利条件。西华德在信的最后署以"您非常忠实的朋友"。[142]

正如西华德所预料的那样,蒲安臣使团于9月20日到达英国的时候,英国政府根本对其置之不理。简立即向她的姐姐抱怨伦敦是一座"荒凉"的城市,女王也已经离开,到苏格兰去了。[143]英国外交部冷淡地通知蒲安臣使团,"事情无法尽快办理"。[144]果然,事情一直拖到10月中,在连续几个星期只谈观光和风景之后,简提到,"受到特殊邀请,昨天晚上我们和中国人一起共进晚餐。如果你看到我挽着志[刚]大人的手臂走出来的话,恐怕会笑出来——他的袖子太大了,很难找到手臂在哪儿"。[145]甚至连习惯耽搁的北京也觉得这个节奏难以接受。1868年11月18日，恭亲王向劳文罗斯抱怨道："至今我们收到的所有消息都说他们的日程全都被参观访问排满了，不可能有闲暇时间写正式报告。"[146] 终于，简在11月20日抱怨道："重大事件——同女王的会面在今天下午发生了"，但是"接见只持续了几分钟……这就是这一重大事件的开始和结束"。她都看不到女王穿的是什么，但是德善（使团的二等秘书）说，她穿的是黑色长裙，质地为丝毛混纺或是棉毛混纺，戴着一顶寡妇帽。"他们都说她显得比她的拜访者别扭得多。"为了打发时间，使团的其他成员在伦敦等候的时候，蒲安臣和妻子还悄悄溜到巴黎去消磨时间。最后使团终于在12月12日得以同外交大臣克拉伦登伯爵（Lord Clarendon）会面。[147]

英国政府对于蒲安臣使团的蔑视导致伦敦《泰晤士报》刊登一篇同情的文章。文章写道，就算一个只拥有十几平方英里大小领地的欧洲大公，每年向英国出口几千打苏打水、几箩烟斗，若是访问伦敦，"也会有一列专车将这位尊贵的殿下由南安普顿护送到伦敦，一帮董事代表则早在铁路沿线的各个车站迎候；女皇陛下的马车，在大约整整一个中队的卫兵护送下，将会把尊贵的陌生客送到温莎城堡；他会在伦敦市长官邸出席隆重的晚宴，同市民代表共进晚餐。然而对于代表了人类三分之一人口的来访者，我们国家却毫无欢迎的表示"。[148]

蒲安臣使团在伦敦面临众多困难之时，美国政府至少为他提供了道义上的支持。1869年12月，格兰特（Ulysses S. Grant）总统在第一次向国会所作的年度报告中，对蒲安臣表示称赞，并承诺帮助蒲安臣使团取得成功。但是鉴于美英两国之间冷淡如冰的关系，外加美国还在从遭受重创的内战中恢复，国力尚弱，这一承诺没有得到多少兑现。蒲安臣在伦敦没有取得成功，只是与克拉伦登交换了公文，而不是签订条约。1868年12月28日，克拉伦登写道，他从蒲安臣那里了解到，中国政府"充分意识到，为了自己的利益，有推动和促进同各国交往的必要"。但是大不列颠感到，在传统制度下成长起来的民族已经习惯并且依附于传统，任何想要在他们中间突然引进新制度或者新思想的企图，"不仅会在这个国家制造混乱，甚至引发革命，会令其停滞不前，而不是推动其进步"。带着这样的认识，克拉伦登函告蒲安臣，英国政府"完全承认中国政府有权利信赖各国的宽容克制"，但是他坚持英国政府仍然期望中国方面"信守已经签订的条约条款"，并保留派遣"友好代表"来华的权利，为的是劝说中国政府为列强国家的公民扩大与中国人之间的贸易往来"提供更大的便利、鼓励和保护"。[149] 1869年1月1日，蒲安臣致信克拉伦登，对其回函表示满意。[150]

1869年1月2日，蒲安臣使团抵达巴黎。孙家谷抱怨蒲安臣钟爱法国，在那里待了六个多月，浪费了宝贵的时间。[151] 使团被安置在凯旋门附近的154号香榭丽舍大街，"城里最漂亮的一幢房子里"。这是巴黎最受欢迎的住所之一，共有四层楼，装饰极为富丽堂皇。白色的大理石楼梯铺着深红色的地毯，一直伸向豪华的会客大厅。"房间如同金子般辉煌。"尽管孙家谷表示过不满，但是蒲安臣本人则认为他在巴黎是为了中国而勤奋工作。在给卫三畏的一封长信中，蒲安臣写道："我为工作已经忙得几乎连命都不要了，不过我对结果还是很满意。我觉得从今以后，西方国家[在同中国打交道时]会更多诉诸基督教道义而非武力。"[152]

事实上蒲安臣在巴黎并没有取得成功。法国不愿意因为奉行"友好政策"而削弱其在华利益。正如简向她的父亲所报告的，法国皇帝"并没有真心实意地对待蒲安臣使团，所有报纸都站在右翼一边"。[153] 简告诉姐姐，在正式接见之前，皇宫派来"两辆华丽的四轮马车"接他们。"马匹和马夫都戴有黄金配饰，马车上印着盾

第一章　蒲安臣——中国派往世界的第一位使节

形纹章。两位皇帝的大臣分别坐在马车里。"在接见仪式上，蒲安臣用英文作了简短的讲话，法国皇帝用法文作答。蒲安臣说这是"中国有史以来派往西方国家的第一个使团。表达了中国加入国际大家庭、想要跟你们一样[就世界事务]提交自己意见的真诚愿望"。[154] 蒲安臣使团在形象上和公共关系方面都引起了轰动。1869年1月29日简在写给父亲的信中说："使团在这里倍受欢迎……我们发出了大量的请帖，不过我们外出还不算多。"2月16日的信中专门描述了使团办的一场宴会："看到他们[志刚和孙家谷]在所有场合都表现上佳，真是太好了——他们从来都没有失去尊严和冷静。在晚宴上您可能以为他们生来就是用刀和叉的，您会以为他们对皇宫环境和大型社交场合根本就习以为常，特别是同女士的交往！"然而就在巴黎所花费的时间和开支而言，蒲安臣使团在外交上的成果乏善可陈。蒲安臣在欧洲所获得的唯一主要的成功是在普鲁士。使团到达柏林后不久，便同普鲁士首相俾斯麦（Otto von Bismarck）以及普鲁士王太后会面。俾斯麦当时正把注意力放在德国的统一上。几乎可以肯定地说，他同蒲安臣的谈判是北德意志联邦新成立的外交部所进行的第一个重大活动；时值普法战争前夕，俾斯麦的目标是孤立法国，同时巩固德国同其他列强的关系。[155] 美国驻普鲁士公使、杰出的历史学家乔治·班克罗夫特（George Bancroft）报告说："自从我来到这里，还没有任何使团受到过这么隆重的欢迎和赞誉。"[156] 由于有这些有利条件，蒲安臣终于打破僵局。"以中国的名义"，蒲安臣在1月4日会谈之后给俾斯麦的信中说，为了俾斯麦"慷慨的表示"，"我急切地向您表示感谢"。俾斯麦则回复说德意志统治者确信，只要是对中国发展有益和必要的，也都是最符合德国利益的，也就是说，一个受尊重、有权威和有力量的中央集权政府的活动，与这一广袤的帝国是相称的。[157] 1869年12月28日，简兴奋地写信给父亲，告诉他使团到一个德国人的家里庆祝圣诞夜："我从来没看到过中国使臣们像那天晚上那样高兴。"[158]

蒲安臣和他的使团带着更上一层楼的期望来到俄国。1870年2月4日，使团成员在冬宫受到了沙皇亚历山大二世（Alexander II）和皇后玛丽亚·亚历山德罗芙娜（Maria Alexandrovna）的接见，蒲安臣期待能够通过谈判签订条约。[159]他需要拿出非常好的成绩，他感到在柏林的成功不足以使清廷感到满意，因此忧心忡忡。不幸的是，由于精神焦虑、体力透支，加上苦恼和担忧，他情绪低落，病倒了。蒲安臣同儿子谈到，清廷可能会中止对他的任命，讲述他可能有辱使命的痛苦心情。[160]志刚后来写道，尽管蒲安臣病势日重，但仍然每天潜心阅读新闻报纸，为与俄国谈判之事操劳。志刚看到，蒲安臣害怕如果不设法赢得一个受称许的谈判结果，他会在清政府面前丢脸，如果他在谈判中出现失误，则会让俄国人看轻。

早在1868年使团到达旧金山的时候，简就曾写道，蒲安臣生了病，咳嗽不止。生病加上不停地讲话，"现在他的嗓子哑得发不出声，咳嗽得太厉害……太多的谈话已经使安臣喉咙的问题更为严重"。[161]当蒲安臣在俄国圣彼得堡的严冬里日夜烦心的时候，他的病情日益加重。志刚认为，蒲安臣或许心志过高，不肯轻易妥协俯就别人，困难和阻碍使得他"抑郁愁闷而不可解"。再加上使团长途跋涉，水陆奔波，使蒲安臣体力上疲惫劳瘁。1870年2月23日，蒲安臣因肺炎病故，终年49岁。[162]

美国政府几乎立即得知了蒲安臣去世的消息。1870年2月24日，国务卿汉密尔顿·菲什（Hamilton Fish）写道，蒲安臣的去世让国务院所有人感到震惊，"意外和悲伤之情交加"，因为蒲安臣"作为大中华帝国的代表，他崇高而光荣的使命"尚未完成。[163]乔治·班克罗夫特在给菲什的亲笔信中写道："这一损失令人悲痛至极，因为他……正在为将中国介绍到文明国家之中，为将中国置于国际法的保护之下履行着他的伟大职责。"他继续写道，蒲安臣"本当在相当大的程度上让欧洲舆论站在他这一边，支持他所代表的政策立场"。[164] 旧金山的民主党众议员威廉·派珀（William A. Piper）极端反华，他在众议院声称蒲安臣是被中国同事毒死的。[165] 但是绝大部分舆论是十分正面的。1870年2月25日马克·吐温发表悼词，盛赞蒲安臣"已然超越狭义的国家公民局限，成为一名世界公民；他的仁爱如此宽广，他伟大的心胸如此温暖，足以使他对世界上的所有种族深表同情，并为他们鞠躬尽瘁"。[166]

3月21日蒲安臣逝世的消息传到北京。清廷立即从使团的经费中拨银六千两给蒲安臣之子爱德华办理后事，随后又拨银一万两给蒲安臣的家人作为抚恤金，表达对蒲安臣所做贡献的谢忱。当时一万两白银相当于一万六千两黄金，堪称一笔巨资。恭亲王在给皇帝的奏折中请求赏加蒲安臣正一品衔。[167] 极少有中国官员获得正一品官衔，这是授予皇室成员之外的人——不论是活着的还是故去的——最高级别的官职。[168] 4月间蒲安臣的遗体被运回波士顿，安葬在马萨诸塞州坎布里奇的蒙特奥本陵园。[169]

与此同时，使团以对比利时和意大利的访问结束行程。使团于1870年10月返回中国，此时距出发之日已过去将近三年，远远超出当初一年的预期。总的来说，清廷对于使团出使的结果是满意的。恭亲王建议，志刚和孙家谷在外办理有成，险阻备尝，请求予以嘉奖。[170] 然而丁韪良带着典型的讥讽语气谈道："蒲安臣的辅佐之一被光荣地流放到蒙古边疆任职，另一个则湮灭于同样偏僻的中国西部地区。"[171] 从朝廷的角度来说，对使团也从来没有抱太高的期望，因为遣使出国乃是应缔约各国要求修约的需要而被迫为之。随着使团尚属成功的使命的完成，尽管耗时两年，清廷对此还是感到满意，并做出嘉许。[172]

尽管蒲安臣在使团的使命完成之前去世，但是他十分清楚使团的重大历史意义。他曾经告诉朋友，"为了在这个世界上做有益的事，为了从有益的结果当中获得声誉，如果我可以选择的话，仍然会选择这一个使团而不是世界上其他的使团"。[173] 志刚和孙家谷看起来也有同感。当已经卸任的国务卿西华德于1870年访问中国时，在上海见到了志刚和孙家谷。两人都向他谈到使团的成功，并且"为他们在出使中从他那里得到的帮助再三表示感谢，并一再为他们在美国受到的热情接待深表谢忱"。[174]

蒲安臣的成就是什么？

蒲安臣的朋友和崇拜者丁韪良认为蒲安臣使团制造了"大声势"，特别是在美国，但是其"目的被误解，其结果令人失望"。他认为令人惋惜的是，蒲安臣在一次晚宴后的演讲传递出一个"过于激昂的信息"，给人们造成错觉，以为传教士被邀请去中国"将闪光的十字架插遍每一座山岭"，工程师们会"迅速在很短的时间内"把西方文明的所有设备带到中国。然而蒲安臣使团的目标实际上是"拖延时间"，劝导西方强国保证给中国时间，允许中国按照自己的方式向前发展。但是"假使他活得时间再长一点，极可能会成功地同四个欧洲列强签署条约，那样的话，他的使命就不会失败，而是辉煌的成功"。丁韪良认为《蒲安臣条约》是"倒霉的条约"，"其不幸在于在随后十几年中，其主要条款不是被这一方就是被另一方废弃或取消"，而最重要的背弃就是《美国排华法案》。多年之后丁韪良得出结论，从外交的角度来看，"其失败"在于，"我们必须看到，在将东西方联系在一起的纽带中，它绝非必不可少的一环"。[175] 在另一方面，清代以及民国初期中国重要的改革派梁启超则称《蒲安臣条约》是中国"最自由最平等之条约"。[176] 历史学家马士（Hosea B.

Morse）也坚持认为，"历史的裁决必定是，这次出使在西方各国政府的政策上所促成的变化，终于对中国乃至整个世界都产生了有益的影响"。[177] 然而，即使在今天，尽管中国历史学家已经承认蒲安臣使团在中国对外关系中的作用，甚至称其为"中国走向世界的重要一步"，但是他们对蒲安臣使团仍然缺乏足够的认识，也没有承认蒲安臣使团所做出的贡献。[178]

蒲安臣自始至终是美国人，并且为美国的利益服务。乔治·班克罗夫特在给国务卿菲什的信中写道，他可以为蒲安臣对美国政府"极其短暂"的服务中所表现的"楷模般的忠诚""作证"，他的服务只是更增加了蒲安臣对祖国的感情，他在中国和欧洲许多国家的政治经验将会"为他将来在家乡更光荣地效力做准备"。[179] 然而，我们必须承认，当中国人同美国人的利益事实上重叠交织在一起的时候，蒲安臣为中美双方都做出了杰出的贡献。中国领导人曾经把尼克松这样的人当做朋友，蒲安臣看上去要比任何美国政客都更有资格做中国人的朋友。

当蒲安臣面对攻击和指责的时候，他曾经从普鲁士给卫三畏写过一封长信，他在信中表达了自己的看法："一直以来，我拼命地工作，一心为中国人争取那些因为战争而订的苛刻条约得到公平合理的执行。争取美国做出保护加利福尼亚州华人的承诺，要求英国制止其在中国的代理人随意发动战争的企图，努力考察某些法国传教士背后的政治阴谋……我希望我已经在西方国家中唤醒开明意识做了些事情……就是要根据中国人的心愿做出反应，进而最终接近真实，就是要让他们感觉到，在这个世界上还有基督精神的存在。"[180] 作为一名使者，蒲安臣为中国和美国都做出了卓越的贡献。在他帮助建立的友善的基础上，中国政府将于1870年代选送120名儿童即中国留美幼童到美国去。这是中国派出的第二个重要使团，并且又一次同美国建立密切关系。这将是第二章所要讲述的故事。

第二章
中国第一批留学生——19世纪的清代留美幼童

郎当一百人，一一悉遣归。
竟如瓜蔓抄，牵累何累累。
……
坐令远大图，坏以意气私。
牵牛罚太重，亡羊补恐迟。
蹉跎一失足，再遣终无期。
目送海舟返，万感心伤悲！

——黄遵宪，1881

1873年，当夏季的夕阳低垂，当地的人们正在暮光中漫步的时候，两个年轻的中国人来到位于蒙特奥本陵园的蒲安臣墓前，将花圈轻轻放在雪白的大理石上。[1] 这两个年轻人很可能就是不久前来到美国的中国留美幼童——这都要归功于蒲安臣所作的努力。将中国少年向蒲安臣致敬同首批留美幼童被迫提前回国的悲哀相对照，其中显示出中国在近代化和国际化方面进程中的光明与阴影，也凸显了美国对中国人的吸引力，以及随着1880年代美国施行排华政策之后给中国人带来的失望。

选择美国为中国第一个留学计划目的地

清政府在1872年决定选派第一批官方留学生的时候，美国显然并本不是清政府所考虑的理想目的地。美国因为刚刚经历过南北战争，还算不上一个强国；同许多欧洲国家相比，美国既贫又弱。美国的政治形势也很不稳定，政府刚刚从血腥内战中挺过来，还有众多重建的挑战有待应对。其大学教育体制也尚待完善，远不及欧洲大学的完备和声望。此外，比起主要的欧洲强国，美国对中国的影响力较小，在中国也没有太多的利益。更糟糕的是，美国很多州正在实施专门针对中国人的歧视法案。尽管如此，美国仍然被选为中国第一批留学生的目的地。要理解留美学生的赞助者究竟希望获取什么样的结果，我们就要从当时中国的形势来谈起。

1840年代，中国在英国的武力胁迫之下被迫开放口岸，其后多年间，清廷和保守官员都希望外国人在榨取足够的特权利益之后就转身离开。然而当1860年外国人逼迫清廷，提出要中国允许其进驻北京内城（即紫禁城）并设立公使馆的要求之后，清廷不得不频繁与外国人打交道。朝廷面临一个紧迫的现实问题，就是缺乏精通欧洲语言、能处理外交事务的人才。清廷要求广东、江苏等地官员推荐外语人才时，两广总督上奏说无人可荐。江苏巡抚则奏称，尽管有人毛遂自荐，但是其表达问题的能力远远不够格。[2] 迫于无奈，清廷于1861年决定在北京成立一所外语学校，名为同文馆。[3] 但就连这样一项举措，也遭到包括朝廷大员倭仁（1804—1872）在内的保守派极力反对。为了表达不满，这些强硬的顽固派之间传阅着这样的对联：

  鬼计本多端，使小朝廷设同文之馆。
  军机无远略，诱佳子弟拜异类为师。[4]

中国对于近代教育显然依旧缺乏兴趣，但是自强运动和洋务运动不久就为一个试验性的小举措铺平了道路，而这就是即将出现的第一个官方资助的留美幼童团的派遣。这两个运动的核心人物曾国藩和李鸿章都意识到，中国需要向西方学习近代技术和技艺。他们预见到派遣学生出国的重要性，而其使命乃是"师夷长技以自强"。

清廷之所以能够派遣中国幼童赴美留学，其法律依据实际上源自《蒲安臣条约》第7条：

  嗣后中国人欲入美国大小官学学习各等文艺，须照相待最优国之人民一体优待。美国人欲入中国大小官学学习各等文艺，亦照相待最优国之人民一体优待。美国人可以在中国按约指准外国居住地方设立学堂，中国人亦可以在美国一体照办。

蒲安臣称这一条款让美国的教育机构得以向中国公民开放,"向中国学生打开我们公共院校闪光的大门"。[5] 如果说是蒲安臣为中国幼童留美打下了基础,容闳则使蒲安臣的理想变为现实。容闳于1847 年 18 岁的时候到美国学习,在耶鲁学院毕业之后,于 1854 年返回中国。他是第一位在美国一流大学获取大学本科学位的华人,并在就学期间加入美国国籍。容闳回国后极力倡导中国向国外特别是向美国派遣留学生。由于容闳坚持不懈的努力,这一要求最终传至前江苏巡抚耳中,他继而将容闳的想法转达至中国最有影响力的重臣之一曾国藩那里。曾国藩认为挑选聪颖学童,将他们长期派往西方国家学习军事、船运、制造等科目,对中国大有裨益。这些学生回国后,就掌握了重要的科学技艺,可以帮助中国自强。前江苏巡抚进一步推荐陈兰彬和容闳,认为他们足以担当留美学生监督之任。曾国藩表示赞同,并于 1870 年 11 月 10 日正式上奏朝廷,要求派遣国内聪颖学童到西方国家留学。

很快,另一名位高言重的封疆大吏李鸿章也加入支持者的行列。李鸿章在同治中兴时期受曾国藩提携而晋升高位,是一名讲求实际的实用主义者,他相信中国必须向西方学习才能生存。1871 年夏,曾国藩和李鸿章上奏长文给总理衙门,详细说明挑选幼童出洋肄业计划。他们说:"查美国新立和约第七条内载:嗣后中国人欲入美国大小官学学习各等文艺,须照相待最优国之人民一体优待。"在奏折中他们还提到美国驻华公使"允候知照到日,即转致本国妥为照料",已经证明美国政府支持这一派遣留学生的计划。曾国藩和李鸿章认为,派遣学童赴美可以帮助中国学习西洋制造等技术,进一步加强中美之间的联系。因为这些原因,"拟派员在沪设局,访选沿海各省聪颖幼童,每年以三十名为率,四年计一百二十名",将他们送至美国学习,以十五年为期,所有经费均由政府承担。

奏折所附章程详细列出各项具体步骤,如立即在上海设立预备

李鸿章（哈佛大学图书馆）

学校，学童在被派赴美国之前先在这里学习中西文字课程；学生年龄应该在 12 岁至 20 岁之间，分四批，每批三十人，每年分别遣送出洋。章程中明列，曾国藩和李鸿章希望由陈兰彬和留学归国的容闳担任监督，负责幼童留学事务。官员们很清楚，将这些学生送去美国留学是为了他们学成归来后报效于中国的自强事业。曾国藩和李鸿章甚至希望有些学生会去美国西点军校和美国海军学校这类军政、船政学院学习。朝廷接受了所有提议，留学计划于 1871 年 9 月开始付诸实施。[6]

美国政府对此也确实给予了全面支持。1872 年初，国务卿向李鸿章表示支持遣送中国学童赴美，并进一步指示美国驻上海领事为协助学生旅行作出安排。国务卿指出，美国愿意接受中国学生是"两国间共同友谊的证明"。[7] 同时，在一系列与美国驻华公使镂斐迪（Frederick Low）的公文来往中，恭亲王对留学事宜表示出"特殊的个人兴趣"，并"代表个人和政府特别为此表示感谢"。[8]

随后出现的最大难题是如何招收到合格幼童,而孩童的父母们对此态度颇为冷淡。[9]在当时,士大夫阶层普遍视学习洋务为可鄙之事,出洋更是奇耻大辱。有人甚至把在总理衙门任职视作耻辱:据说倭仁听到自己被派到总理衙门任职的消息后"潸焉出涕",打算辞去所有官职,几乎故意弄伤自己来躲避任命。[10]当时愿意出洋为使的中国人也寥寥无几。一名进士出身的官员在日记中声称,派遣学童到外国去将给中国带来耻辱,因为这"就像寄人篱下,等同于人质。蛮夷会随时随地控制和耻笑他们"。[11]被送出国甚至是比遭到流放还要悲惨的命运。

迟至1876年,郭嵩焘才被任命为中国首位驻外使节。[12]郭嵩焘与同时代人不同,他对洋务很感兴趣,相信外交的作用,但是接受驻英公使的任命使他遭到士大夫们的鄙视。一个湖南同乡在日记中写道,湘人都以认识郭嵩焘为耻。有人认为郭嵩焘愿意出国是一种叛国行为,威胁要取他的性命,毁掉其祖先祠堂。有人编出一副对联讥讽他:

出乎其类,拔乎其萃,不容于尧舜之世;
未能事人,焉能事鬼,何必去父母之邦![13]

洋务官员尚且招致如此痛骂嘲讽,可以想见,选招学童送到国外留学十五年会遇到什么样的困难。正如后来有的留学生所言,"那对我们来说是千载难逢的机会,可是我们都不愿意冒险。听说大美国是野蛮人的地方,我们可不愿意被送去让他们剥掉我们的头皮"。[14]士大夫和朝廷贵胄更愿意自家子弟通过科举进入仕途,升官发财。诗人外交家黄遵宪写道:

茫茫西半球,远隔天之涯。

第二章 中国第一批留学生——19世纪的清代留美幼童

留美幼童即将踏上旅程（加州圣马力诺亨廷顿图书馆）

千金不垂堂，谁敢狎蛟螭？[15]

最终，大多数留美幼童来自广东省。具体来说，一百二十名留美幼童中有八十三名来自广东，二十二名来自江苏。这两个省都位于沿海，很早就接触到西方文化，长期受到外来影响。[16]大多数学童来自乡村，或来自经商人家，其父辈在受教育或经商当中受到外国文化的影响。[17]所有幼童均为汉人，没有一个满族男孩。这一百二十名幼童的平均年龄在13岁上下，最小的10岁，最大的20岁。

中国幼童在美国

康涅狄格州的哈特福德成为中国第一批留美学童的最佳落脚点。这是一座富裕的城市，是美国人均收入最高的城市之一。它有优良的公共教育体系，这里的人积极进取、头脑开明，对中国人很友善。哈特福德当时是美国学人的心仪之地，著名的哈佛大学、耶鲁大学和麻省理工学院都离它不远。很多有影响的美国人选择住在哈特福德，其中就有马克·吐温，他称哈特福德是"我所见过的建筑最美、最漂亮的城市"。[18]

当征求"有文明教养"的家庭接待中国留学生的消息公布之后，反响巨大。在首批三十名学童1872年来到这里之前，康涅狄格州教育委员会主席波得赛·诺斯罗普（Birdsey G. Northrop）就已经收到了七十一个家庭的来信，表示愿意接收中国学童住在他们家里。这个规模甚至能够满足一百四十二名而不仅仅是三十名学童的住宿需要。[19] 10月下旬，诺斯罗普再次发出通知，为下一年将要到来的四十名中国学童征求接待家庭，又有将近一百五十个代表着"最优秀的基督教文明的家庭"表示有兴趣。[20] 尽管中方对接待家庭的付出给予了足够的资金补偿，但是在这些愿意接待中国学生的美国家庭中，有种真诚的愿望要参与到这个"担负着中国未来之前途的实验"中来。[21] 这些中国学童"在大多数情况下都没有被作为寄宿生来看待"。[22]

中国人和美国人的直接接触使双方都既兴奋又紧张。一名留美幼童后来回忆，从旧金山出发之后，火车上来了土匪。他无意中听

第二章　中国第一批留学生——19世纪的清代留美幼童

到带队的一名中国教师"乞求所有的神灵来保佑他"。他聪明地打趣道："美国文明的一个内涵就这样在我们的脑海中留下了永久烙印。"[23]学童们有时候会引来不礼貌的好奇，令人不快。一名学童回忆道："我们第一次出现在美国人的家中，对于他们来说肯定是件令人发笑的事情。我们穿着全套的中式服装，后面留着辫子，脚上穿着缎子鞋，前面光头，身上是丝绸长袍，宽大的上衣，里面是亚麻布的衬衣。"[24]有一次，四名学童在吃晚餐，当地一名女子来到他们的接待者家中，对学童们的辫子惊讶不已。这位女士实在太好奇了，开始摸他们的辫子，还翻来覆去摆弄着仔细看。学童的接待家庭感到非常尴尬，不得不请她离开。[25]

　　误会在双方都有发生，特别是由于许多学童年龄幼小。一名11岁的学童在学习上进步极快，但对自己被称作"不信教的中国人"很反感。在一个星期天，美国朋友邀请他去教堂，他生气地反问道，为什么要让他这个"不信教的中国人"去教堂呢。[26]除去误解和文化上的差异，这些学童都成绩优异，表现极其出色。哈特福德的报纸报道，他们"完全掌握了语言，同当地学生为获得学校的荣誉奖励展开激烈竞争"。[27]在哈特福德一所学校的全体四、五年级学生举办了一个英文书法展览，最漂亮的英文字体出自中国学童蔡廷干之手，而他来这个学校还不到一年。[28]据哈特福德报纸报道，在1878年的哈特福德公立高中毕业演讲排练中，梁敦彦是"这一天的雄狮"。他的演说题目为《北极熊》，演讲在毕业典礼上博得了听众雷鸣般的热烈掌声，以至于他被再一次叫上台致谢。[29]《北极熊》是他的毕业论文，论述俄国及其对世界和中国所构成的威胁。在1877—1878年间，"贫穷落后的土耳其人"和强大的俄国人之间爆发了一场战争。梁敦彦提醒听众，在俄国冠冕堂皇的名义下，要看到北极熊危险的利爪：

她的整个历史已经表明她的拥抱是致命的……对芬兰、巴尔干诸省和波兰的吞并……在中国边界的蚕食全部是蓄意的侵略;现在,她比过去还要强大,她会改变策略吗?就算一个小孩子也绝不会再相信另一个骗去他手中玻璃球的小孩子。人们怎么会相信一个为了自己的扩张而掠夺了这么多外国领土的俄国呢?

他警告这个世界不要太天真:"土耳其被击碎,她(俄国)的[扩张]路上就少了一个障碍……距离救不了任何人;同样的命运迟早要降临到所有人头上,那时人们都将处于北极熊强大势力的阴影之下。"[30] 不出人们所料,梁敦彦后来成为中国最优秀的外交官之一。以"旋风杰克"闻名的黄开甲是另一名以辩才著称的学童。如他的一个同学所言,"此人可以在熟睡中被摇醒后不加准备,立刻发表一篇很好的演说"。[31]

1876年举行了纪念美国独立一百周年的庆祝活动,为此那一年在费城举办了世界博览会。留美学生的作品也被选入,以展示他们所取得的出众成绩。全体留美学童于8月21日前往费城,并在那里住了几天。[32] 他们引起人们极大的注意,所住的旅馆和用餐的饭店都挂起了清朝的龙旗,以示他们的到来,乐队还在他们进出的时刻奏乐。[33] 学生们还受到了"优雅异性"相当多的关注,但是至少根据报纸报道,他们看上去对机械比对其他事物更感兴趣。在博览会主楼的教育厅,展出了留美学童绘制的地图和素描。格兰特总统还特别接见了少年留学生,同他们一一握手。[34]

美国学者约翰·哈达德(John Haddad)最近写道,如果不是因为中国留美学童,对中国持同情态度的人还会继续保持对中国古老传统文化的热爱,却无须面对现代化这一问题,人们会称赞日本人富于进取的美德,同时依旧错误地批评中国人落后是因为中国人本身有缺陷。中国学童在博览会上的出现,"迫使这些非难中国人的声音有所减弱,并且承认,中国作为一个国家并非先前所认为的那样毫无希望"。《纽约论坛报》的记者写道:"他们脸上生气勃勃、聪明好学的表情显示出对知识的渴望,其热切程度同那些没有枣核眼或留辫子的男孩子同样强烈。"这些学童自身成了中国最具魅力的展示。南北战争时期,北方军队将领、康涅狄格州前州长约瑟夫·罗斯威尔·霍利(Joseph Roswell Hawley)在博览会上向包括中国学童在内的听众发表演讲。他扫视着听众中那几排中国学童说道,你们是"听我演讲的最奇特的观众","不过,我非常高兴看到你们精神焕发的脸"。他告诉他们:"当你们在这里经过几年的预备之后,将返回家乡,成为那片土地上的生力军,我们相互会有更多的了解,我们能够交流知识,成为更好的朋友。"[35] 透过这些留美幼童,霍利预期中国人和美国人之间享有一段共同的历史。

中国学童改变之迅速,同样令美国人赞叹。这些幼童刚来时穿的是中式套装,但他们很快就将其抛开,换上了美式服装,其中许多人都成为一流的着装者。前面提到,很多幼童都因为他们的特长、中文名字的发音或长相被起了外号。唐绍仪被称作"阿贾克斯(即希腊神话中的勇士,身材魁梧)",钟文耀被称为"小精灵"。尽管当时绝大多数中国人都对体育锻炼不感兴趣,但这些在美国的幼童都对体育运动产生了浓厚的兴趣,尤其喜爱打棒球。[36] 梁敦彦不仅演讲出色,还是一名优秀的棒球手和橄榄球队员。[37]

1876年,留美学童组织了自己的棒球队,并在同当地球队的比赛中表现不俗。威廉·里昂·菲尔普斯(William Lyon Phelps)曾是很多中国留美幼童的同学,后来成为耶鲁大学一名杰出的教授。他一生都记得这些留美幼童。他在自传中写道,这些中国学生"教养极佳,是优秀的运动健将,思维活跃,成绩优异,擅长体育"。根据菲尔普斯所说,"这些幼童除了有一条长辫子,和我们穿得一

中国学生组成的棒球队,哈特福德,1878 年(华盛顿大学图书馆)

模一样。他们打橄榄球的时候,把辫子塞在衬衣里面,有时候缠在头上;如果辫子松了,给对手的机会可实在太大了。所有运动对于他们来说当然都是新鲜的,可是他们很快就在棒球、橄榄球、冰球方面表现优异,以'快手'著称。而在花样滑冰中,他们超越了所有的人"。这些年幼的中国人不仅在体育运动和社会生活方面都极其灵巧,在接受近代科技方面也异常迅速。当时自行车刚刚出现,而在哈特福德中学最先拥有自行车的男孩子是吴仰曾,当许多美国人都还对这个新装置感到陌生时,吴仰曾已经开心地骑着他的"怪异的高机器"到处跑了。[38]

这些中国少年给美国人留下的印象太深刻了,以至于许多年以后美国人仍然记得他们每一个人。学童中有人在大学里继续参加体育运动。钟文耀生于1860年,被耶鲁大学录取的时候体重只有九十磅,身高大约5.2英尺,然而他"受到所有人的爱戴"。在耶鲁,他成为赛艇队发号施令的号手,在比赛中指挥赛艇如同"外出练习转一圈"那样沉着自如。据当地一家报纸报道,在钟文耀之前,赛艇队没有胜任的号手,一直成绩不佳。钟文耀"令人赞叹地坐在船头……他个头小,又轻,不是什么多余的负担,同时又沉着镇定,头脑清醒"。耶鲁大学开了中国人担任学校赛艇队号手的先例。不过刚开始钟文耀也碰到了难题,据说教练要求他必须大声责骂划桨的选手,逼迫他们拼尽全力划桨,但是钟文耀还是坐着不出声,因为他的天性就是沉静和不动声色;可是教练坚持要求,结果他会在最意想不到的时候,没有任何重点地、机械地、冷不丁重复蹦出"该死!"或者有时候是"一,松开——该四(死)!二,抬头,用力划,该四(死)!"桨手们无论如何也忍不住大笑,求他别再这样叫骂。1880年,耶鲁大学赛艇队在比赛中击败了哈佛大学,这主要归功于钟文耀对于水流的熟悉和了解,适时因势利导,带领队友取胜。[39]

另一名运动员邓士聪,身材短小,重心接近地面,他"奔跑如猎狗,躲闪快如猫",这正是美国橄榄球队员所需要的最理想的素质。难怪当孩子们一起打橄榄球的时候,邓士聪很快就被一个球队选中。邓士聪有的是优雅和速度,而另一名幼童康庚龄则"有牛劲"。他肩宽体壮,永远是一副好脾气,面带微笑,然而他能拖着四五个美国男孩冲过底线。在棒球方面,有一名中国幼童是神投手,对方几乎打不到他的投球,而另一名中国幼童在击球时,他的球棒"像一

耶鲁大学赛艇队，钟文耀坐在船头指挥（耶鲁大学图书馆）

个婴儿吸奶瓶那样直击棒球，分毫不差"。

在待人接物方面，中国学童也同样出色。根据曹嘉祥的美国同学和好友威廉·里昂·菲尔普斯的回忆，曹嘉祥"庄重而严肃"。菲尔普斯坦承，甚至早在那时候，曹嘉祥就是"在这世界上我永远无法企及的人，比我成熟老练得多"。菲尔普斯回忆："在课堂上听到这个年轻人翻译恺撒大帝的话，真是一场大开眼界的博雅教育。"曹嘉祥和菲尔普斯曾经每个星期六都一起到西哈特福德去打猎，寻找草地雀和黄鹂。曹嘉祥有一杆重量超过12磅的长枪，他一整天都背着它，从不抱怨，并且"在惊人的远距离内射中鸟儿的翅膀"。菲尔普斯写道："当这些男孩子在我们无尽的遗憾中被召回中国的时候，丘[即曹嘉祥]把他的长枪送给我，作为永恒的友谊的象征。他在中国加入了海军。我希望我知道现在他在哪里。"菲尔普斯回忆，这些中国男孩"还在许多方面把我们比了下去，让我们相当嫉妒"。他们一旦"进入社交场所，我们谁都没有机会了"。这究竟是出于"同

持枪的曹嘉祥（华盛顿大学图书馆）

东方人跳舞的充满异国情调的愉快感受，抑或更可能是出于他们举止谈吐所散发出的真正魅力，我实在无从知晓；但可以肯定的是，在舞会和欢迎聚会上，最优雅、受邀请最多的美女一成不变地青睐来自东方的乡村少年们。当女孩们刻意从我的美国伙伴们身边经过，以超出惯常礼仪所需的优雅去接受中国对手的邀请时，我仍然记得伙伴们脸上那痛苦的表情……东方人跳舞也跳得非常美"。[40]

不幸的是，正是这种对于美国生活方式成功的适应和改变，为后来留美幼童被召回国埋下了种子。

留美幼童的提前撤回：竞如瓜蔓抄

1881年夏，所有清朝留美学童，甚至包括当时已经进入大学学习的中国学生，全部被要求立即回国。当初这些学童期望留在美国十五年，到了1881年春季，已经有四十三名留美学童获准升入大学学习。而这些人中，只有詹天佑（1861—1919）和欧阳庚（1858—1941）完成了大学学业。他们毕业于耶鲁大学，这也是曾溥1877年毕业的学校，但是曾溥并不算留美幼童，因为他已因在1875年自行剪去辫子而被清政府除名。在这四十三名进入大学的留美学生中，二十名进入耶鲁大学，其他人则去了哈佛大学、麻省理工学院或哥伦比亚大学等学校。[41]

由于第一批留美幼童本应等到1887年才回国，而最后一批学童则应当在1891年返回，美国教育界人士对于中国政府提前召回这些学童深感震惊。耶鲁大学校长诺厄·波特（Noah Porter）于1880年秋写信高度赞扬这些留美幼童，并有众多美国知名人士的签名，该信通过美国驻华公使馆转交给清政府。他告诉清政府，这些幼童人人善用这一留学机会,在各科学业上成绩优异,在学习"这个国家人民的语言、观念、艺术以及制度的知识方面",都取得了巨大进步。在波特看来,他们的道德操守优美高尚,"举止极为礼貌端正,他们的所作所为,在他们所在的家庭、学校、城市和乡村,全都在为他们自己和他们的国家结交朋友"。波特还特别指出,由于他们的良好举止,"许多对中国人无知和居心不良的人消除了偏见,转而喜欢上他们"。[42]

提前撤回留美幼童原因很多。其中之一就是席卷美国各地的排华浪潮。留美幼童于1870年代来到美国以后,国会通过了一些显然违背《蒲安臣条约》的议案。这些议案也让一些人纷纷写信抗议,他们懂得议案对中美关系将产生的后果和将对清朝留美幼童前途造成的影响。卫三畏当时已身为耶鲁大学教授,在递交请愿书要求总统海斯否决国会限制华人移民法案的活动中,发挥了主要作用。卫三畏在请愿书中告诫总统,该法案将会损害中美关系、损害美国的声誉和在中国生活的数百名美国人的地位。请愿书指出,"在这里没有必要逐一讨论1868年条约的内容。这个条约宣告改变家庭居住地,宣告对一个国家的忠诚是一个人不可分割的权利,不仅允许甚至鼓励中国人登上我们的海岸,从而将移民权利置于比条约权利更高的地位"。卫三畏对排华法案对留美幼童可能造成的冲击尤其表示担忧:

> 除了这些我们要求您拒绝批准[限制华人移民法案]的原因之外,我们再增加一条我们自己的地方性理由,这对于我们递交这封信大有影响。坐落在本州的中国幼童出洋肄业局是鄙校毕业学生(即容闳)的一个实验,旨在其本国规定允许范围内和其本国政府资助的条件下,扩展他多年前就学到的知识。他的计划到目前为止都被证明是成功的,他希望这些学生将来

回国后有能力让他们的同胞受惠。有些学童已经进入这所大学学习，还有一些人正准备来这里。我们知道，修订（排华）法案会使一些想要在这片土地上得到类似教育的（中国）人被排除在外。然而，如果我们要求那些想来美国接受教育的中国年轻人，必须事先从他们的皇帝那里获得证书，这对任何国家的人，无论是基督教还是异教徒，文明人还是野蛮人，都是无法想象的，这只会让我们非常丢脸和令人厌恶。当其他所有国家向他们自由开放的时候，这些想要学习西方科学和政治的中国人不太会因此而自贬身份。[43]

卫三畏私下里解释道："此法案的不必要、不合情理、荒谬可笑和不光彩之处，全在于不平等。"[44]

尽管海斯总统事实上否决了该法案，但是由民主党与共和党双方引发的排华情绪在全美泛滥，《排华法案》在1882年正式成为法律。容闳认为，由于这个法案的通过，从根本上改变了人们对外国人和少数族裔的开明友善态度，导致西点军校和在阿纳波利斯的海军学校拒绝接受中国学生的入学申请。在中国，李鸿章是幼童留美的主要支持者，美国国内对华人的敌视使他在反对幼童留美计划的人面前遇到了巨大阻碍。尽管他从未提到，或者也从未意识到，然而他遣送幼童留美确实是中国人和美国人共有的历史中重要的一章。但美国人这时举棋不定，对接受中国学生进入陆海军院校颇感踌躇，美国的政治家和一些民众似乎不愿再与这段共有的历史有什么瓜葛了。

此外，大多数中国官员根本不关心海外的中国人，因此只有李鸿章在关注美国形势及歧视华人所造成的问题的严重性。随着对华人歧视的加剧，他的担忧也日益加深。在这之前，中国人相信美国人友好和平的意愿，对美国人心存好感。这也是蒲安臣之所以被选作中国的外交代表和将美国作为幼童留学目的地的主要原因。如今中国人在美国成为被仇视的对象,李鸿章十分愤怒。丁韪良写道,他感到李鸿章之所以决定召回留美学生,部分原因是出于对《排华法案》的反击。李鸿章"对我的国家充满怨恨,站在中国高官的角度任意冲我发火"。丁韪良注意到排华法案"违反了此前的协定,是背信弃义之举"。[45]西点军校和阿纳波利斯海军学校拒绝录取中国学生,更加重了李鸿章的疑心,在1869—1881年之间,有十几名日本学生进入美国海军学校学习,但是没有一个中国学生被录取。当容闳告知李鸿章中国学生无法进入陆海军学校时,李鸿章指责美国人违背了《蒲安臣条约》。李鸿章后来至少两次就此事同美国官员交涉,但无济于事。[46]

清朝留美幼童计划可能从一开始就注定了其失败的命运。幼童们从第一天起就面临方向定位上的巨大分歧。正如一位历史学家在2011年所言,一方面是受儒学教育、翰林出身的总监督和汉文教习,"他们主要考虑如何让学生抓紧学习中国学问,保留中国人的行为方式",另一方面是容闳和翻译,他们想让这些幼童"尽可能多地吸取西方知识和文化"。[47]

留学事务的管理安排也影响了幼童留美计划的成功。李鸿章和曾国藩任命陈兰彬为留学事务总监督、容闳为副手时,就已经为留学计划的最终夭折埋下了隐患。对容闳的任命顺理成章,因为他熟悉美国,并且派遣留学生的整个设想都是出自他之手。但为何要选择陈兰彬呢?曾国藩和李鸿章给朝廷的奏折中形容陈兰彬夙抱伟志,见解不凡,特别是他个性谦逊,"粥粥若无能,绝不矜才使气"。然而,所谓个性谦逊,在容闳的描述中实际上是"怯懦","即便鸡毛蒜皮之事,亦不敢担丝毫责任"。[48]就近观察可以断言,陈兰彬外表胆怯,但又对心中的不满直言不讳,对所担国家事务不负责任,在牟取个人利益方面则非常积极。有熟知陈兰彬的人在日记中直截了当地指出，陈个性自私、不负责任，还忘恩负义。[49] 以中国官场标准而言，陈兰彬可能不那么保守和邪恶，但在个性上，在关于西方学问的看法，以及如何管理学童方面，容闳显然与他格格不入。陈兰彬不懂英语，不熟悉美国，也从不与容闳发生正面冲突。但是他一直诋毁容闳，在呈递北京的报告中没有对容闳表示过任何称许。将陈兰彬这样的人放在容闳之上，不仅意味着清廷并不完全信任容闳，也表明它不愿让容闳在留学事务上作重要决定。陈兰彬的主要职责是监督留美学生的汉文有无进步，容闳则负责监察学生的西方学科教育，并为学生预备寄宿家庭。[50] 清廷对留学事务如此安排，表明他们认为要有一个保守派在容闳身边就近监督。陈兰彬调任他职后，清廷依然没有把容闳提拔为总监督，而是任命另一位传统文人出身的保守派填补陈兰彬的职阙。

朝廷里赞赏容闳的官员当中，李鸿章可以说是级别最高的。1877年8月，李鸿章在写给郭嵩焘的信中说："鸿章尝论出使外洋必须博学多识、知大体，而尤以通知西洋语言文字为第一要义。"这正是李鸿章在容闳身上所看到的资质。然而，容闳并不熟悉中国文化，也没有在中国官场做事的经验，他在官场政治中并非陈兰彬的对手。李鸿章曾经对容闳缺乏官场经验和技巧表示不满。[51] 李鸿章向郭嵩焘透露，他认为虽然事实上容闳所受的中国传统教育不足，"汉文未深，又不甚知大体"，但是他"熟悉洋情语言文字"，因此比起陈兰彬来是更好的外交官。[52] 的确，容闳不仅是美国人，而且已经美国化了。1881年7月16日的《纽约时报》称容闳"几乎同出生在这里的人一样，是彻头彻尾的美国人"，他已经"完全被美国人的观念所同化"。[53]

可能由于容闳对汉语掌握得不够，对中国官场文化也不熟悉，导致他没能与李鸿章或总理衙门保持应有的频繁联系。更糟的是，在清廷和对手眼中，他的个人生活最终也损害了他的权威。尽管没有多少人知道容闳在1850年代已加入美国国籍并成为基督徒,但他在1875年娶一名美国女子为妻时,清廷得知了此事。[54]一名总理衙门大臣公开对一个美国人说:"我不喜欢他。他娶美国人为妻。"[55]不仅如此,当容闳被提拔为驻美副公使一职时,李鸿章指示他不要再参与幼童留学事务。但在容闳心目中,派幼童留美是他的构想,他无法袖手旁观。潘向明在2007年提出的观点似乎颇有道理,即留美学生撤回的主要原因并不是因为保守派的反对,而是因为容闳在官场运作上缺乏技巧造成干扰所致。[56]

不管怎样,1880年陈兰彬被调任他职,吴嘉善接替他主持留学事务,这时留美幼童的留学命运便被画上了句号。一名留美学生后来谈道:"尽管当时对他(吴嘉善)并不了解,但他是个顽固狂热的保守派。他像个疯子一样开始对留美幼童大加挞伐,将充满谎言的虚假报告连续上报朝廷。"[57]这一说法倒是有一定根据。吴嘉善的朋友和同代人,外交官和诗人黄遵宪1881年在得到幼童留美计划结束的消息后,曾写下一首长诗,远距离对这一场景进行了描述:

新来吴监督,其僚喜官威。
谓此泛驾马,衔勒乃能骑。
征集诸生来,不拜即鞭笞。
弱者呼暑痛,强者反唇稽。
汝辈狼野心,不如鼠有皮。
谁甘畜生骂,公然老拳挥。
监督愤上书,溢以加罪辞。
诸生尽佻达,所业徒荒嬉。

愤怒的监督上奏朝廷,夸张地判定这些留美幼童:

学成供蛮奴，否则仍汉痴。
国家糜金钱，养此将何为？[58]

然而，吴嘉善并不是典型的士大夫官员。他对西学和近代科技很感兴趣，曾专门花时间学习数学知识。他对于外交事务也有经验，然而负责留学事务，同留美幼童们打交道，看到容闳在留学事务上的作为，使他变成了一个死硬保守派，于是决心摧毁幼童留美计划。他到美国后，曾和中国学生一起参加美国校方举办的活动，他注意到，有些学生参与了宗教礼拜仪式。[59]大多数接待家庭中都保持着很浓厚的基督教气氛，实际上有些中国学生已经转信基督教，就像容闳当年一样。留美幼童容揆给父亲写信说，他已经是一名基督徒，这惹恼了他父亲，要他回家。[60]但是容揆在上船之前就跑掉了，后来证明是容闳在暗中相助。

1880年4月1日，吴嘉善发出通告，提醒学生们，当初送他们出国是为了接受西学教育，不是让他们背叛自己的国家。[61]他一到美国便开始上报负面消息，告知朝廷容闳站在学生一边，纵容学生。[62]吴嘉善强烈要求提前召回留美幼童。

1880年秋天，预感到留学计划的终结或许不可避免，容闳做了他最擅长的事情——向美国人游说寻求帮助。容闳的朋友约瑟夫·特威奇尔（Joseph Twichell）牧师在1880年10月写道，面对来自吴嘉善的严厉指责和攻击，以及即将来临的对学生的撤回，容闳没有直接向李鸿章和清廷报告情况，而是转向美国人求援。许多美国人都对中国突然决定撤回留美学童感到震惊，积极采取行动想要挽回。他们认为，中国第一次派遣幼童留美是一项合作事业，而这项事业的命运将影响到他们共同的未来。耶鲁大学校长波特写了一封语气强烈的请愿书，有很多人在上面签名，表达出在中美关系史上这一共有篇章中美国人的看法和他们对此的投入，尽管篇幅较长，但是

第二章　中国第一批留学生——19世纪的清代留美幼童

值得引用：

在此签名者都是由中国幼童出洋肄业局负责的留美学生的老师、监护人和朋友。大家一致委托呈上此请愿书：对于这些年轻人被撤回国、幼童出洋肄业局解散，他们深感遗憾……这些年轻学子被带走之时，学业正有所成，即他们克服困难、勤奋刻苦、不懈努力收取丰硕成果之时。他们的所学迄今为止都是基本训练和为升学所做的预备。他们接下来的各科学习，如同经过对草木长时间耐心的浇灌和照看，发芽滋长而缓慢结出光艳的花朵和成熟的果实，如今也因他们即将被带走而失去取得成果的机会。我们教给他们的知识和文化，与教给自己孩子的别无二致。

我们已经了解并且尊重和喜爱这些年轻学子，考虑到他们将要面对的伤害和损失，我们敬求 [总理衙门] 对导致这一突然决定的原因做重新考虑……作为这些年轻学生的教师和监护人，我们早应该邀请幼童出洋肄业局的监督或者他们的代表到我们的学校和大学里来，向他们介绍我们的教学制度和方法。有些时候，我们也曾邀请他们来访问，但是他们未能应邀，也未派代表前来。

我们愿意提请贵部，这些学生当初是应贵国政府向美国国务卿提出的请求，希望他们能够学习我们的语言、教养、技艺和艺术，而被我们的家庭和学院接受。在没有正式知照的情况下突然将他们永久撤走，况且他们在西方学校里对于艺术和技艺的学业尚未完成，还没有掌握对于中国有用的东西，在我们看来实在有损于我们为之祈盼永远富裕和平的天朝大国的声誉，这也是我们对这个热诚欢迎接待这些学子的国家的失礼。

关于这些学生在我们的学校里，从我们的理念和习俗中学坏了，变得德行不端的说法，我们不能接受。如果他们忽略了对母语的学习或忘记了母语，那我们从未教导他们这样做，且不能对此负责。贵国政府认为，应该让自己的一些学生以我们的方法接受训练，这一想法是明智的。期待于我们的工作，我们还没有做完。我们的工作尚未完成，就对此做出否定的结论，我们感到不满难道不是合情合理的吗？

　　基于上述种种考虑，特别是基于[撤回学童的决定]给我们一向尊重和喜爱的这些学生带来的伤害和损失，以及公然加在我们和我们所属的这个伟大国家身上的责难，我们恳求贵部重新审查导致这一突然决定的原因，对有关我们在智识、道德上的教育的[不实]陈述做出切实更正。这些不实陈述导致对留美教育的意外放弃，并提前撤回未完成学业的留美幼童，因此我们在这里提议，由德高望重的中国人士组成一个委员会，对那些有关年青学子或他们的老师的不利陈述进行调查，找出事实真相。[63]

　　容闳认为，如果前总统格兰特在请愿书上签字，会"比一千名教授签字的分量都重"。他请约瑟夫·特威奇尔向其朋友马克·吐温求助，因为马克·吐温认识格兰特，并且是蒲安臣的热心支持者。马克·吐温曾回忆同特威奇尔一同去纽约见格兰特的情形，特威奇尔精心准备了和格兰特将军的谈话，其中汇总了关于中国留美幼童问题和关于中国的一般问题。但是他没有机会把这番话讲出来：

　　　　将军一听他开口便直接讲了起来，也让他一下子就明白，将军对这件事了如指掌，不需要任何人再提供消息。事实上将军对于这件事极为关注。现在将军一如既往地愿意做他们想要他做的任何事，并且要多出百倍。他说，好，如果他们愿意，

第二章　中国第一批留学生——19世纪的清代留美幼童

他会在请愿书上签名,但是他要做的不仅于此:他还要立刻以私人名义给李鸿章写信。[64]

美国著名教育家和前总统的请求都无济于事。李鸿章也确实利用美国发来的信件和辩护拖延了召学童们回国的时间,但是他无法挽救这些留美学生将被撤回的命运。一方面,他知道容闳的弱点,对留美幼童在那边习染当地风俗,有违送他们出国的初衷,他也心知肚明。但,他并不想终止留学计划,因为他非常清楚,这个计划总体而言对中国和他所倡导的自强事业大有裨益。而美国政府拒绝接受中国学生进入美国陆海军学校学习,公开表明对中国人的歧视,损害了中国的自强事业。此外,李鸿章在朝中的反对者势力强大,例如江南道监察御史李士彬就是保守派当中的强硬分子,他在1880年底上奏朝廷,指责许多幼童加入基督教,幼童出洋肄业局对学生管理松弛。1880年12月17日,光绪帝敕令李鸿章、陈兰彬(时为驻美公使)等人一道严查出洋肄业局,召回私自加入基督教的学生。[65]为了自保以及保留幼童出洋肄业局,李鸿章需要陈兰彬、容闳、吴嘉善协商合作组成统一战线。但是他们三个人的看法根本不一致,容闳也没有足够的能力帮助李鸿章。

1881年初,吴嘉善想要亲自带领二三十名留美幼童回国。李鸿章不得不去电阻止,命他继续留在美国,等待所有必要安排完成。[66]他恐怕吴嘉善不愿久留美国,又担心这么短的时间内找不到合适的人代替吴嘉善。1881年2月20日,李鸿章电告陈兰彬:"如真无功效,弗如及早撤局省费。"然而李鸿章自己非常谨慎,并不讲明他本人的想法,而是要求陈兰彬出面处理此事。四天之后,李鸿章又电告陈兰彬,他刚刚收到格兰特总统的信,信中称赞幼童在修路、开矿、筑炮台以及制造机器各艺都颇有进益,可期学成。李鸿章告诉陈兰彬,格兰特总统认为,若在幼童们完成各科学业之前就将他们裁撤回国，殊为可惜。[67]

在这一刻，李鸿章仍然试图努力保住出洋肄业局和学生留美计划不致中断。1881年3月15日，马克·吐温致信格兰特，感谢他的干预，声明"在哈特福德的留洋肄业局被保住了。直隶总督[李鸿章]三天前打电报撤销了将学生召回国的决定"。[68]在马克·吐温看来，"这表明一个国家的某个公民对地球另一端的王朝的劝诫产生了奇迹般的效果。世界上没有任何其他国家的公民，能够对这个王朝施加如此巨大的影响"，并且"事实上，帝国政府的政策已经被彻底扭转"，而这是一位美国公民干预的结果。[69]

然而这样乐观未免太早了。陈兰彬不想为维护幼童留美计划和帮助李鸿章承担任何风险，因为他感到，保留幼童出洋肄业局的意见在朝廷中并不占上风。李鸿章这时充分意识到陈兰彬不仅为官懦弱，素性拘谨畏事，实际上还想尽早终止幼童留美计划。[70]李鸿章本来以为，万一顽固的保守派吴嘉善拒绝留在美国，陈兰彬或许愿意出面，但是3月19日陈兰彬报告李鸿章，他不想与幼童留美肄业局有任何干系，并表示不愿意与容闳商办此事，根本不想与容闳在这件事情上有什么瓜葛。陈兰彬反而向李鸿章建议裁撤留洋肄业局，撤回留美幼童。[71]

3月22日，总理衙门知照李鸿章，对是否撤回留美幼童尚未做出最后决定，想就此征求李鸿章的意见。[72]李鸿章于3月29日致函总理衙门，承认近年来有不少人批评容闳偏重西学，认为他的偏颇导致幼童中学荒疏。李鸿章告诉总理衙门，他曾再三劝诫容闳重视这些议论。对于陈兰彬和吴嘉善要求提前撤回留美幼童并拒绝与容闳合作，李鸿章也表示不满。他指出，留美学生年幼出洋，沾染洋习或所难免，吴嘉善绳之过严，致使学生疏离，毫无必要。李鸿章建议撤回一部分留美幼童，已经进入大学学习的学生则留下直至毕业，由中国驻华盛顿公使馆负责照看。李鸿章言道，容闳反对裁撤

第二章 中国第一批留学生——19世纪的清代留美幼童

幼童出洋肄业局情有可原,因为他久掌此局,事关"体面"。他进而提到陈兰彬因与容闳"抵牾已久",害怕与容闳交涉过多,因而不愿意管理幼童,坚持将幼童全部撤回。李鸿章利用来自美国的请愿书信,力争勿将留美学生全部撤回。李鸿章希望以此兼顾吴嘉善和陈兰彬的建议,将一些学生留下。这一方案要实现,则有赖陈兰彬的合作。然而陈兰彬拒绝合作,很快卸职回国了。[73]

李鸿章对于留美幼童"洋气既深,华文太浅"表示不满。[74] 尽管他在致总理衙门公函中尽力为学生的美国化辩解,但是毋庸置疑,他本人对这件事也深感忧虑。1882年,李鸿章也确实在一封私人书信中指责留美幼童过于西化,中文学问却掌握得远远不够。不过他在同一封信中提出,等这些被撤回的幼童在国内的学习有所长进,三年之后或许可以"再派出洋"去学习。[75]

面对这些难题,李鸿章最终放弃了整个留美幼童肄业计划。总理衙门进而奏请裁撤出洋肄业局、撤回留美学童,清廷予以批准。6月29日,李鸿章电告吴嘉善留美幼童全部撤回的最后决定,指示吴嘉善"须将局内经手公务了清方能起程回国"。[76] 耐人寻味的是,1882年秋容闳在天津造访李鸿章,李鸿章率先提起撤回留美学生之事,并责问容宏为何当初任由学生归国。李鸿章对容闳说,其实他非常希望学生不要回国,继续留在美国求学,心中属望容闳能够阻止学生返回。[77]《北华捷报》有篇评论反映了李鸿章的这一立场:"我们可以说李鸿章很反对将送到美国去的学生全部撤回,但是最高层下来的指令是绝对命令,如今这些学生已经全部被撤回。"[78]

无论李鸿章如何打算,留美幼童全部被提前撤回了。特威奇尔在1881年7月9日的日记中写道:"幼童留美的命运终结了。在所有努力付诸东流之后,它的命运彻底结束,一切辉煌愿景都烟消云散。唉,唉!朋友们都失望至极,其情难以言表。"[79]

成就与影响

尽管一共有一百二十名幼童被送到美国，但有两名分别在1875年和1879年病故，另外约有七名学童由于健康等原因被送回国。[80] 在全部被撤回的学生中，有六名学生很快通过其他途径自行返美，其中五人终生留在了美国。留在美国的这些学生后来在各自的职业生涯中并没有突出表现。然而他们中的李恩富所写的《我的中国童年》(When I Was a Boy in China)，应该是留美华人用英文写作的第一部文学作品。作者在这本书中尽量想要告诉美国人，真正的中国和中国人到底是什么样的。他写道，外国人"对于中国人的风土人情、生活教养，以及社会传统有太多的误解"。他以自己的亲身生活经历和观察，描写中国的饮食、学校、宗教和习俗，也叙述了他作为留美幼童的经历。从某种意义上说，李恩富选择留在美国，用他的写作融入了这段中国人和美国人共有的历史之中。[81] 在最近的研究中，有人甚至提出李恩富通过以他的跨国经历的种种事迹为中心，实际上是用他的书来试图"重新书写亚裔美国人的历史"。[82] 荣揆因皈依基督教而被勒令回国，但他中途逃跑留在了美国，完成了在耶鲁大学的学业。他后来服务于中国驻美国公使馆，同挚爱的女友，他"最热烈、最真诚、最纯洁的爱人"玛丽·伯纳姆（Mary E. L. Burnham）结为连理。[83] 张康仁则可能是美国首位华人执业律师，不过他最终返回了中国。

在被撤回并且留在中国没有再出国深造的留美学童中，有几个人为中国以及中美共有的历史做出了重要贡献。考虑到19世纪末20世纪初中国的环境及世界格局，他们的成就尤其令人瞩目。1881年《纽约时报》发表文章称，留美中国学童所取得的进步，"应该足以成为全中国人民的骄傲"。[84] 它还断言，"中国政府在这个国家

第二章　中国第一批留学生——19世纪的清代留美幼童

努力十年的这一教育方案，在我们看来非常成功"。[85] 我们只要看到归国幼童取得如何巨大的成就，就会认识到这一评价是多么正确。

很多归国学生随即参与了中国的国防事业。毕竟，从李鸿章的角度，将他们送到美国的主要考量就是为了推动中国军事上的近代化。在1884年的中法战争中，参战的六艘军舰均由曾经的留美学童任指挥官，其他学生则任炮手，如"扬武"号舰上就有五名留美幼童出身的炮手，其中四人在海战中阵亡。在1894—1895年中日甲午战争中，有超过三名前留美幼童牺牲在战场上。他们都在中国军舰上任指挥官，甘愿为祖国献身。[86] 美国驻华公使杨约翰（John Russell Young）曾致函清廷，指出他们的行为足以证明，将年轻学生送往美国学习是值得的，建议中国应当继续这样的事业。[87] 其他归国学生继续在电报、铁路、煤矿、军队、教育及外交等领域为中国做出了重大贡献。

在一百二十名最初被送到美国学习的幼童中，唐绍仪后来成为中华民国的首任总理，有两人任外交部长，另有两人曾作为公使代表中国先后被派驻英国、德国、美国、西班牙和秘鲁。还有人成为城市建设和煤矿工程师，或者在制造业和商业领域建功立业。[88] 詹天佑设计并建造了连接北京和张家口的京张铁路——中国第一条全部自行设计建造的铁路。这条铁路克服了山高坡陡、地势险峻等重重困难而建成，堪称中国铁路建筑史上的非凡杰作。蔡廷干留美时绰号为"好斗的中国人"，他在甲午海战中任鱼雷艇指挥，随即晋升海军高级统领；后来他成为大总统袁世凯的私人秘书，并通过此一身份，在将美国政治学家古德诺（Frank Goodnow）聘请到中国（详见第四章）的过程中起了关键作用。蔡廷干还向国外大力介绍中国古诗，以及中国古典文学名著之一、晦涩难懂的《道德经》。在19、20世纪之交，他开始将中国古诗译成英文。1932年，芝加哥大学出版社将蔡廷干的古诗翻译汇集出版，书名为《英韵中国古诗》(*Chinese Poems in English Rhyme*)，这是第一部由中国人自己翻译出版的中国古诗集。将美妙的中国古诗翻译为同样美妙的英韵诗歌，是一项巨大的挑战，翻译者不仅要兼备中、英两种语言文学知识的修养，还要有精深的语言文法技巧。蔡廷干在这两方面都达到了炉火纯青的境界。除了向世界介绍中国文化，蔡廷干还以自己的才干和影响促进同美国人的文化交流。他擅长演讲，曾多年担任中国留美归国学生会会长。[89]如果说留美幼童被撤回是因为他们中国学问的荒废，那么蔡廷干的例子显然证明这个理由根本站不住脚。

另一名留美幼童，即20世纪初担任驻美公使的梁诚，根据对美国文化精妙的了解和把握，通过交涉，成功说服美国政府于1908年决定退还部分庚子赔款，用来资助中国学生赴美留学。[90]所退款项也用于建立后来的清华大学，而清华第一任校长唐国安亦为当年留美幼童之一。庚款留学计划前后资助大约两千名中国学生赴美留学，其中包括著名学者胡适、诺贝尔物理学奖获得者杨振宁，以及火箭专家钱学森等。

在唐国安之外，蔡绍基亦掌管大学之职。他最初曾在上海大北电报公司工作，后担任天津海关道台、天津北洋大学校长。周寿臣在香港声名显赫，在二战结束前一直是华人社会领袖。梁诚和周寿臣因对香港华人社区的杰出贡献被英王册封为爵士。[91]梁敦彦曾任外务部大臣，后于民国初期任交通总长。[92]丁崇吉在随留美幼童被召回国之前曾就读于哈佛大学一年，后来成为海关副税务司，是第一位任此高职的华人。

有些被撤回国的学生后来还与他们的美国朋友和接待家庭长期保持联系。1928年12月15日，曾为耶鲁大学赛艇队号手的钟文耀给他"最亲密的朋友和同学"克拉伦斯·威克姆（Clarence Wickham）写信，说"在哈特福德度过的美好时光和那些往事不

第二章　中国第一批留学生——19世纪的清代留美幼童

时在我的脑海涌现",并在信中详细叙述中国和他的生活及家庭诸事。[93] 梁敦彦在任外务部会办大臣及税办大臣期间,曾于1910年到哈特福德故地重游,拜访留学期间他的接待家庭的女主人玛丽·巴特利特(Mary Bartlett)女士。巴特利特女士的两个女儿玛格丽特(Margaret Bartlett)和路易丝(Louise Bartlett)当时则住在北京,是梁敦彦两个儿子的家庭教师。[94] 唐绍仪与他在美国的接待家庭亦保持着频繁的联系,两个家庭之间的密切交往持续了很多年。[95] 詹天佑也曾给接待过他的美国家庭写信,通报中国形势和自己所取得的成就。

当留美幼童被撤回之际,很多人都认为这是中国进入广阔的外部世界希望之旅的终结。黄遵宪在于1881年所作的长诗中表达了悲哀的心情:"目送海舟返,万感心伤悲!"[96] 在2000年出版的中国人对晚清留美幼童的研究著作中,历史学者石霓提出,由于中国人狭隘思想观念的束缚,留美幼童被提前撤回也是顺理成章的。在1880年代,即使是在清政府最为开明的官员要人心中,信奉的也是"中学为体,西学为用"。然而,当学生们开始吸取西方价值观念之"体",而不仅仅是实用手段之"用"时,就需要把他们撤回来,保留中国文化至高无上的地位。石霓认为,提前撤回"是留美幼童的不幸,更是中国的悲哀,同时,也是李鸿章个人的悲哀"。[97] 就晚清王朝而论,她的看法不无道理。但是从长远的观点来看,美国历史学家路康乐(Edward Rhoads)将中国派遣第一批留美幼童称为"走向世界"的重要一步,颇为中肯。[98] 也有美国学者将这第一批留学生称为"中国的幸运儿"。[99]

路康乐认为清代留美幼童在中国的自强运动和在美国亚裔历史上都占有重要地位,我很欣赏这一视角。[100] 同时我还要补充的是,这段历史最重要的是指出了另外一个历史维度,即中国人和美国人所共有的历史。在1949年以前,有将近两万名中国人负笈美国,其中大多数人于1919—1939年之间来到美国。[101]1979年1月1日，就在北京和华盛顿即将互相承认外交关系之时，有来自中国的五十名学生到达美国学习。到2003年，有超过五十八万中国学生出国留学，其中绝大多数去了美国。[102]至2010年，正在美国高校学习的中国学生人数已达十五万八千人。当中国人越来越富、越发决心去实现其梦想时，这一趋势只会增强，留学人数只会越来越多。美国教育家埃德蒙·詹姆斯（Edmund James）早在一百多年前的1906年就指出："能够成功地教育中国这一代年轻人的国家，必会通过自己付出的努力，在中国收获到道义、学术和商业影响诸方面相应的最大回报。"[103]中美两国都在努力弄清楚中国留美学生人数戏剧性增长的意义及其背后的含义，在这个时候，值得人们重新对晚清留美幼童进行更深入的考察研究。或许，中国人和美国人都应该谨记中国留美幼童的经验和教训，更好地为未来的共有旅程做准备。

第三章

戈鲲化：美国第一位汉语教师

不同国家哪怕讲同一种话，有时也会反目成仇，然而如果大家都用同一种语言，他们本当更好地增进相互间友谊，共同发展艺术，一齐维护和平。如果一个普通美国男孩能像读自家镇上商店的标志一样，读懂茶叶箱和鞭炮箱上的象形符号类文字，这一天恐怕就不远了。派传教士去一个几乎跟我们同样富于智慧和道德的国家，看上去有点奇怪，不过中国有没有能力回报我们如我们给予她的同样大的好处，还有待证明。

——《纽约每日图片报》，1879年11月3日在《蒲安臣条约》签订十多年后的1879年，也就是留美幼童被迫全部返国的两年多前，戈鲲化（1838—1882）横跨太平洋来到美国，开始在哈佛大学教授汉语。离开中国之前，戈鲲化专门请人为他刻了一枚印章，印文为"九万里风云"。[1]人们认为中美之间的往返距离粗略估计有九万里。不过这一数字在中国传统文化中还别具特殊含义。庄子在《逍遥游》中形容一种大鹏神鸟腾风驾云扶摇直上九万里而南徙，以此象征高傲的雄心和远大志向。1965年秋，毛泽东写下了他自己的九万里之诗，表明他要挑战全世界、要翻天覆地的雄图。他写道：

鲲鹏展翅，九万里，翻动扶摇羊角。背负青天朝下看，都是人间城郭。炮火连天，弹痕遍地。吓倒蓬间雀。"怎么得了，哎呀我要飞跃。"

"借问君去何方？"雀儿答道："有仙山琼阁。不见前年秋月朗，订了三家条约。还有吃的，土豆烧熟了，再加牛肉。""不须放屁，试看天地翻覆！"[2]

戈鲲化不是庄子，更不是毛泽东，但是这枚印章既表达了他对即将旅居美国怀有的极高期望和激动心情，也体现出他要在完成教授汉语课程一职之后返回中国的愿望。他曾在一首诗中特别提到，"九万里程才一半，息肩三载便回华"。[3]到达美国的时候，他还将自己想象成长途跋涉去印度求取真经的唐代名僧玄奘。他想要张大一双"馋眼"将美国的一切尽收眼底，就像他在自己的诗里写的那样。[4]出于同样的探索精神，戈鲲化认为他在哈佛教书能达到两

第三章 戈鲲化：美国第一位汉语教师

个目的：一是观察西方社会风土人情，二是向美国人介绍中国的语言文化，特别是"中国藻词之妙"。[5]

戈鲲化的履历表上并没有什么不平凡的经历。在被哈佛大学聘用之前，他在清军幕府中做过几年幕僚，后来又与外国人共事多年。尽管他在家乡是一个不起眼的文人，被排斥在主流社会之外，但却是当时方兴未艾的汉学领域中的先锋。当时中国官员中没有几个人对出洋感兴趣，美国的排华浪潮也日渐高涨，排华法案即将被国会通过，他却冒着风险来到美国。他来了，并且赢得了人们的尊重。任何人走进哈佛燕京图书馆，都能在正门入口处看到戈鲲化身着清代官服的照片。戈鲲化被哈佛大学聘用的时候，留美幼童还在美国的东北部学习。其中一人进入哈佛大学并且可能上过他的课。在留美幼童返回中国的几个月之后，戈鲲化于1882年在坎布里奇去世，年仅43岁。也是在这一年，《排华法案》被美国国会批准通过。戈鲲化之所以在中美共有的历史中值得注意，是因为他以美国高等学府首位华人教师的身份所产生的影响。如果不是因为哈佛大学，这个世界可能永远不会注意到他。他在哈佛所做的一切，为在最古老和最新式的两种文明之间，为在中美两国人民之间更为积极地加深相互了解、建立诚挚的友谊打下了基础。本章通过分析戈鲲化的精明才干和工作上的努力进取，探讨中国人与美国人如何建立起个人及专业层面的纽带与共有的历史。

耶鲁大学开设汉语课程的计划

哈佛大学并不是美国第一所想要开设汉语课程的大学。本书前两章多次提到的传教士兼外交官、精通汉语的汉学家卫三畏（1812—

身穿中国官服的戈鲲化（哈佛大学图书馆）

1884）在此之前曾被耶鲁大学聘用，就是要为开设汉语课程做准备。若想对哈佛大学首创中国学有全面的认识，我们有必要了解一下卫三畏和耶鲁大学的情况。卫三畏以其在外交方面的成就和精通中国学问而名声在外。他出生于纽约州的尤提卡（Utica），年纪轻轻就梦想着以学术研究为终生职业，"在教授的位置上惬意地退休"。[6]但是由于家中经济困难，他反而于1833年远行去了中国，作为印刷工，负责编辑和印刷美国公理会差会（美部会）的刊物《中国丛报》(*The Chinese Repository*)。当时他对于劝中国人皈依基督教并不感兴趣。卫三畏写道："在[我]年轻的时候，宗教并不是一本令

第三章 戈鲲化：美国第一位汉语教师

人愉快的巨典。"[7] 他只想了解中国。但是，他在中国最大的挑战是找不到人教他汉语。"在那个年代，我经历的最大困难就是找不到合适的有资格的人来教我们汉语"，清朝不允许中国学者教外国人汉语。[8] 因此没有几个外国人能学习中文。

尽管在这样的异国他乡要学会好好生活面临重重挑战和困难，但是卫三畏最终还是成为一名知识渊博的汉学家。他为《中国丛报》撰写了一百多篇有关中国的文章。数年后，他开始写文章教人们如何学汉语。1841年，他出版了一本小册子，名为《拾级大成》（*Easy Lessons in Chinese*），帮助那些对汉语有兴趣的外国人学习。这本书里有简单的练习，还逐行带有英文翻译。1843年，他编写了一本《英华韵府历阶》（*Ying-Hwa Yun-fu Lih-kiai*，官话的英汉字典）。[9] 其后，他又专门为外国商人设计出版了一本《中国商业指南》（*A Chinese Commercial Guide*）。1845年，卫三畏回到美国作短期探访，这时他已经在中国生活了十一年。在美国期间，他发表了一系列有关中国风土人情、历史和社会制度的演讲。演讲非常成功，许多地方都向他发出邀请。他曾前往纽约和俄亥俄，演讲的地点大多是在教堂里。[10] 从1845年到1846年，卫三畏总共作了一百多场演讲。这一切都为他成为公认的中国学权威铺平了道路。他的演讲稿很快结集出版，书名为《中国总论》（*The Middle Kingdom*）。这本书的书稿最初几乎被纽约所有出版商拒绝，最后才在1848年被威利和帕特南公司（Wiley&Putnam）接受，一经出版，[11] 这本书就为卫三畏带来了相当声望，后来还被译成德文。[12] 他所有的著述，包括后来出版的《英华分韵撮要》（*Tonic Dictionary in the Canton Dialect*），显然对生活在华南的外国人最实用，这也巩固了他作为中国通的声誉。在美国期间，卫三畏被联合学院（Union College）授予荣誉法学博士学位。[13] 他还同在纽黑文那里的人建立了联系，其中包括一些耶鲁大学的人。后一点尤为重要。[14]

卫三畏画像（耶鲁大学图书馆）

从1853年至1854年，卫三畏作为翻译参加了佩里（Matthew Perry）将军对日本的两次远征。卫三畏的妻子曾就他第一次随军出征的情形写道："卫三畏随佩里将军出征可以说是挺违背自己的愿望的（更非我所愿），因为要把他的中文印刷所交给毫无经验的人，自己又感到需要为这个［翻译］工作做准备。他被誉为日语专家实在是名不副实，他只是在十年前跟一个日本水手学过一点日语而已！"[15] 不过佩里显然对卫三畏非常满意，他在给卫三畏的一封信中写道，"委托给我的那些棘手任务之所以能够进展顺利，"卫三畏的工作"对我来说简直是必不可少的"。[16] 或许是因为卫三畏有和

第三章　戈鲲化：美国第一位汉语教师　　　113

佩里的这一段重要的合作经历，使得他最终坐上了美国驻华外交官的位置。佩里为他获得这样的职位做了竭诚推荐，1855 年卫三畏被提名为美国驻华使团秘书兼翻译。卫三畏曾在长达八年的时间里为美国人和除英国之外的其他领事馆翻译了"几乎所有的"官方往来文件，之后才终于有了一个稳定的正式职位。[17]

1857 年，卫三畏正式辞去传教士工作，成为一名驻华全职外交官，在那里他曾经九次担任临时代办。当有人问国务卿西华德为什么没有任命卫三畏为驻华公使时，西华德答道："我们发觉使团秘书非他莫属，无人可以取代。"在西华德看来，公使可以随时替换，但是卫三畏留在那里则能指导新来者，以他的智慧和经验协助他们。[18] 卫三畏显然对国务院给他的待遇并不满意，曾经抱怨"我为政府所做的一切很少得到国务院的特别认可"。[19] 1876 年，由于身体欠佳，视力减退，卫三畏以美国外交使团最年长的代办身份，辞去了秘书兼翻译职务。

在中国生活了四十三年之后，卫三畏决定返回美国，在纽黑文定居。据他的儿子说，回去之后老卫三畏"才能满足自己的喜好，过上安定而有规律的生活，与此同时，比起在他从小称之为家乡的地方，这个充满学术氛围的环境更随他的脾性"。[20] 他儿时的好友詹姆斯·达纳（James Dana）在成为耶鲁大学教授之后，也住在纽黑文，这对他很有帮助，因为能在耶鲁大学任教是卫三畏儿时就有的梦想。耶鲁大学在几年前就开始计划设立汉语语言文学讲座，而卫三畏的支持者们都希望他能够执此教席。显然，卫三畏搬到纽黑文来，便是冲着这个讲席而来。早在 1870 年,他就对他的兄弟罗伯特（Robert Stanton Williams）提到，耶鲁有可能要（猜想是为他）设立一个汉语教授席位。不过他很谨慎："我对此知道的不多，没办法推断。"[21] 1877 年 1 月，卫三畏在信中告诉几个朋友，他已经平安回到美国，计划搬到纽黑文住。他甚至已经在耶鲁校园附近找到了房子。不过，他需要了解有关汉语教授教席更多的信息，但在到达纽黑文之前，他好像"打听不到这件事的真实情况"。他意识到"耶鲁学院汉语教授职位的设立尚未成为现实"。[22] 耶鲁大学直到1877年夏才正式聘请卫三畏，拖延的原因主要是由于资金筹集方面有问题。在1877年的毕业典礼上，耶鲁还授予卫三畏荣誉文学硕士学位。这给了卫三畏莫大的满足，他写道："这是我平生参加的第一个毕业典礼，我听到和看到的一切都吸引着我，我感到十分欣慰。"[23]

然而，让卫三畏更感意外的并不是耶鲁大学任命他为首位汉语语言文学讲座教授，而是这一职位在具体任期上的不确定性。[24] 当耶鲁宣布对卫三畏的任命时，还无法告诉卫三畏薪酬是多少。尽管学院为在教授队伍中增加一名"其特殊造诣获得全世界承认和尊敬"的学者而感到万分庆幸，然而，它承认，"眼下用于支付薪酬的捐款还没有到位"用以支付薪水，不过希望问题很快能够得到解决，有望募集到的捐款的利息能够为这一教职支付正常薪酬，并且为这一讲座教授的席位设立一个永久性基金。[25] 耶鲁之所以在这件事上仓促采取行动，是因为加利福尼亚大学为卫三畏提供了一个类似的职位，并且薪金有保障。然而卫三畏选择继续留在耶鲁。[26] 私下里他也曾在朋友面前表示过不满，抱怨耶鲁为筹集所需资金能用的"最好的号召"，就是事实上"讲座教授的座椅已经设好，只是缺了坐垫"。关于这一位置的职责、前景以及机会如何，卫三畏都一无所知。不过，他仍然为"古老的华夏民族及其语言得到耶鲁的认可"而感到喜悦和激动，"一旦这个职位的薪酬到位，我想明年会证明这一新开的领域将会获得回报"。[27] 然而在美国设立的这第一个汉语教席，在其后近八年的时间里没能在课堂上变为现实。当时美国的高等院校尚未设置选修课程，卫三畏也从未给学生正式上过一堂课，似乎也没有耶鲁学生报名。卫三畏偶尔举办以中国历史和文学为主题的讲座，也在家中接待过本科生，但是从来没有人是为上他准备好的汉语课而来。[28]他很少同本科生真正接触,尽管有一些年轻的毕业生曾到他那里,就未来的去向向他请教。[29]卫三畏在耶鲁的时间主要用来修订他的《中国总论》一书。在他的儿子的帮助下,修订后的《中国总论》于1883年10月出版,几天之后就是他庆祝自己首次到达中国五十周年纪念的日子。《中国总论》从1848年最初面世直到20世纪初,一直是了解中国的标准参考书。卫三畏于1884年2月16日去世,耶鲁大学校长诺厄·波特写道,卫三畏"过着退休却又最为忙碌的生活,对为出版社修订出这本全新的、有极大改进的《中国总论》感到心满意足"。[30]至于卫三畏在耶鲁大学有什么教学或其他贡献,波特没有提及。

哈佛大学的汉语讲座计划

耶鲁大学建立汉语教职的经验表明,设立一个实实在在的汉语教学职位困难重重,这也是同哈佛大学的情况做比较的重要方面。哈佛大学为何会对开设汉语课程感兴趣?如何产生兴趣的?戈鲲化是怎样被选中和任命的?1869年的哈佛大学特别受到上天的眷顾,因为有查尔斯·艾略特(Charles W. Eliot, 1834—1926)为新任校长。蒲安臣作为中国派遣的使臣在新英格兰地区旅行的时候,艾略特同他会过面。艾略特在担任哈佛大学校长的漫长任期内,对于将哈佛大学从一个地区性的学院转变成为具有世界水平的高等学府,最具远见和雄心。到1870年代初期,不仅耶鲁大学,其他许多优秀的高等学院,特别是欧洲的大学,都开始关注汉语教学。在美国,加利福尼亚大学伯克莱分校已经开始准备设立汉语教授职位;在欧洲,牛津大学也计划设立同样的教职。不过哈佛大学邀请戈鲲化,却并

查尔斯·艾略特(哈佛大学图书馆)

非想要同其他院校竞争。法国的一流大学早就有汉学研究的悠久传统，英国则远远落后于欧洲大陆。牛津大学设立的汉语语言文学讲座，1876年由杰出学者、归国传教士理雅各（James Legge）赴任。剑桥大学则聘请到威妥玛（Thomas Wade），威妥玛宁愿回国也不愿待在中国谈判开放鸦片贸易的条约。[31]然而，即便是这些英国大学，也为根本找不到学生报名上汉语课、难以支付教授薪水而发愁。

哈佛大学有兴趣设立这样的汉语教职，并非要效仿那些大学所开的先例，而是因为一个名叫萧德（Francis P. Knight）的人，正是这位波士顿人最终促成哈佛开设汉语课程。萧德是一名成功的商人，也是美国驻中国牛庄第一任总领事。[32] 1877年2月22日，萧德致信艾略特，建议哈佛开设汉语课。在中国的经历使萧德确信，如果外国人对中文一无所知便来到中国，不得不依赖中国人的"洋泾浜英语"进行交流的话，是犯了"极大的错误"。他告诉艾略特，有四名哈佛毕业生在清帝国海关工作，薪酬优厚。在市政工程、铁路、煤矿和电报各个领域，中国都有很多吸引人的职位。萧德说，香港和条约口岸的律师主要是伦敦的大律师和初级律师，他们迫切需要精通汉语的"有才智又正直的外国人"做助手。从更高的层次来看，中国是一个"未经涉足的国家，未曾涉猎的文化——两者的天地都无限广阔"。

萧德在信的开头作了冗长的铺垫之后才点明主题："我不是建议您眼下就设立汉语讲座，因为我不知道公众对这个呼吁会做出何等反应。但我认为，如果能从中国延请一两名土生土长的教师，有他们的帮助，加上现在可以得到的优质汉语课本，有志学者都可以通过这种方式获取汉语知识，在北京的学生通常也采取这种方式。这样我们或许能达到目前看得到的主要目标。"最有意思的是萧德提出延请土生土长的中国老师短期授课，以此建立汉语教学，而不是聘用归国传教士或外交官来设立终身职位。蒲安臣在新英格兰旅行的时候，艾略特同他见过面，或许是受此影响，艾略特回复萧德："[您的]关于筹集资金在大学延请中国老师教授汉语的方案……将会得到我最热诚的支持"，大学董事会"将乐意全力促成您提出的这一方案的实施"。[33] 萧德立即开始着手筹集资金。

在大学聘用土生土长的中国人来教授美国人汉语，对于这一新颖独特的构想，我们不能不归功于萧德和哈佛大学。迈出这一步需要创意和领导眼光。当然，并不是所有人都能认识到设立这样一个教职所包含的智慧。就在戈鲲化刚刚到达哈佛两天后，据报道，一位不知姓名的哈佛教员还说过这样的话："究竟有谁打算学习汉语，怎样把它带进我们学院，这些问题人们压根儿还没想过。"[34]

哈佛的方案引起了争议：怎样教授汉语，或者更确切地说，究竟谁更适合教授美国学生汉语——是西方汉学家，还是土生土长的中国人？萧德就哈佛的方案向略通汉语、后来成为伦敦皇家学院汉学教授的英国外交官禧在明（Walter Hillier）[35]咨询时，后者立即表达出保留意见：

> 我至今尚未见到哪个中国人足以担当此任。我们要记住他是以教授自己的母语为业，其口语来自他的直觉本能，他并不具备它种语言的任何知识。他既不能鉴别自己的母语同别国语言之间在结构、发声，以及特性方面的不同，也不知道从何处入手，因为他自己从来没有机会学习一门外语。[36]

中国海关总税务司赫德（Robert Hart）也反对聘用土生土长的中国人。赫德在给萧德的信中写道，"在敦促那些在中国从事任何职业的外国人，让他们做到熟练掌握汉语方面，任何努力我都举双手赞成"，但是，他对哈佛计划中"不可能不出现的、必定导致作用远小于预期结果的那些缺陷"提出了批评。赫德将哈佛方案中的所谓缺点直接同萧德本人不懂汉语联系在一起:"尽管您作为外国人确实在中国有相当多的生活经验,但是您自己并不懂汉语。"赫德说:

> 我首先要问,这个中国人讲的是哪里的方言,对于教外国人学习他的母语,他有什么打算,准备采用什么样的教程,他的发音或许很不标准,他对自己的能力的看法或许不符合实际,他要使用的教学方式或许根本不起作用。即便他完全符合我们的期望,知道外国人想要学什么,他所具有的耐心和采用的方法使他可以胜任,我想到的下一个问题是,他所能教的方言,是否就是他教的每个学生都想要学的?以在中国担任公职为目标的人当然想学朝廷的官话——那么这个中国老师是北京人吗?那些意在经商或者要从事专门职业的人,当他们选好要去哪个地区,就要学习当地方言,那可能是广东、汕头、福建、宁波、上海或其他任一地区的方言。如果这个老师是北京人,又怎么可能教什么方言呢?就算他是北京人,他的学生也全都想要学习官话,准备找政府部门的工作,但是,怎么能指望他们学习的路子是对的,并且他们与老师有足够的一对一的专门练习?在中国这边的人,在能分辨和模仿汉语发音之前,都要求有这样的练习。——要是连续几年每天花好几个小时,对每一个学生进行沉闷不堪、最单调乏味的重复练习,那么对于一个中国读书人来说,没有比教外国人汉语更糟糕的苦差事了!我了解在这边学汉语的人,不但有有经验的朋友给他建议,给他帮助,还没有其他工作分心,特别是整日都有一个专门的老师随叫随到,在两三年的时间里完全投入到(汉语)学习中。大学里的学生则是在多门功课之外再上汉语班,况且只有一个中文老师,教学方法欠佳,在课堂上还要分摊时间给每一个学生,

赫德(哈佛大学图书馆)

每周上课的时间最多也就三四个小时！因此我不觉得像这样的学习能够让人取得多大的进步。

为了增加自己的反对意见的分量，赫德说他无法保证给那些哈佛大学或者英法两国大学懂汉语的毕业生提供工作机会。[37]但是赫德的态度前后并不一致。1869年，有个美国人问赫德能否在清帝国海关总署部门获得聘任，赫德草草地告诉他："上海的办公室没有事情给你做，并且，因为你不懂汉语，我不能让你负责口岸工作。"[38]

哈佛大学毕业生杜德维（Edward B. Drew）后来在帮助戈鲲化前往哈佛一事上起了重要作用，但是就连他一开始也对哈佛的方案态度很冷淡。他在给艾略特的信中写道：

第三章　戈鲲化：美国第一位汉语教师

杜德维（哈佛大学图书馆）

  我个人认为美国人在北京学习汉语要比在坎布里奇（哈佛大学所在地）更有优势。哈佛本科生学习汉语要花费大量时间，以至于到大三和大四的时候，精力过分消耗，再没精气神应付其他功课。我认为，犹如法学和医学一样，熟练掌握汉语也是一门学问，在我看来，它根本不应该属于本科生的课程范围。

  然而杜德维对于方案的其他某些方面表示赞赏：

> 如果几年之后这个方案能促成中文讲座教授席位的设立……鼐德先生和我们的母校理应大张旗鼓地庆贺一番。如果它能间接地帮助人们对在美华人持更友善的态度，会是一件好事……最重要的是，如果目前这个方案为美国政府设立在华领事服务机构打下基础，机构人员由那些受过培训的、必定成为领事的翻译人员组成，那么这个计划值得我们鼎力相助。[39]

当然，并非所有人都持反对意见。有位英国外交官告诉鼐德，他认为"毫无疑问，年轻人在自己的国家学习远比在中国学习更有效，因为在中国他们的学习时间会因工作需要而不断被打断"。马士也持赞成态度，他是在哈佛读书的最后一年被杜德维招募到中国海关为赫德工作的，后来成为著名的中国研究学者。尽管上司赫德对鼐德提出的方案持怀疑态度，杜德维也反应冷淡，但马士仍然写了两封信表示支持，这两封信后来刊登在波士顿《广告者周刊》（*Weekly Advertiser*）上。他在信中指出，首先，对汉语一窍不通使美国商人在贸易活动中付出了代价，交易的主动权落到了华人雇员手里；其次，由于对汉语一窍不通，美国领事被华人通事不怀好意地利用来为自己谋利。[40]

丁韪良也对这一方案表示支持。1879年9月8日他致信鼐德：

> 汉语学习越来越多地受到关注，要归功于您的号召和推动。只要我们不满足于同中国的文字联系仍然远远落在英、法、德、俄等国之后，其他大学将来必定会以我们为榜样跟上来。

丁韪良继续提到，鼐德的努力将进一步有助于对中国历史及其文明的深入研究：

> 当这些研究有机会得到一个土生土长的、能力足够的人协助，并不见得就会鼓舞人们朝着这个方向努力，学习一种没有人讲的老掉牙的语言也一样，尽管无论从哪个角度，您都已经为此做了那么多的推动。真正让人提起兴趣的是由于这种语言被世界上人口最多的国家所使用，掌握了它就能在地球各个角落迅速获得政治上和商业上的价值。研究就从这里起步，但决不会止于此。[41]

鼐德很乐观地以为他能为中文讲座教职募集到一万美元。不巧的是，正如耶鲁的经验所显示的，在当时为任何同中国有关的项目筹集资金都非易事。鼐德的努力遇到了挫折，到1882年7月，哈佛为此总共只收到8750美元。美国人的圈子里乏人支持，说明他们对中国兴趣寥寥。当时中美之间的贸易总量还不到全美贸易总和的百分之一，而像赫德这样有影响的名流发出的质疑，很可能也削弱了公众对方案的支持。

如果说募集资金是个挑战，找一个够格的土生土长的中国老师也并非易事。鼐德给大权在握、洋务运动的中心人物李鸿章写信，请他推荐够资格的中国人。李鸿章回复道，尽管中国有很多博学之士，但是他们"大都惮于远涉重洋，而欲兼通西国语言文字，尤为难得，一时无可推荐"。李鸿章最后说，最好还是由鼐德本人出面自己去找，"或仍由贵领事自为寻访延聘，较易合式也"。[42] 由于鼐德自己不懂汉语，所以最后他转向杜德维求助，杜德维1863年毕业于哈佛大学，当时已在中国海关宁波口岸担任税务司。尽管杜维德对哈佛的计划有所保留，但他为寻找中国老师并安排将其送到哈佛提供了关键协助。在他看来，这些努力"是出于忠实地为母校的利益服务的热忱"，"实在讲，我的一切几乎都是母校给的"。[43] 多亏他在宁波的人脉通达，杜德维最终找到了一位最佳人选：戈鲲化。

戈鲲化（哈佛大学图书馆）　　　　　马士（哈佛大学图书馆）

　　如果李鸿章所言不虚，为什么戈鲲化愿意为他人之不敢为呢？戈鲲化自称安徽省徽州人氏，而徽州素以出才子和商人著称。他同当时很多中国文人有相同的梦想，即通过科举考试获取功名。由于科考未中，戈鲲化没能进入官场，因此他同许多落选地方官的文人一样，出资捐了一个候选同知。这个买来的官衔属九品官中的第五品，他因此有资格着蓝顶戴，有机会同那些文人雅士交往。为了谋生，他在将军幕府做了五六年幕僚，后来做了两年美国驻上海领事馆翻译官的中文秘书。其后他搬到宁波，在英国驻宁波领事馆做了几年类似的工作。他长期为外国人工作的经历表明他思想开放，他也因此最终被找来并被哈佛大学选中。戈鲲化是一个名气不算大的诗人，他在40岁生日的时候为自己写了几首贺诗，"属和者百余人"。[44]从他留存不多的诗作中可以看到，戈鲲化对西方风土人情和制造技

第三章 戈鲲化：美国第一位汉语教师

艺极有兴趣，密切留意。拜工作关系所赐，戈鲲化是杜德维等外国人的私人汉语辅导老师，他似乎也给学生们留下了深刻的印象，他同所接触的外国人的关系都处得不错。

戈鲲化得益于有同外国人在一起的工作经历，并给他们留下了良好的印象，因此他被杜德维选中，成为哈佛首位华人教师。戈鲲化从来没有隐瞒他的官衔只是捐来的，并向杜德维作了充分解释。而在杜德维看来，戈鲲化有捐来的官衔"无关紧要"，关键是他能不能教课。杜德维告诉哈佛大学校长，他"毫不怀疑"戈鲲化作为老师的资格。杜德维告诉艾略特：

> 作为老师，这个人确实很不错。多年来他一直都很熟悉外国人及其想法和习俗，这使他远比其他本土饱学之士（这样的人可能很少了解和关心外国人和他们的想法）更有资格。事实上，对外国人从口语开始教起，一个纯粹的中国饱学之士可能派不上大用场，即便（这种假设也不太可能发生）他同意出洋。

根据杜德维的观察，戈鲲化"积极活跃，头脑清醒；他表达清晰，健康状况良好，乐意做事且理解力强。他在美国的时候，如果不带动他为他的同胞了解外国事务写一些文章进行教育，就太可惜了"。[45] 艾略特显然对戈鲲化为何愿意离开中国感到好奇。杜德维回复说，"这是因为他被怀疑在上海一家报纸上发表了指责官员行为的言论，官府的人威胁说要拿他是问"。杜德维显然不可能知道戈鲲化接受哈佛聘请背后的缘由。[46]

1879年5月2日这天，鼐德给艾略特发了简短的电报：老师已经找好。两天后鼐德又通知艾略特，他已经同有"深厚学术造诣"的中国绅士戈鲲化谈妥，即戈鲲化到哈佛大学教授汉语，为期三年。鼐德告诉艾略特："我选定的这位绅士不会说英语，这在很多方面对于汉语班的成功都是有利的。"萧德建议哈佛方面应当立即公布这一消息,并通知哈佛师生汉语班将于1879年10月开班。萧德进而解释道:"能找到一位合适且肯离开家乡的人几乎是不可能的,我感到有责任开出一些优厚条件。我将代表哈佛大学校长及校董会与这位绅士谈好正式合同",为他和他的家人从中国前往坎布里奇"提供免费旅行"。"我在此建议将我募到的捐款落实,我认为在以后的三年中足以募集到一万美元,这不成问题。这一数目是这个方案大致所需的费用,其中八千美元是三年的薪金,两千美元用于旅行开销。"[47]

1879年5月27日,萧德代表哈佛大学与戈鲲化在正式合同上签字,随即立刻将副本转交给了艾略特。合同具中、英文各一份,写明戈鲲化自1879年9月1日起在哈佛学院"教习官话三年,每月束脩洋钱二百元正"。戈鲲化将搭乘英国轮船于6月底离开上海,他和同行的人将在五十天之内到达目的地。萧德认为如此安排可以让"这位绅士和他的家人到坎布里奇的旅行比较舒适",也不会给学校带来额外开支。萧德还提到,由于戈鲲化不会说英语,他打算说服一两名留美幼童到哈佛而不是耶鲁上课,"为他们考虑,他们可以好好学习自己的语言,戈先生也能从中受惠,因为这些学生可以用他们掌握的英语为他做翻译"。[48]

戈鲲化一行登上船,轮船将于第二天启程,可就在这时,艾略特于7月1日电告萧德,取消合同和行程:"筹款失败,合同取消。"哈佛的计划遇到强烈反对,特别是那些原本表示出资支持的人拒绝兑现捐款承诺。萧德决定背水一战。7月2日,他复电艾略特:"太迟了,无法取消。已上船。明日启航。"[49]在给艾略特的私人信件中,萧德解释自己别无选择,"签好的合同不能轻易取消",更何况,萧德说,戈鲲化同家人已经上船,行李也已搬上船,他的财产已经投保,船资也已付清。如果哈佛就这样随随便便地拒绝戈鲲化,戈在中国的声誉将严重受损。萧德在信中情绪激动，坚决捍卫自己的方案。他告诉艾略特："我在和迎面而来的命运的石头和箭矢对抗，我有坚定的信念和明确的目标，我已经为这个方案努力了两年，我必须成功。"杜德维不看好汉语计划，让萧德很难过。"我读到杜德维先生给您的意见，看到他如此费心地表达对我的方案的意见——只可惜是冷冰冰的意见，我感觉已经受够了。"他告诉艾略特，杜德维"与其说谨小慎微，还不如说更胆小怕事"。萧德告诉艾略特不要过于担心筹款的事。"我肯定两年之后钱就会来，"他甚至告诉艾略特，"我不清楚眼下我的决心是否同丹尼尔·韦伯斯特（Daniel Webster，美国前国务卿）宣布他将付清国债的时刻一样坚定，但是我知道我可以保证为这个方案筹集到几千块钱——这在方案启动之后是必要的。无论如何，我也能筹足一万美元的数目。"[50]

萧德竭尽全力，促成戈鲲化一行顺利成行。除了安排一名留美学童到纽约迎接并护送戈鲲化一家到坎布里奇，他还请他的兄弟阿尔伯特·萧德（Albert Knight）帮忙在学校附近为戈鲲化一家寻找住房。萧德甚至写信给蒲安臣的太太，请她和她的女儿帮忙在戈鲲化一家到达哈佛之后，给他们一些"善意的关照"。[51] 1879年9月1日，戈鲲化携太太、五个孩子、一名女佣和一名女翻译平安到达纽约，从那里前往哈佛大学。

戈鲲化，中国的使者

戈鲲化从未在正规学校授课，而在教室里教美国人汉语更是前所未有，所以为他的教学备课就成了一件跨国大事。第一件要做的事是找到合适的教材。在华洋人一致认为威妥玛的《语言自迩集》

（*Tzu Erh Chi*）课本是最好的。禧在明告诉萧德，这本书是"公认"的学习汉语最完备的课本，被广泛采用；他宣称，简单来说"它就是现有最好的"。⁵² 不过这本书出版于1867年，当时在市面上已经很难买到；此外，修订版要一两年之后才公开发行。为了帮助戈鲲化做好在哈佛上课的准备，萧德居然想办法把两个版本都弄到手了。他把书交给戈鲲化带到美国，并向戈鲲化保证，以后还会再送去更多字典之类的中文参考书。

另一件事是具体的课程安排。萧德再次向各国专家征求意见。希望这门课办好的热心的英国人和美国人都做出了回应。马士为此写了一份长篇备忘录，日期为1879年9月2日，题目是"给汉语课学生的提示"，其中包括他自己的汉语学习经验。有三类学生可能会对学习汉语感兴趣——想去中国谋求官职的人、想去宣教的传教士，还有想到中国经商的商人。马士指出，他们学的是哪种方言，会影响到他们在这些领域的工作。马士建议，想到中国做外交官或谋求官职的哈佛学生要掌握中国的官话，在他看来，尽管戈鲲化讲的是带南京口音的官话，但他可以"基本不出错"地教官话。马士继续道："我想象不出有哪个哈佛学生愿意为了当传教士而在坎布里奇学习汉语。但如果一个人想[到中国]做传教士……也没有理由不在哈佛开始学。不过，我不会（在哈佛）学。"对于有志经商的人，马士认为，"一般来讲，实际上是全球通用的规则"是，在中国的外商并不需要懂汉语，"等他到了中国再说，根据情况再决定做什么"。⁵³

禧在明也给出了详细的建议。1879年1月28日，他写了一封长信给萧德，建议所有有兴趣上汉语课的哈佛学生，必须认识到这门课"非同一般"，必须"准备好应对令人厌烦的大量机械而单调乏味的学习"。至于理想的课堂规模，他建议一堂课最多三四名学生，这样可以保证每个学生都有足够的时间练习。他又进而讨论到个人的学习计划。他承认:"我描述的学习过程对于绝大多数人来说都会感到厌烦,这其中的单调乏味和给人带来的疲惫,没有什么别的办法可以去掉。但我能确定这是目前最好的方法。学习汉语没有康庄大道,自始至终都是艰难的。"[54]

萧德把他收到的所有建议和忠告都译成中文交给戈鲲化作参考,戈鲲化的授课工作已经万事俱备。

萧德告诉哈佛大学校长艾略特:"安置戈鲲化和太太及五个孩子看起来可能是一件棘手的事,但我肯定,事实会证明这一家人是有趣和讨人喜欢的,特别是他那两个漂亮可爱的9岁和11岁的儿子。"[55]萧德说对了,戈鲲化一家的出现会受到很多美国人喜爱,他这个预测是准确的。此外,戈鲲化并不单单只是一位语言教师,他还为中美之间的共有历史做出了贡献。当戈鲲化一家来到哈佛的时候,有一家当地报纸评论道:"经历了全世界所有的变革,中国正越来越近地向我们走来。它从前的排外主义作为民族个性正迅速成为过去,世界上最古老和最年轻的两个伟大民族之间将很快采取广泛、坚定和充满活力的一致步调。在美国看见一个华人已属平常,但是出身高贵的穿官服的却很少见。"这篇文章这样形容戈鲲化及其"最有意思的一家":"他举止高雅,极富教养,令英国人或是美国绅士想起老式派头。"[56]

对戈鲲化一家感兴趣是一回事,有足够的人报名上他的课则完全是另外一回事。为了避免无人报名的尴尬,艾略特登出广告,不仅欢迎学生,而且欢迎任何感兴趣并且愿意交付全年一百五十美元学费的人报名。然而在戈鲲化两年半的授课时间里,他一共只有五名学生。有相当一段时间,戈鲲化唯一的学生是哈佛大学的拉丁语教授乔治·马丁·雷恩(George Martin Lane),戈鲲化为他取了一个中文名字"刘恩"。在1880或1881年,戈鲲化曾为刘恩写了一首诗,对他的友谊和帮助自己学习英文表示感激,并且称刘恩"德邻成德友"。[57] 另一名学生是留美幼童丁崇吉,他来自戈鲲化的老家宁波地区,1880 年被哈佛大学录取。尽管丁崇吉在进入哈佛一年之后就被迫返回中国,但在哈佛校友杜德维的帮助下,他得以进入清帝国海关任职,后来多年担任海关代理副税务司。[58]

戈鲲化的汉语课每周五次。他总是穿着清朝官服,要求他的学生按照中国学生对待老师的规矩那样向他行礼。除了基本的语言授课,他还以向美国学生介绍中国古诗之美为己任。他为汉语课编辑诗集,在序言中,他自述来到哈佛之后,以华文掌教之余学英语、习英文,"继与诸博雅讨论有韵之文,彼亦慕中国藻词之妙"。因此他选出自己过去写的一些古体诗,加上十一首来美之后的诗作,编辑成册并附上英文翻译。遗憾的是,诗集还未编辑完成他便去世了。在未完成的诗册中,他对中国古诗的格式和韵律都作了讲解。不过其中的英文翻译部分令人失望,例如,"韵律"被译成"法律"(因为在汉语里它们都有一个"律"字),这可能是出自他十几岁的儿子之手。

戈鲲化显然知道卫三畏。由于某种原因,尽管萧德等人曾发出邀请,卫三畏却从来没有去哈佛造访戈鲲化。健康不佳可能是一个原因,另外他可能也受到了妻子去世的打击。戈鲲化曾数次致信卫三畏,比如曾给他寄去自己设计的新年贺卡。

在 1881 年 12 月 20 日的信中,他写道:

> 亲爱的卫三畏先生,我刚刚写完一首赠给您的诗,谨作为圣诞礼物随信附上。去年夏天有些要事要同您商谈,未能见面,颇感遗憾。如蒙应允在圣诞节假期前去府上拜访,将不胜欣喜之至。如蒙您同意,请告知下星期在星期一至星期四之间哪天对您最方便,以及距离贵宅最近的旅馆之名。[59]

他自己（也可能在儿子的帮助下）还将一首诗译为双韵体英文：

皇都春日丽，
偏爱水云乡。
绛帐遥相设，
叨分凿壁光。

In the light of the spring sun far over the sea

The city imperial shines in my view,

But faire and dearer than this is to me,

Are the clouds and the water of your land to you.

The teacher's red curtain once used by Ma Yung,

At Yale and at Harvard for us has been hung,

And thanks to the hole which your learning has drilled

In the wall of your language, with light I am filled.

中文诗句引经据典，格式精巧，尽管英文译文不如原诗典雅，但也确实传递出戈鲲化人格的尊贵和他对卫三畏的崇敬之情。这首诗暗示戈鲲化同卫三畏一样，都在给美国学生授业解惑，在这个意义上他们地位是平等的。戈鲲化还在自己精心设计的卡片上讲解了这首诗的平仄韵律，给所引典故及喻义作了注释。根据卫三畏的儿子卫斐列回忆，戈鲲化是"和蔼又有教养的绅士，极为温文尔雅，亲切真诚"，他那"别致而令人愉快的圣诞祝愿"给他们留下了极为深刻的印象。[60] 戈鲲化通过授课、待人接物的举止和同美国人之间的交往，不断教导美国人何为中国的文化和文明，并推广中国的影响。

美国同事、朋友和学生都将戈鲲化视为连接两国人民的桥梁。

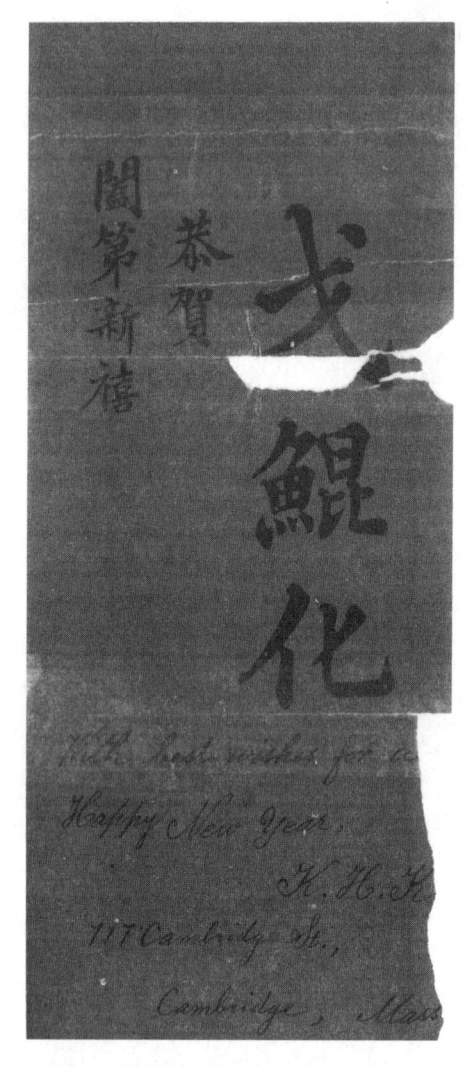

给卫三畏的新年贺卡,戈鲲化亲自设计(耶鲁大学图书馆)

CHINESE POEM.

皇都春日麗　偏愛水雲鄉
絳帳遙相設　叨分鑿壁光
光緒七年詩贈
衛廉士星使即請 教誨
中華愚弟戈鯤化初本

戈鯤化亲自写送给卫三畏的诗（耶鲁大学图书馆）

一份美国报纸刊登的文章这样写道，能在一名土生土长的中国老师指导下学习博大精深的中国文学，戈鲲化代表着"这个国家里迄今为止所得到的唯一的机会。这样的机会或许在以后的很多年内都不会再有。这名中国老师在他本土最好的条件下，对这一广阔高深的领域有充分的研究，并根据自己的学识为已经卷帙浩繁的中文宝库做出贡献"。文章指出，尽管汉语讲座这项事业是由定居海外的美国商人发起的，"但是整个计划具有现代学术最为广阔的构想"。这些睿智的商人"看到，通过在我们面前打开中国历史的广阔画卷，我们的视野将会得到多么大的拓展；如同在其他所有方面一样，人们极其缺乏对中国文学的认识，不懂得它能够激发我们的想象力，这些人尚未意识到，了解汉语学习以及学成之后所带来的收获和想象，将会多么深远地扩展我们的思想"。[61]

戈鲲化随身带去的书籍是哈佛大学历史上第一批亚洲语言文字图书，以这批书籍为基础，后来发展为哈佛—燕京图书馆馆藏，这是西方最重要的亚洲书籍和参考资料图书馆馆藏之一。

戈鲲化在内心是一位诗人。美国朋友最好奇的是他怎样抓住机会即兴作诗。他的一个美国朋友记得，有个人家的女儿要结婚了，而姐姐却还待字闺中，弟弟也没有结婚。戈鲲化发觉这一情形很不一般，于是这位诗人宣布赋诗一首，作为结婚礼物送给新娘。他的贺诗以新娘子在婚姻上"占得先机"开头。借助于字典，他用英文写出下面的诗句并交由朋友们指正："长姐幼弟，被占先机。"（Elder sister, young brother get a thrashing early.）[62]尽管绝大多数美国人对于其中包含的伤感情绪不甚了了，然而一位中国学者试图将中国式的理智同美国式的情感相结合的努力，这样的情景仍然很令人感动，也非同寻常。

美国读者感觉戈鲲化的诗"总是轻柔而优雅，正是由于这一诗的特征，很能吸引英语读者"。另一个有趣的例子是一位美国女士

第三章　戈鲲化：美国第一位汉语教师

从戈鲲化那里收到一件礼物，戈鲲化将一首诗写在一柄扇子的扇面上，然后用英文写下诗的题目，意为"掬起一捧水，明月在手中"——在中国人眼里这是一幅美丽的画面，但是在收到礼物的美国人看来或许会觉得有些奇怪。戈鲲化还很优雅地学会了美国人节日聚会时赠送礼物的做法，很多美国人对此深表赞叹。他曾在元旦那天赠诗给一位美国女士，并自己将诗译为英文。英文翻译表现出了整个中文诗主题的简明：

　　芬芳又鲜妍的
　　这美丽的茉莉
　　悄然落入我庭中，多么的不经意
　　我不愿再踏步出门
　　因着茉莉令我欣喜

　　戈鲲化在诗的后面写道："此诗虽有欠文雅，但可作友好问候之信物。"[63]
　　1879年12月22日，萧德向艾略特表示他对戈鲲化的情况颇为满意。"他现在已经在合适的住所安顿下来，而且显然成功地获得人们的尊重，得到了与哈佛大学有关的知名人士的好心关照。"除了戈鲲化的高尚人格受到称赞之外，他身上散发出的异国情调也激发了人们对他的兴趣。一位采访过戈鲲化的美国人曾这样详细地描述他：

　　他有一张绅士和学者的脸，优雅又周到，举止如同西班牙大公那样高贵。他的衣着典雅，头戴一顶单色绸帽，上有红色丝绸纽扣，标志着他的官阶。帽檐直压到额前。他脚穿一双"官靴"，白色皮革面，看上去很柔软。靴筒高至膝盖，像土耳其皮靴那样打着褶。下身穿厚重的深蓝色丝袍,而上身的宽袍极其华美,是用更深的蓝色绸缎制成,穿在一层浅色罩袍之外。他一抬起手,宽大的袖褶下面就会露出里层窄小的袖口。"[64]

戈鲲化和蔼可亲,喜好交际,曾出席当地很多聚会。比如,一位名叫本杰明·柯蒂斯(Benjamin R. Curtis)的绅士在戈鲲化来坎布里奇之前曾到中国旅行,他想邀请戈鲲化到家里共进晚餐,戈鲲化在回信中说:"非常高兴接受您星期六的善意邀请,我将在约定的时间到达府上。"[65]柯蒂斯与戈鲲化成了好朋友,在他的记忆中,戈鲲化是"具备最纯正的东方文明教养的楷模"。

他带着如此古老、沉着、一望而知的文明来到这个国家,也由于自身的美德立即获得人们的尊重。他将一个古老民族的沉静文学传授给当代一个焦躁不安的民族……他到坎布里奇不久我便去拜访他,并使他明白我曾经到他的国家旅行,而且去过离他的家乡很近的地方。从那以后,他的欢迎之门便一直为我敞开。尽管那时我们还无法用英语交谈,但是,他借助一张中国地图,并指给我看他从家乡带来的当地出产的手工艺品,从而告诉了我很多有用的信息。他思维敏捷,眼光独到。他喜欢幽默,轻易就能触动他的幽默感。他笑得很开心。但是……他相信安静恬淡。

他曾穿着那套耀眼的东方服饰来到我家,同一些曾到中国旅行的绅士共进晚餐。他很快就开心地谈起自己的国家。有位客人问他,同他在家乡的生活方式相比,就他在美国所看到的一切,他最喜欢什么,他不假思索地回答:"马车。"任何一个看过或坐过可怕的中国交通工具的人都会说,来自中国人自己的这一回答所显示的进步精神,如同这种坦白承认的态度一样少见。[66]

戈鲲化努力地学习英语。一个美国人回忆道:"假使他刚到这里的时候就懂我们的语言,对他将是再好不过的,不过他立刻就开始学习,并且为完成这一任务投入了极大的精力。"[67] 根据了解他的美国人回忆,戈鲲化在学习中最突出的特点就是记忆力惊人。他从来不需要老师将同样的问题重复第二遍,而且他会准确无误地长久牢记。这样的用脑习惯来自他早期的教育训练。哈佛神学院院长埃弗雷特(C. C. Everett)形容戈鲲化到达美国的时候是"这个世界彻彻底底的陌生客"。戈鲲化不仅来自一个不同的国家,还代表了一个不同的民族和不同的文明。他说一种不同的语言,而且"他的语言对于我们来说是最为艰涩难懂的",埃弗雷特宣称,"我们是带着某种好奇心期待着他的到来"。埃弗雷特继续写道,当美国人开始认识他并且看到他在哈佛校园漫步的时候:

> 我们在他的脸上看到了柔和的尊严。周围的骚动,好奇的无礼凝视,甚至仅仅因为他是一个陌生人便招致的冒犯,这一切都扰乱不了他那温和的平静,我们感到,我们不仅有很多可以教给别人,同时也有很多要向别人学习。我们认识到我们已经听到太多深厚的学术造诣意味着什么,以及他在自己的国家所享有的那种尊严意味着什么。我们认识到在他背后有一种历史和文明;当我们见到他的时候,不得不以比我们曾梦想过的更为平等的立场相互对待……他来访问我们时,以绅士的老练机智遵循我们这个社会的风俗习惯。我们去拜访他时,他又以中国人慷慨好客的礼仪接纳来宾。出门在外时,他身处美国,而在他家里,他的客人则仿佛置身中国。遇到任何重大事情,他都是如此。他非常认真恭敬地学习基督教经文;对于他找到并接受的部分,他知道怎样翻译为自己的哲学和宗教语言。在某种程度上,正是这些品质使他赢得了众人的心。[68]

对于埃弗雷特来说，戈鲲化在哈佛"是一位老师，但不仅仅是对那几位向他学习讲汉语的人而言，对于这里的整个社群都是如此。他教导我们，真正的绅士无论在什么地方都是一样的——不管他的穿着或生活方式如何，真正的学者在哪里都始终如一。对于我们自认为已经参透的那些事情，他给我们上了一课……他使我们感觉到了过去从未感觉到的东西，那就是人性的一致"。69

戈鲲化的去世及其影响

1882年2月14日，戈鲲化的学生、朋友和同事刘恩教授写信告诉卫三畏，戈鲲化因患肺炎，在患病十多天后离世。70 戈鲲化病逝时约43岁，美国报界对于他的去世做了大量报导。根据一份报道，戈鲲化的突然去世"使我们以引进[汉语语言和文学]的学习为手段来推动在华商业利益的尝试，令人伤感地终止了……可以肯定，能够将如此深奥的学问介绍进来，没有人比他更能胜任了"。71 2月16日，哈佛校方在坎布里奇的阿普尔顿教堂为戈鲲化举行了追悼会。为数众多的哈佛职员和学生前来参加。在追悼会上，人们诵读了选自《圣经》和儒家经典的段落。戈鲲化的遗体被安放在一具铅制灵柩中，棺盖上摆放着一顶棕毛官帽，周围饰以彩色朝珠。跟在灵柩后面的是校长艾略特和戈鲲化的长子。杜德维、萧德、刘恩，还有很多人都参加了告别仪式。神学院院长埃弗雷特发表讲话："此时此地，并不适合论争基督诫命与中国先知的标准哪一个更为完美。让我们声明，我们也将会这样声明，当耶稣基督达到无可比拟的至高处，我们所有人也必须承认，孔子的标准比绝大多数基督徒在现实生活中所遵循的标准更高……当我们思考这样一种代表着与我们

第三章 戈鲲化：美国第一位汉语教师　　　　　　　　　　　　　　139

的信仰形式如此不同的生命，我们非常希望能够忠实于自己的理想，就像他忠实于他的理想那样。"[72]

杜德维担负起护送戈鲲化遗体回中国的责任。他也负责护送戈鲲化的遗孀和子女返回中国，并为他们在中国的生活做出财务上的安排。哈佛大学在戈鲲化去世后设立了一个信托基金，为戈鲲化子女的教育和他的家人在中国的生活筹集了约五千美元。杜德维建议将这笔资金放在美国投资，戈鲲化的家人将可以靠利息在中国过上不错的生活。杜德维不时前去探访戈鲲化的家人，并安排戈鲲化的孩子们进入美国人创办的上海圣约翰书院（St. John's College）就读。

即使在今天看来，哈佛大学仍然未对萧德的功劳和贡献予以应有的肯定和赞誉。2004年，哈佛一本杂志称，由于杜德维的斡旋，哈佛筹集到了8750美元，用于为戈鲲化设立的中文授课职位。[73] 2003年，在哈佛的另一本校方刊物中也出现了同样的误解。[74] 当然是因为萧德才使得一切成为可能。如果没有萧德的决心和坚持，哈佛的汉语讲座计划早已多次中途夭折了，包括艾略特自己给予的致命一击。是萧德提出了创立汉语讲座的构想，是萧德动员了所有可以利用的支持力量保证戈鲲化在哈佛有一个良好的开始，也是萧德竭尽全力为这个职位募集到了所需要的资金。

1916年11月6日，卸任校长艾略特写信给哈佛大学注册主管："在上一期的五年课程目录中，在大学官员及教职员名单上，那位1879年在这里直到1882年去世的汉语教师的姓被列为'鲲'，而不是'戈'。您是否得到授权确定做那样的更改？他在这里一直是被称为'戈'的。"[75] 看来哈佛在那个时候就差不多已经忘记了戈鲲化的名字，至少把他的名和姓弄混了。

怀揣刻有"九万里风云"字样印章的戈鲲化，在那时就已经在中美两国人民的共有历史中走向伟大之路。1879年，杜德维在给校长艾略特的信中提到，戈鲲化到哈佛任教有一个有利条件，即他可以撰写自己的经历,这"对他的中国同胞有益处"。[76] 根据这位来自中国的老师、学者和使者的表现,如果天假以年,他很有可能会在中美共有的历史中发挥更重要的作用。他确实建立起了可靠的联系纽带。他在美国的时候,诗人朗费罗曾亲手将自己的一张照片作为礼物赠送给戈鲲化一家。而戈鲲化的家里也有总统加菲尔德(James A. Garfield)的一幅画像。戈鲲化在很短的时间内便赢得了众多的赞赏者和私交。在排华情绪泛滥全美并已经对中美关系造成损害的时代,他的成功尤其具有非凡的意义。

国际化中的中国和美国

第四章

古德诺：中国的美国顾问

如果我们相信自己所听到的，即中国人喜欢我们，那么我们也完全有理由认为我们喜欢中国人。他们和我们都面向太平洋，很多人都认为那将是人类未来倾付全力之地。我们也比其他国家的人担负着更大的责任，因为我们在这样大的规模上引领着中国的教育发展。我们作为共和国的历史比其他任何民族都长，而与此同时，中国正在尽力追随我们的榜样。

——古德诺，1926

总理衙门的一位大臣有次告诉美国人："我们的策略是利用洋人，而不是被洋人所利用。"[1] 耶鲁大学的中国史学者史景迁（Jonathan Spence）曾这样写道，那些在中国的西方顾问"意识到自己被中国人利用，而不是在利用中国人，意识到他们被出自他们自己的那一套技巧所制，为了避免承认自己的期望落空，他们选择以两种方式来逃避：有的人带着更旺盛的精力全身心地投入工作，把未来更多的不确定深埋在涵盖一切并通常让人自满的现状里；另一些人则断言中国人已经证明了自己腐败、多变又残忍，不配得到西方的帮助"。[2] 古德诺（1859—1939）事实上就是一位被中国人利用的美国人，但他的情况又不完全符合史景迁的模式，因为迄今为止，他在中美两国共有历史中所发挥的重要作用根本没有被认真研究过。此外，通过研究古德诺在中国和美国的经历，对于中美两国的精英以及他们各自的研究机构如何努力同对方交往，如何影响各自的政策制定和国家发展，我们会有更深入的认识。

一位哈佛大学前任校长和中国

古德诺和在他之前的蒲安臣一样，在命运的召唤之前从来都没有想象过会与中国有什么瓜葛。古德诺生于纽约的布鲁克林，毕业于阿姆赫斯特学院，之后进入哥伦比亚大学法学院学习，于1882年获得法学学士学位。后来他曾分别在巴黎自由政治学院和柏林大学短暂学习。1883年他获聘哥伦比亚大学历史学讲师及行政法讲师，1891年晋升为教授，1903年成为第一位行政法和行政科学伊顿讲座教授。[3]他的《政治与行政：对政府的研究》(*Politics and Administration: A Study in Government*, 1900) 堪称一部经典著作。1912年他的《社会改革与宪法》(*Social Reform and the Constitution*) 一书出版。他成为公认的美国行政管理及法律权威，甚至被称为"美国行政管理之父"。作为学者，古德诺更注重公共管理的实际应用而不是理论研究。在一次专门为古德诺举办的午餐聚会上的致辞中，古德诺的哥伦比亚同事、杰出的历史学家毕尔德（Charles A. Beard）指出，古德诺"是第一位认识到现代社会行政管理的重大意义，并对这一领域进行界定的美国学者。这一成就本身就足以保证他的著作在正在成型的美国政治科学领域中占有一席之地"。[4] 1904年，古德诺作为美国政治科学协会的创办者担任该协会首任会长。基于他的崇高威望和贡献，他被众多院校授予荣誉学位，其中包括阿姆赫斯特学院、布朗大学、哥伦比亚大学、哈佛大学、约翰·霍普金斯大学、普林斯顿大学和鲁汶大学等众多院校。

中国哲学家王阳明倡导学者要将其所学付诸实践，要"知行合一"。古德诺在来中国之前可能从来没有听说过王阳明，但是他却带来了自己的公共行政管理知识，并推广到公共事务之中。1900年，纽约州州长西奥多·罗斯福（Theodore Roosevelt）任命他为负责起草纽约市新宪章的专员。1911年，总统威廉·塔夫脱（William H. Taft）任命他为经济和效率委员会（Commission on Economy and Efficiency）委员，这是一个由知名人士和著名学者组成的小组，专门就内阁一级部门的组织结构和工作展开调查。不管是作为个人还是作为学者，"古德诺的观点强硬而鲜明，不信任理论家，对于眼下那些陈词滥调也持怀疑态度。他是改良主义者、实用主义者，也是历史决定论者，在他看来，政府是一个为满足社会需要而不断演变的机构"。[5]尽管他早已经声名卓著，但并不是中国学者。那么，他怎么会成为中国政府的顾问呢？

任命古德诺为中国政府顾问，同卡内基国际和平基金会及哈佛大学前校长艾略特有直接关系。艾略特曾担任哈佛大学校长四十年之久（1869—1909），其间成功地将一个新英格兰地方性学院改造成世界级一流大学。卸任后，他成为卡内基国际和平基金理事会的活跃董事，积极参与国际事务。尽管艾略特曾在蒲安臣担任中国使臣期间见过他，并引领哈佛大学雇用了第一位华人汉语教师戈鲲化，但他自己并不是中国学专家。鉴于艾略特的影响力和声望，威尔逊总统曾经考虑过委派他为驻华公使。1913年1月威尔逊曾跟自己最信任的顾问爱德华·豪斯（Edward House）说，他认为让艾略特这样的人去中国，"帮助他们从各种困境中解救出来"是一件极好的事。他表达对中国人的深切同情，并且说他愿意"尽一切可能帮助他们"。随后他敦促艾略特担任驻华公使。威尔逊在信中写道："我尤为关心的是，我们在中国和日本的代表应该是我国最优秀的人才。"根据威尔逊的看法，"东方会发生而且应该发生的一切势必关乎世界的未来发展，所以我们应就我们的影响所及，力争对东方予以最佳引导"。[6]但是艾略特并不愿意做驻华公使。事实上，当他有机会被委以驻英大使的时候，甚至都不愿意成为圣詹姆斯王宫的座上客。毕竟，任何职位可能都取代不了哈佛大学校长之位带给他的愉悦和荣耀。

尽管艾略特不是中国问题专家，但他确实到中国访问过一次，并对这个国家的发展产生了极大的兴趣，开始关注中国的国内形势。1912年10月24日，他在商业俱乐部的一次演讲中说："尽管数世纪以来都被一个残忍而迷信的专制制度所统治，但[中国人]仍旧习惯在他们的省份和乡村保有相当程度的自治。这种地方上的自由成为共和政府取代满族统治的基础。"[7]尽管艾略特对中国只进行了一次简短的访问，也只同中国大总统袁世凯匆匆见过一面，但对袁世凯做出如下评论时，艾略特仍表现出了敏锐的观察力："袁世凯

第四章 古德诺：中国的美国顾问

是一个有能力又很有意思的人，颇具个人魅力，他的身体状况比别人告诉我的要好。但他吃得太多，不运动，很少外出。"在1916年艾略特预测袁世凯"说不定哪天就会一命呜呼"。[8]袁世凯也确实死于那一年，时年58岁。

艾略特的中国之行实际上为后来古德诺的任命创造了条件。1911年，艾略特表达了以卡内基基金会的名义访问亚洲国家的愿望。基金会董事会很快就批准了艾略特的申请，并立即拨出12000美元，支付他"为促进基金会国际交流和基金会整体利益"的旅行开销。董事会在给艾略特的指示中特别强调，"董事会对您的期望是，为了基金会，以您认为合适的方式，对您即将到访的亚洲各国介绍我们基金会的组织和宗旨，以及目前初具规模的计划；您将研究某些亚洲民族的公共意识，尤其是有关那些事关重大国际影响问题方面；提交报告给'交流与教育处'，并就我们应当开展何种明智而有益的活动提出建议"。艾略特使用的正式介绍信申明他"是卡内基国际和平基金会委派的正式代表，为基金会的工作担负一项特殊的使命"。美国国务院也承诺尽可能提供帮助，保证他这次旅行的成功。艾略特充满自信，万事俱备。他通知基金会，他"带着愉快的期望"，盼望踏上旅途，"我对于发现一条在东方所应采取的行动方针抱着合理的希望，以基金会的优势，在将来很多年都可以持续探索"。[9]有意思的是，给艾略特的指示和介绍文件中丝毫没有提及要他为中国推荐或遴选顾问。这件事看起来从头到尾都是起自艾略特本人的意愿。

艾略特在1912年分别访问了中国和日本，然后就他的旅行访问提交了一份颇有影响的报告，基金会最后出版了这份报告。[10]艾略特对这份报告的重要性确信不疑，他在1913年1月2日直接向基金会董事会主席依利胡·鲁特（Elihu Root）提出，为了美国人和中国人的利益，这份报告值得让更多的人看到。[11]艾略特这次很幸运，因为直接负责为他的旅行提供资金并推广他的报告的就是基金会的交流与教育处，而这一部门的主管是尼古拉斯·默里·巴特勒（Nicholas Murray Butler, 1862—1947）。巴特勒和艾略特一样，也是一位杰出的教育家，并自1902年起担任哥伦比亚大学校长，任期超过四十年。然而，与艾略特有所不同的是，巴特勒还是一位政治家。1925年他成为卡内基国际和平基金会会长，直到1945年卸任。在政治上，他坚定地支持共和党，有时候很保守，甚至反动。不过，他曾先后为好几任总统担任顾问。威廉·麦金利（William McKinley）总统形容巴特勒是"美国最有才干的政治家"。沃伦·哈丁（Warren Harding）总统曾将任内的所有政府职位让巴特勒随意挑选，不过都被巴特勒谢绝了。[12] 尽管巴特勒和艾略特的政治主张通常并不一致，但是他显然很认同艾略特报告的价值。巴特勒在写给基金会干事的信中称，艾略特亚洲之行的报告非常"重要"，并说自己是"带着由衷的钦佩"读完这份报告的：

> 在我看来，可以毫不夸张地说，他这份对东方之行的经历和访问记录，以及从中所得出的结论，堪称他一生致力于文明建设思索的结晶及重大贡献。这份报告不仅在美国影响深远，在东方和欧洲也将如此。

他因此要求基金会将该报告广为散发。[13] 报告于1914年初出版，卡内基基金会将其免费提供给所有有兴趣者。[14] 巴特勒在报告的序言中写道：

> 作为艾略特先生中国之行的后续，哥伦比亚大学的弗兰克·古德诺教授现留居北京，担任中华民国政府的法律顾问，负责一切宪法和行政法问题的咨询。基金会以这样的方式将援助之

第四章　古德诺：中国的美国顾问

手伸展到半个地球之外，为[中国的]国家建构提供建设性帮助，进而为其国内局势的稳定及国际和平做出贡献。

这份报告为艾略特参与中国聘请古德诺一事提供了详细可信的资料，对了解古德诺担任中国顾问的来龙去脉至关重要。在中国的时候，艾略特曾同中国的精英人士多次交谈。尽管他不是一个中国问题研究专家，但就目前所面临的许多政府职能问题和可能的解决方法，他同年轻的中华民国官员展开了讨论。在这些讨论当中，艾略特努力说服中国人引进西方的方法，建议以聘用熟悉这些方法的西方官员和顾问来解决问题，他极力推崇这样做的好处。1912年4月22日，艾略特同被撤回国的清代前留美幼童、时任袁世凯总统私人秘书的蔡廷干作了长时间的单独交谈。在这次谈话中，艾略特直接提出，卡内基基金会可以帮中国寻找外国顾问。4月25日，艾略特同内阁总理唐绍仪会谈，唐绍仪也是当年被撤回国的留美幼童，第二天他们再次会面，唐绍仪随即带艾略特去见袁世凯。在会面中，谈话又一次侧重中华民国目前所面临的重重困难，以及找到外国顾问的最好方法。

艾略特很明白，在中华民国任命一位外国顾问注定是件棘手的事。所有对此有意的列强都力争让本国人得到这样的位置。蔡廷干后来私下向艾略特透露：

中国一旦做出任命，难免众议汹汹，被认为是给予被任命者的国家以好处，因此必定还要另给别国一个类似的任命来平衡。在同六国政府谈判善后借款问题时，中国是根据各国对中国贡献的大小、而不是根据人员的国籍来选择外国人的。但是如你所知，六个国家，包括你们美国，都说任命外国人必须根据其国籍[来平衡]，而不是根据他们对中国贡献的大小。对于这一不当原则的坚持,导致迁延日久。[15]

一方面,为了以平等一员加入国际社会,中国在进入巨大的变革时期确实需要吸取外国专长;另一方面,中国人不愿受外国人的欺负,不想屈从于外国政府的意愿而被迫雇佣某个外国人,因为此人会为自己国家而不是中国的利益服务。艾略特显然注意到了中国人在这件事情上的两难处境,因此提议授权给卡内基国际和平基金会,让它作为"中立公正的永久性机构",承担起"挑选服务于中国政府的外国顾问"这个工作。为了确保中国人不会忘记他的提议,艾略特随即派秘书于1912年5月初亲手向总理唐绍仪递交了一份正式公函。在这份长篇公函中,艾略特指出,卡内基国际和平基金会董事会经由美国国会注册,董事会作为永久性的实体"能存在好几百年"。

艾略特还向中国人强调基金会的主要宗旨是促进国际和平。"董事会的董事没有薪水或其他报酬。他们所做的一切努力必须符合国际需要。他们必须秉公办事,独立公正,与所做的事情没有利害关系,他们的工作不是只为明天或以后几年而设计,而是立足于长远规划。"他随后正式提议,"对于谁能胜任在民国政府若干需要帮助的部门担任顾问",董事会"将是向中国政府提名西方国家(特别是那些小国家)人选最合适的实体机构"。艾略特强调,基金会的董事们如今同所有先进国家的学者、官员及国会议员打交道,熟知西方大国所有领域的杰出专家。董事会的成员都是在教育、工业领域或政府事务部门有丰富经验的人士……[他们]是人们能够想象到的、也是被西方国家所公认的最公正无私的团体,他们有足够的资格对人作出公正评判。特别是,他们对中国抱有最为友善的感情。[16]

艾略特显然对他的提议竭尽全力进行推动,并期望得到一些结果。然而,他当时并没有意识到唐绍仪在为袁世凯的工作中遇到了

第四章 古德诺：中国的美国顾问

极大困难，很快就要辞职。艾略特的信要么没有被转交给袁世凯的办公室，要么被总统办公室弄丢了。两个月过去了，艾略特也没有得到唐绍仪或中国政府的任何反馈，1912年7月，他将该信的副本送交莫理循（George E. Morrison）。莫理循曾是伦敦《泰晤士报》驻北京记者，刚刚被任命为袁世凯的外交事务顾问。实际上，正是因为给莫理循的这封信才引起了中国人的关注，并最终促成了对古德诺的任命。换句话说，如果不是因为艾略特的坚持，古德诺的任命可能根本不会发生。

1913年1月11日，在艾略特返回美国的几个月后，蔡廷干通过美国公使馆给他发出一封电报，问卡内基基金会能否提名一位美国教授，这个人应为宪法专家，尤须精通法国宪法，此人将担任中华民国宪法起草委员会顾问。电文写明，顾问合同将以三年为期，中国政府承担旅行支出，提供住房，并支付可观的年薪。"请告知合适的教授人选的名字以及薪金要求。"中国方面又很快补充道，"中国方面将先行起草自己的宪法，但是希望有一个顾问帮助进行修订，使全部条文前后一致。"换句话说，这位顾问的职责在性质上属于咨询，而非方向性指导。美国公使随即将这封电报转至国务院，1月13日国务院又将电报转给艾略特。为了保证让基金会认真对待这件事，国务卿诺克斯（P. C. Knox）1月14日写信提醒美国参议员兼卡内基基金会董事会主席伊利胡·鲁特："当这一请求提交到董事会的时候，我相信您会亲自过问这件事，并在您的职权范围内，确保被提名担当如此重任的人要经验极其丰富、老练，且判断缜密，细致周到，他将在所有方面都足以代表美国人，并且是宪法权威。"[17] 对于诺克斯来说，由一个美国公民担当此职显然符合美国的利益。良机切不可失。

接下来又发生了一件很偶然的事，美国驻香港总领事报告说，有传言，香港首席按察司皮葛（Francis Piggott）将要退休，之后有可能被北京临时政府委任为法律顾问。在美国人看来，皮葛是强硬的亲日派，持坚定的反美立场。美国驻香港总领事认为，中国政府对皮葛的这一任命"将极大地影响美国利益"。[18]诺克斯敦促美国驻北京公使采取应对措施："不论何时，只要有机会，您要自行根据情况（向中国人）表明对这件事情的浓厚兴趣，说明[美国]政府非常乐意提供一切帮助，挑选合适的美国人担当此职。"[19]结果是，中国人无意聘请皮葛，而是对日本人有贺长雄感兴趣。有贺长雄是东京帝国大学著名的国际法教授。除了出于国家利益的考虑，一些美国商业巨头也竭力促成美国人来为中国工作。例如，国际收割机公司就曾于1911年致信国务卿诺克斯，请他利用自己的影响向当时的清政府施压，在合同期满之后继续让担任农业顾问的美国人帕克（E. C. Parker）留任，因为他们感到中国人可能会找别人来取代帕克。信中请求国务卿鼓励美国公使从中进行干预。[20]到了1913年10月，已经有六十多名美国人被中国的中央一级或省级政府雇用。[21]

中国人请卡内基国际和平基金会推荐人选这件事极其耐人寻味。首先，美国尚未正式承认这个新的中国政府。其次，中国人若真想聘请法国宪法专家，更应该请法国机构推荐才是，或者直接请基金会推荐一名法国学者。后来莫理循也证实，的确有人提出应该由法国教授担当顾问之职。但是中国人最终决定，由一位对法国宪法别有研究的美国教授担当此职会更为明智。[22]艾略特在给中国人的提议中已经指出，基金会有能力选出全世界最优秀和最聪明的人，并不仅限于美国人。然而，中国人似乎更愿意请美国人来帮忙建立一个新中国，因此艾略特提出的建议最受中国人的欢迎。也可以说，最终选择古德诺，从一开始就是中国人决心转向美国人的历史性举措的一部分。当然，有人会争辩说，并不非得是法国人才对法国宪法有渊博的学识，一个著名的反例是，关于美国民主的最为精辟的

第四章　古德诺：中国的美国顾问

著作就是19世纪由一名法国人撰写的。总之，（中国的）这一请求来得出人意料。要知道，聘请顾问这件事从头至尾都是艾略特的主张，基金会董事会在中国人提出请求之前对此还一无所知。

在艾略特的催促下，卡内基国际和平基金会对中国方面的请求极为重视，并且迅速采取行动。尽管艾略特已年近八十高龄，但他为这件事全力以赴，没有浪费一点时间。1913年1月15日，即艾略特收到中方请求两天之后，他便写信给鲁特以及巴特勒等董事说明情况，并希望基金会同意开始物色人选。遗憾的是，鲁特并不像艾略特那样对此事反应敏捷，艾略特等了好几天都没有收到他的回复。绝望之下，艾略特于1月28日给他发了一封电报："能现在就答复我15号的信吗？我要对袁世凯的电报作出回复。"他仍然没有得到回音。1月30日，艾略特转向巴特勒求援："现在我不知如何才能从参议员鲁特那里得到回复。因为从他那里得不到任何消息，可否设法召开主管董事会紧急会议来处理这件事？"艾略特提议召开主管董事特别会议，不再等鲁特。艾略特向巴特勒解释道："我对这件事的唯一兴趣在于——我相信，如果董事们接受（中国人）向他们提出的[物色人选]请求，将会为正在纷争中的中国提供重要帮助，并且会加强在东方的和平展望。"幸运的是，由于艾略特有力的推动，他得到了巴特勒本人的参与支持，鲁特也终于在1月31日作出了回复。艾略特随即提出召开主管董事特别会议，会议于2月7日在纽约召开，同意接受中国方面的请求，（为中国）物色一名顾问。会上还决定成立遴选委员会，立即开展工作。遴选委员会的成员包括亨利·普里切特（Henry S. Pritchett），当时他是卡内基基金会教学促进处主任，也是麻省理工学院前任校长，其他成员包括基金会干事詹姆斯·布朗·斯科特（James Brown Scott），以及艾略特。尽管巴特勒也深深卷入物色人选的整个过程，但在他们中间，自然是艾略特在最后确定人选阶段发挥了最重要的作用。2月

14日，艾略特通知中国方面："卡内基基金会董事会应袁世凯总统的要求，已经确定遴选并提名美国顾问，并且正在为物色可能的最佳人选积极进行必要的调查了解。"

尽管艾略特能够给鲁特和基金会施加压力，让他们迅速采取行动，但是事实证明，遴选合适人选的过程充满挑战。首先，艾略特尽量让这件事秘密进行，以免引起过多公众传言，使中美两方都陷入难堪。然而，消息还是泄露了出去。1913年1月17日，一名纽约律师维克多·杜拉斯（Victor Hugo Dulas）写信给基金会，表示他听到中国方面请求推荐顾问的消息："我想说的是，我在国际法和宪法法方面有专长，我愿意毛遂自荐以便参选。"[23] 艾略特绞尽脑汁防止消息进一步外泄。1913年2月11日，他告诫巴特勒，"我今天收到了纽约一个朋友的来信，他说他是在您的家里听到"关于顾问之事的。艾略特直言道，"这使我非常吃惊"，他要求巴特勒帮忙对遴选顾问这件事做到"绝对保密"。[24]

其次，找到合适的人选并不是一件容易完成的任务。艾略特意识到，"令人吃惊的是，适合这一极为重要的位置的优秀人选竟然寥寥无几"。威斯康星大学麦迪逊分校的政治科学教授芮恩施（Paul Reinsch）是被考虑的人选之一。然而，艾略特很快将他排除在外。他同巴特勒讨论了芮恩施的情况，艾略特解释道：

> 在某些方面，芮恩施倒是符合这一职位，但是有熟悉他的人告诉我，他作判断过于轻率，有时并不合理，他对于金钱方面的责任和限制，看法也很幼稚，不是说不诚实，而是糊涂。例如，他去南美的时候，得到授权为威斯康星大学购买价值500美元的书籍，但他运回麦迪逊的书总值却在1500到2000美元之间。我让普里切特请教您，看您是否了解芮恩施在这一方面的表现。不管基金会举荐谁去中国，一旦这个人在本质上

第四章　古德诺：中国的美国顾问　　155

对于财物方面的责任有所含糊，都将非常令人反感。北京对于欲赚取佣金的人和逐利者是诱惑最大的地方。

如果艾略特知道芮恩施很快会被任命为美国驻华公使，他可能会感到意外和不快。有意思的是，巴特勒倒是很认同芮恩施的资质，他通知艾略特说："我已经告诉普里切特，芮恩施正是我们要送去的那类合适人选。"

艾略特还断然否决了斯科特推荐的哥伦比亚大学教授约翰·威廉·伯吉斯（John William Burgess, 1844—1931）。伯吉斯是一位政治理论家和历史学家。艾略特在2月10日亲笔写信向斯科特表达了自己的看法，他评论道："伯吉斯固执己见，急躁，习惯于自作主张，不考虑别人的意见及做法。再者，他已经68岁半了，不会想去的。原谅我在会上突然发作反对您的提议。"艾略特请他忘记这个伯吉斯，考虑其他"符合中国人要求的美国人"。1913年2月12日，斯科特回复艾略特道："我在某种程度上被您的附言逗乐了。对我来说他（指伯吉斯）的岁数和他的声誉一样有年头，但是您对他的看法——我毫不怀疑其正确性——使他被淘汰了。我时常发现，一个建议，甚至是不被接受的建议，也会促进讨论并使事情有一个结果。您认为自己是突然发作，我倒感到高兴，因为这表明我同您至少在这一方面很像。"[25]

约翰·穆尔（John Bassett Moore）是声名卓著的政治学家、哥伦比亚大学教授，也是后来成为中国杰出外交官的顾维钧博士的导师。普里切特曾就顾问之事与他联系。但是穆尔对此不感兴趣，反而全力推荐他的同事古德诺。穆尔告诉普里切特，他认为如果古德诺能担任顾问的话，绝对是"这个国家的最佳人选"。[26]

通过巴特勒的安排，普里切特于2月12日同古德诺会面，对他留下了深刻印象。巴特勒本人也对古德诺评价极高。事实上，巴特勒和古德诺同在哥伦比亚大学共事，互相认识已有十多年，并且逐渐在多年共事中越走越近。古德诺曾送给他一本自己写的行政法方面的著作，巴特勒收到书后于1905年10月5日写道："我知道没有人会比约翰·莫莱（John Morley）更喜欢这本书了。我认为值得您花时间亲自送一本到他手上。"1909年10月12日，巴特勒写信给古德诺，感谢他赠送有关地方行政制度的新著。"我将带着极大的兴趣读它，因为我肯定在这一主题上这是唯一权威的也是最好的著作。"[27] 巴特勒显然了解古德诺的研究并对他非常赞赏。难怪当有人建议古德诺为中国政府顾问人选时，巴特勒立即极力推荐。他告诉艾略特："就个人来说，我认为古德诺的资质最高。但是我有些怀疑，他是否愿意并且能够在您说的这段时间到中国去。这是一个千载难逢的大好机会，我希望董事会能够找到最合适的人。"古德诺对这个工作很感兴趣，不过艾略特决定弄清楚，古德诺究竟是不是真正合适的人选。2月14日，艾略特致信巴特勒："古德诺所具备的第一流的资质，是在于他待人接物的方式，还是他性情随和，抑或他虚心开明呢？我对他一无所知。他的家庭状况适宜吗？普里切特向我问起了古德诺去[中国]的事。"1913年2月17日，巴特勒致信艾略特：

> 我知道普里切特博士和古德诺教授已经就他前往中国一事的可能性磋商数次，古教授业已见过参议员鲁特，一两天内也会同您见面。使我稍感意外的是他似乎很愿意去。就我所知，他是最佳人选，因为他集法学最高学术成就之大成，有实践经验，行为举止和个性都非常令人满意。我本来以为他可能不愿意离开这么长时间，因为他是一个经济上完全独立的人，全身心地投入学术研究和公共事务中。不久前他曾休假一年，在华盛顿加入了总统塔夫脱的经济和效率委员会，我听别人形容他做出

古德诺(约翰·霍普金斯大学图书馆)

了最令人钦佩的成绩。他曾长期担任纽约城市俱乐部立法委员会主席，也因此同立法机关也有密切联系。

卡内基基金会干事斯科特也很喜欢古德诺。他告诉艾略特："我同古德诺相识多年，我们在哥伦比亚大学关系很好。举荐他我尤其感到欣慰。"艾略特"发觉他对这个工作非常合适"，看来已经开始确信顾问人选非古德诺莫属了。2月18日，艾略特和他的遴选委员会决定推荐古德诺，"此人现今54岁，其学历、经验和个性各方面都使他同这个工作的性质极为相称，董事会对他的人格、能力和智慧充满信心，特此推荐"。[28] 1913年2月21日，卡内基基金会正式批准这一决定，并且通知古德诺他被提名为中国顾问。[29] 三天以后，即2月24日，古德诺正式函告斯科特，他接受这一提名。

2月21日，艾略特将委员会提名古德诺为顾问人选一事通知中国驻美公使张荫棠。2月27日，艾略特再次致信张荫棠，表示推荐人选的工作业已完成，随着古德诺和中国政府之间合同的签订，他个人同这件事之间的联系也即行终止。有意思的是，基金会董事会随时向美国政府通报关于提名古德诺一事的进展，并于1913年3月5日向国会报告，说古德诺"讲流利的法语，全面精通法国法律和法国宪法发展"，这显然有夸张之嫌。[30] 蔡廷干请美国驻华公使馆将以下消息发送至基金会："中国政府为卡内基基金会董事会推选声誉如此卓著的教授"来帮助起草中国宪法"表示由衷的谢忱"。[31] 1913年3月11日，张荫棠将按照中国政府的指示拟好的合同文本发送给艾略特。"若蒙拨冗审阅，不胜感激。如果您对此感到满意，还要烦请您通知古德诺博士，我期待他尽早在方便时前来华盛顿签约。"合同上说明，古德诺的任期为三年，年薪12000美元，中国为他每次来华的往返旅行提供500美元资助，每年还为他提供600

第四章 古德诺：中国的美国顾问

美元的住房补贴。根据合同，中国方面"欲自美国大学教员中延聘其精通宪政法例，并专熟法兰西共和宪法者一员，充任政府法律顾问，并勷办宪法编定事宜"。英文合同上还说明，是中国政府希望卡内基国际和平基金会董事会提名一位有如此资质的美国教授，"执行此一专门法律顾问的义务"。[32] 3月15日，在华盛顿的中国驻美公使馆，古德诺正式在合同上签字。

伴随古德诺这一人选的确定，艾略特的工作也应当告一段落了，但是他决心确保古德诺在新的职位上有一个成功的开始。1913年3月18日，艾略特写信给古德诺，告诉他："我之所以建议由卡内基基金会董事会组成提名委员会，原因之一就是，由于那些列强七十年来肆意欺负、伤害中国，中国可能会以某种更为独立的姿态对待他们。"艾略特要古德诺告知去中国的时间，他可以为古德诺写五封引荐信，三封给中国人，一封给美国人，还有一封给莫理循。他还主动指点古德诺，要结识一些传教士，这有助于古德诺在北京顺利安顿下来。他也提醒古德诺，去中国时要随身携带法律和政府方面的书籍，因为在北京很难找到这些书。有意思的是，艾略特告诉古德诺不用带任何有关中国的书，因为莫理循在这方面有极具价值的收藏。"我相信您将发现莫理循博士是一位完全令您满意的同事。他对中国人的看法全面而又人道。他待人接物也非常随和。"或许艾略特从没有考虑到，莫理循根本不懂中文，并且在很大程度上代表着英国的利益。

1913年3月25日，艾略特按照承诺将写好的引荐信寄给古德诺，同时给他提出一些建议："您当然会同在北京的美国公使馆成员和住在那里的传教士们随时来往……所以我的信主要是将您引荐给中国人。"其中一人是聘请顾问一事的关键人物蔡廷干，"我最早就是向他提出为中国挑选顾问建议的……他非常聪明能干，英文好得令人称羡。我发现他是非常理想的中间协调人"。另一封信写给天津的北洋大学总教习王邵廉。艾略特称王邵廉"为人非常随和,对于最近的教育运动了若指掌";袁世凯跟他"非常熟悉",常常邀请他商讨教育之事。还有一封引荐信写给当时北洋大学的法律教授赵天麟。赵天麟毕业于哈佛学院*和哈佛大学法学院,艾略特认为他拥有"学者的崇高名望,每个人都对他的魄力,对他所具有的那种正直、理性的力量大为称道"。第四封引荐信是写给张伯苓的,"我在中国整个旅行期间与之交谈过的最有趣的人"。张伯苓时为南开中学校长及基督教青年会干事,"不管是用中文还是英语,他都是一位非常出色的公众演说家"。艾略特还将古德诺介绍给哈佛大学毕业的美联社驻北京记者弗雷德里克·穆尔(Frederick Moore),一位"值得信赖并且消息灵通的人,他应当会对您有所帮助"。艾略特写信将古德诺来中国的消息通知了穆尔,请他帮忙为古德诺在首都找到合适的住处。艾略特甚至建议古德诺在路经巴黎的时候,"可以看看"费尔南·法汉吉尔(Fernand Farenjil)写的"《中国人民》(Le peuple Chinois),应当能够从中受益"。"在我看来,这本书对中国人的传统和习俗有相当准确的描述,这些都是制定宪法的人需要考虑的。"艾略特这样向古德诺推心置腹:您接手的这项工作显然很艰巨,但如果六大列强给中国足够的时间,使中国设计并建立起一个有稳定税收的强大政府,则事实将证明这项工作是相当有意义并且富于成果。夏天的时候,也许您和夫人会愿意去日本度假。如果那样的话,无论如何要去同丹尼森(Henry Willard Denison)先生交谈,他是美国人,日本人在将近二十五年的时间里一直对他在外交方面的建议言听计从。他住在东京一处非常安静的街区。

---

* 哈佛学院(Harvard College)是哈佛大学的本科生学院,现隶属于哈佛大学文理学院。哈佛大学便是从哈佛学院发展起来的。

艾略特在信的末尾又加上了手写的附注："请原谅这封不成体统的短信。现在是晚上9点，我的打字员5点钟就走了，但是我不想错过今晚的邮班。"³³事实上，艾略特认识古德诺的时间并不长，这不能不让人想知道他怎么这么希望古德诺获得成功。

艾略特在1913年5月14日收到蔡廷干的公函时，一定深感欣慰。公函中说："对于您表现出的特别的善意，对于您推选古德诺教授这一令人钦佩的决定，我们格外感激。"蔡廷干还告知艾略特中国方面"一致通过"对古德诺的任命，并表达了对古德诺会为中国提供重要帮助的期望。³⁴莫理循也致信艾略特说，古德诺这位人选"让所有人都满意"。³⁵甚至连基金会干事詹姆斯·斯科特也对艾略特的尽心尽力表示敬意，在艾略特转交蔡廷干的公函之后，斯科特写道："古德诺教授的推荐获得如此高度的认可，我非常高兴。我想说，我作为哈佛毕业生感到非常骄傲，多亏了我尊敬的校长居中斡旋，才有了这件事及后来的精彩发展。"³⁶

哥伦比亚大学时任校长和古德诺

并非只有艾略特对古德诺期望很高，很多人都对他寄予厚望。伯吉斯也为古德诺高兴。古德诺曾是他的学生，后来长期与他共事。他给古德诺发去一封贺信："我当年的一个青年学生将为五亿东方人制定宪法，担任具有如此崇高的荣誉和如此重大责任的职位，我非常骄傲……这是一个伟大的机遇，我有一种预感，您对于今天中国的影响，可能不亚于孔子在遥远的过去对古老中国的影响。"³⁷1913年3月17日，一个朋友写信给古德诺："五亿多中国人真应该一同起立并宣告您理所应当是他们宪法的制定者——我们一向相信蒙古人种那伟大而潜在的智慧,他们那样做的话我们丝毫不会感到意外。请允许我向您表示诚挚的祝贺。由您来做这个工作真是实至名归。当然,能否成功地建立中国宪制政府,我们将责任放在您身上,但是现在我们为您无疑能取得那样的成绩而欢欣鼓舞。您定会从中得到极大的喜悦!"38

古德诺并不是法国宪法专家,也从未对中国产生过任何兴趣,因而不了解这个国家的历史和语言。可是一夜之间,他成了中国人的宪法顾问。古德诺意识到任务的艰巨和他自身的缺陷,毕竟,他不是受过实际宪法立法专门训练的学者。在2月份,当有人就中国的工作同他接触的时候,他曾经问到能否带一位私人秘书,即他绝对信任并能在北京协助他的宪法方面工作的人一同前往。古德诺似乎断定,尽管中国人会提供他所需要的一切帮助,但最好还是有一个私人秘书。外国人被人"接近"时或许多少有些尴尬,若有一个自己选定的同胞就不会这样了。因此,古德诺得知他是顾问人选后,坚持要求带私人秘书。斯科特、巴特勒和普里切特看来都支持他的这一要求,告诉他如果中国方面不能为此提供经费的话,卡内基国际和平基金会可能会为他的提议拨出专款。但是,艾略特不赞成古德诺带私人秘书,他指出"古德诺必须有中文翻译,也就是说,一个既懂中文又懂英文的人,并且这个人在所有的重要谈话中都是居中翻译者"。在艾略特看来,"在这样关键的时刻,一个美国秘书绝对没有任何用处……就古德诺教授的影响来说,最重要的是他要让与之打交道的中国官员确信他是为中国服务的,而不是为美国政府或任何美国团体、商人、传教士及慈善机构服务的。因此,他在中国得到美国人的帮助越少越好"。艾略特还告诉巴特勒:"[从中国人与我的]所有通信中丝毫没有涉及秘书之事,因此我认为中国人方面会坚持让他有一位英文口语及书写俱佳的华人秘书。他们自然会希望尽可能地雇用中国人,既然这位新顾问随时随地要有一个翻译，那华人秘书要比不懂中文的美国秘书好得多。"[39] 但是古德诺并不想要由中国方面提供的秘书，他要的是只对他个人负责的私人秘书或助手。巴特勒在这件事情上似乎也不赞同艾略特的意见。巴特勒后来让他负责的基金会分部资助古德诺雇用私人秘书的开支，并在3月28日得到董事会的批准。古德诺最终带到中国去的助手是兰斯洛特·帕克（Lancelot Packer）。他是一位律师，46岁，生于英国，已经归化为美国公民，在美国从事律师事务数年。古德诺向巴特勒报告说，他最近同这位绅士面谈，"对他的人格和能力都很敬重"。3月29日，古德诺同他签订了私人合同，在中国任职期间雇用他。[40] 1913年6月26日，古德诺在给巴特勒的信中说明：

> 多亏您的善意，我才能带上帕克先生，我愿再次向您和卡内基基金会董事们表示感谢。我已经发现他在这里对我有极大的帮助。不是说我的实际工作过于繁重，一个人应付不了。并非如此。而是帕克先生恰恰是我想要的人，即对我的提议进行批评，并提出改进的建议。您一定知道，当一个人要筹划一件事，若没有任何批评和建议，要把他的想法既准确无误又严格清晰地表达出来是极其困难的。帕克先生起草法律文件的经验对我极有价值……在我刚刚到达这里不久给您写信的时候，请我来参与制定的宪法草案初稿已经完成。直到现在，我所有的也可以说唯一的帮助都来自帕克先生。我在我所见过的中国人那里没有得到任何协助，也几乎没有收到任何建议和意见。[41]

巴特勒不仅在私人秘书这件事情上帮助了古德诺，他还承诺会同美国国务卿见面，确保古德诺与国务院之间有"适当的关系"。[42] 在去北京之前，古德诺也热切渴望得到美国政府的官方认可。"如果在普通护照之外，我能有一份国务院出具的介绍公函，我想这会极大地增强我内心的安稳。"43 1913年9月6日，在给基金会代理秘书诺斯（S. M. D. North）的信中，巴特勒表达了一个愿望：让更多的人知道古德诺是谁。"当然，绝大多数人都不会知道他。"44 同艾略特一样，巴特勒也动用自己的关系确保古德诺在赴北京途中就能同某些要人见面。1913年4月3日，巴特勒致信德斯图内勒·德康斯坦男爵保罗·亨利·邦雅曼（Paul Henri Benjamin Balluet, Baron d'Estournelles de Constant de Rebecque），告知他古德诺将在巴黎停留两天，请他立刻与古德诺联系见面会谈。德斯图内勒是一位很有影响的法国外交官及学者，并曾在1909年获得诺贝尔和平奖。巴特勒要他的秘书确保德斯图内勒知道古德诺在巴黎停留时的下榻地点。45

事实证明，艾略特设想古德诺只是单纯为中国人服务未免有些天真，因为实际情况要复杂得多。尽管从理论上说古德诺是被聘请来为中国政府工作的，但实际上他的作用是为卡内基国际和平基金会和美国政府提供消息，并且在法律上，他仍然是哥伦比亚大学的一名雇员。古德诺一直忠于卡内基国际和平基金会倒也合情合理，因为毕竟是基金会举荐他为顾问人选，并为他的私人秘书提供资助。1913年5月26日，巴特勒写信给古德诺，要他尽快汇报情况：

这边的媒体上关于中国的新闻少之又少，没什么价值。关于新国会或（国民）大会迟迟不能建立的原因，我们也没有听到很好的解释，这是出于对新政府的形式和职能看法方面的个人争执，还是存在根本的分歧，我们不甚了了。我希望您能够经常尽可能全面地向董事们报告情况，尤其是报告那些在媒体上得不到全面或真实报道的情况。我们很想知道[美国]国务院在承认中国这一问题的态度，以及在所谓的"善后大借款"问题上的态度给中国带来了什么影响。我们希望听到一些关于您个人的计划，还有您周围的环境，以及您的工作如何进展，以何种方式进行。要知道我们从北京方面根本得不到什么消息，只能从报纸上看到通讯社认为有轰动效应的一些新闻稿。

然而，这恰恰也正是中国方面想要做的，即随时让美国人知道中国的情况，因为中国人需要培养与美国人的友好关系，需要得到他们的支持。

古德诺仍然是哥伦比亚大学的雇员，因此在同中国政府签约后他向哥大校长巴特勒报告："如您所知，我不希望您和董事会将我接受这个工作视为辞去[在哥大的]职位。我衷心希望并且相信，等我在中国的工作完成之后，将恢复在哥大的工作——我一向将它作为我的终身事业，至今仍然如此。"[46] 哥伦比亚大学非常乐意为他做留职安排。当古德诺被提名为中国顾问时，巴特勒说："我们曾经把古德诺借给了在华盛顿的政府，现在我们很高兴地把他借给中国。一个人被召唤去打造一个国家可不是天天都有的事。一旦这种召唤来临，哥伦比亚大学非常高兴能够提供所需要的人。"[47] 作为听命于许多上司的人，古德诺首先给予哥伦比亚大学最大的忠诚，其次是卡内基国际和平基金会，然后是美国政府。大致顺序如此。因此，古德诺通过与巴特勒和基金会的密切联系，为美国政府提供关于中国内部形势的消息，也就不令人奇怪了。尽管这些消息大多是在社会上公开的消息，但是古德诺的那些信件证实和确定了这些消息的真实价值。

使者古德诺

在离开美国的前夕,古德诺被问道他是否会将美国宪法作为中国宪法的样板。古德诺回答:"美国宪法可能不会成为主导模式,而是辅助。"古德诺断言,"宪法应该根据国情和社会需要来制定,而不是削足适履,将社会条件硬塞进预先制订的框架。它应该是灵活的,也就是说,要比我们的更容易修订。在我到达中国、了解那里的情况之前,还不能确定我会偏向美国体制还是法国体制"。[48]事实上,古德诺抵达中国的时候,中国正处于关键转折点。袁世凯已经将对手一一击溃,势力越来越大。很多中国人怀疑袁世凯渴望的是帝制或专制权力。在这样一个事关重大又令人躁动不安的紧要关头,打造中国的未来,进而在中美共有的历史中发挥作用的重任,便落在古德诺身上。艾略特在1911年计划访问中国的时候,中国正经历一场翻天覆地的辛亥革命。艾略特于1912年出发到中国旅行之时,中国已经成为亚洲第一个共和国。而当古德诺于1913年最终抵达中国的时候,中国仍然处于第一次真正意义上的民主实验过程之中。不幸的是,这一实验很快将在古德诺前来给其当顾问的袁世凯手里终结。1912年3月10日,袁世凯宣誓成为总统,按照《中华民国临时约法》,他确实是一个临时总统,而这个宪法在袁世凯上任前一个月刚刚由南京临时参议院仓促起草。由于对袁世凯的不信任,参议院制订了这个临时约法,架空袁世凯,削除了总统的大部分权力。中国政局进入了动荡不安、变幻莫测的时期。

1913年5月18日,古德诺在从中国写给巴特勒的信中说:"我常想,对于一个像我这样已经习惯直来直去的大学教授来说,中国是一个古怪的国家,我就是在这样一个古怪国家开始上第一堂政治课。不过总体来说我很满意。"[49]而在6月份写给巴特勒的信

第四章 古德诺：中国的美国顾问

中，古德诺甚至将中国形容为"我所见过的最奇特、最让人琢磨不透又最引人入胜的国家"，不过中国官僚的办事方式"简直要把人逼疯"。[50]

面对整个变幻莫测的局面，古德诺又初来乍到，同为总统顾问的莫理循于1913年5月写道："要让各项工作按部就班，出现某些小的耽搁总是难免的。不过我肯定他不会没有耐心，而且很快会发现这份工作配得上自己的聪明才干和经验。"[51] 古德诺当然不是第一个对中国办事的慢节奏感到沮丧的外国人。1867年，赫德刚刚走马上任担任中国海关总税务司，他给杜德维——本书第三章就哈佛大学聘请戈鲲化一事讲到他在其中所发挥的作用，杜德维就在赫德手下工作——写了下面这首诗：

> 我们没有翅膀，我们不能飞，
> 但是我们有脚可以攀登向上。
> 缓慢地，一点一点前行不后退，
> 因此，学会了劳作，学会了等候。[52]

古德诺并不是一个特别有耐心的人，但是鉴于他对中国并不了解，又没有多少时间做准备，他的表现已经相当不错了。蔡廷干告诉艾略特："他来北京的时间这么短，就已经让每一个有幸见过他的人深受鼓舞，增强了他们的信心。"[53] 正如古德诺自己跟巴特勒所讲的，"我在刚来这里的几个月里并没有做多少工作，但已经了解一些内情，还结识了相当多日后可能会对我有用的人"。

古德诺在这一时期对中国的记录对我们极有价值，因为他是向卡内基基金会和美国政府作汇报。作为卡内基基金会和哥伦比亚大学的人，古德诺应巴特勒的要求，频繁写信给他。他的信件有着多重效应。首先，通过对巴特勒及卡内基基金会董事等美国精英所产生的影响,他帮助美国人形成了对中国的认知和了解,不管这种认知正确与否。巴特勒定期将古德诺的信件转发给基金会董事,例如 1913 年 6 月 11 日,巴特勒致信基金会秘书斯科特,说他刚刚从古德诺 5 月 18 日的信中得到消息,谈到"中国的情况非常不稳定,他的实际工作被耽搁,尽管他一直忙着研究面临的法律问题的细节,为了能够正确判断各种问题他要在当地搜集必要的资料"。1913 年 7 月 21 日,斯科特在给巴特勒的信中表示他同意巴特勒的看法:"古德诺教授在中国的出现,使我们在这样一个特殊时刻有了一位再好不过的观察家提供意见,他传递的信息无疑是可靠的。"

其次,古德诺也高效率地发挥了作为中国人和美国人之间信使的作用,因为中美两国最高层的精英之间的讨论和意见交换,他都有了解的渠道。再者,由于他直接或间接地从美国人的立场出发提供咨询,他成为中美双边关系的接触点,并以此影响了中国的发展方向。鉴于古德诺既是一个局内人,又是一个局外人,他对于中国的叙述就为认识这个国家打开了一扇新的窗口。换句话说,即使中国人并不是真心要聘请他,即使他在中国制宪方面的作用不大,他仍然将自己新颖的看法、有时是对中国发展的近距离观察呈现给美国人。从他给巴特勒的信件中,我们甚至可以还原古德诺住在北京时的一些生活细节。

164　　中国方面给古德诺的酬金极为优厚,他在 1913 年 5 月到达北京后的生活享有非常优越的特权。他和妻子起初住在旅馆,因为在这么短的时间内很难找到很好的住处。古德诺在日期为 1913 年 6 月 26 日的信中向巴特勒汇报说:"您知道,我们尚未安顿下来,还住在旅馆里。住房问题很棘手。要想很好地安顿下来,至少要做居住三年的安排,令人感到舒适的房子,租期都至少要求那么久。但我可不愿意将自己束缚在这么长的时间里,我希望在这之前就能回去。"不过古德诺很幸运,很快就找到了理想的住所。1913 年 11 月

第四章　古德诺：中国的美国顾问

2日，他在信中写道：

> 我们现在住在自己的房子里。实际上我们已经搬进来两个月了。我想我跟您谈到过这件事，不过结果甚至比我们预期的还要好。这实在是在这座城市里能找到的最好的房子。它位于公使馆区，对我来说极为便利。它有城市生活需要的所有设施，事实上即使在美国也称得上是很体面的住房，尽管它面积不算很大。我对这个房子没有更大而感到欣慰，我太太趁机提议要将房子收拾得漂亮些，用很多她认为的中国古董收藏来装饰这个房子，不过她买来的那些古董是不是真的我俩谁都不清楚。我希望当房子被装饰品摆满之后她会停手，否则的话，我担心我们在离开之前必须要举行一场拍卖来筹措回家的路费。

看起来古德诺说都是他的妻子在收集古董，但事实上他自己也乐此不疲，甚至急着找古董专家来帮他鉴定藏品。古德诺离开中国之后，这位古董专家继续为他工作，一直到古德诺去世为止。此人名为冯石卿（音译），他的兄弟冯大卫有时也帮助古德诺收集古董。1928年10月19日，冯石卿写信给古德诺，说他给古德诺寄去一只古鼎，是他从上海购得的汉代祭祀用的青铜器。"我敢肯定您一看到它就会爱不释手，它的价钱实在太公道了。送到您家里，全部运费只需120鹰洋。我手上还有好几件藏品，其中两件非常珍贵。等您给我指示后我会尽快发送给您。"冯石卿在给古德诺的另外一封信中说："很抱歉您觉得我给您的照片上的那几件古董比您十年前在北京买的要贵，但是我说过，这几件都是稀世珍品，既然您不愿意以这个价格买下，我只好将它们物归原主。我希望您能毫不犹豫地从鄙处订购您喜欢的任何古董，我非常乐意尽心为您的美好利益效力。"[54] 从这些记录中可以看出，古德诺在北京的时候，以及离开北京之后，收集了大量古董，他的收藏活动一直持续到去世为止。

古德诺或许从来没有成为一个中国问题专家，尽管有时候他假装是，或者被别人认为是这样的专家。不过，他同中国的这种联系确实将他变成了一个了不起的中国文物收藏家。他的收藏已经成为中美两国共有的过去之一部分。遗憾的是，还没有人注意到古德诺作为中国艺术品收藏家的一面。

古德诺一直是一位工作繁忙的哥伦比亚大学教授。但他来到中国后，成了一个生活闲适的人，因为没有特定的具体工作要做，而他也没有利用在中国的闲暇时间对这个国家进行研究。他经常向巴特勒抱怨，他有太多的时间不知道该怎么打发。巴特勒在7月18日的信中向古德诺建议："您显然正充分体验东方人对于时间流逝的不经意。何不组织一个高尔夫球俱乐部？这样您就可以上午从事宪法工作，下午打高尔夫球。"古德诺似乎还真的试着这样做了，但是他很快就得出结论，说中国不是一个打高尔夫球的地方，因此决定利用闲暇时间讲授他熟悉的专业课，即西方政府和政治。8月16日他致信巴特勒，当地两所大学"有人请我开一门讲座课程"（一所像是燕京大学的前身，另一所是北京大学），他"同意上半年在前者讲课，下半年在后者讲课"。在准备课程的时候古德诺承认，"我很沮丧地发觉我知道得太少了。我的工作在太长的时间里性质太专，以至于我已经丢掉了这个专业的常识性基础知识。或许这次经历对我不无好处"。到了11月份，古德诺说道："在北京大学每周两次的讲座让我很忙，正是我所愿意的那种忙碌的程度。我真的觉得我在工作。我对讲座做了相当不错的安排。"他的讲稿在当地一家日报上发表，可以说更进一步增强了他的自负。"他们印了足够的报纸给课堂上的每一个人。报纸的编辑告诉我，他们吸引了相当多的注意，结果是我的观点得到大力宣传，这也正是他们找我的原因。讲座是非常初级的水平，但是由于在这里没有人了解宪法，实际上也没有人了解任何方面的法律，[讲座]还是（给人们的认识）带来了一些改观。"除了这些活动之外，古德诺还促使哥伦比亚大学增添了对中国的兴趣。1914年1月2日，古德诺写道："到目前为止，对于哥伦比亚大学在这里开展辅助教育的具体办法，我还没想出什么头绪。我草拟了一个在这边建立海关学院行政管理分校的扩充计划，但是尚无任何实际行动。然而我希望随着时间的推移，能朝着这个方向做些事情。"他甚至同袁世凯的长子袁克定讨论过这个想法，那个年轻人对成立一个行政管理学校似乎也表示赞许，他告诉古德诺，他父亲"赞成"这个建议，即中国应该为教育年轻人为公众服务做些事情，让他们能以这种方式了解国家事务。"但是你永远不知道中国人心里到底想的是什么"，古德诺继续说道，"无论这个计划多么受欢迎，仍然需要很长的时间才能付诸实施。此外，也许您更愿意哥伦比亚大学在这里与一个学术性更强的高等学府建立关系来完成它要做的事情，而不是像我当初建议的那样，成立一个行政管理学院来达到目标。"[55]

古德诺眼中的中国、中国人和宪法

古德诺和巴特勒之间的通信，对于了解古德诺所见到并做出反应的中国、中国人，以及那里的政治环境格外珍贵。对于帮助人们了解中国的制宪过程，以及古德诺在其中发挥了多大的作用，这些信件中还提供了线索。对古德诺来说，中国作为一个国家和政治实体实在令人失望。他来北京的时候，被告知将在内阁下面的法制局工作，但是看起来"在将近三个星期的时间里，法制局的人只是每星期通知我下个星期才开始工作，并在旅馆为我置备晚餐，别的什么都没做"。古德诺向巴特勒报告道：

> 我同法制局局长交谈的时候，在他和所有与他有关系的人身上，都看不出有谁对于宪法有任何概念，或者有谁关心他们到底有没有宪法。我由此得出结论，我不得不放弃原来决定使用的方法，即有人提问的时候才给予他们建议。人们并没有制定宪法的意愿，或者，参与制定宪法的人没有一个是对整体情况有充分的了解，因此提不出问题，这些已经初现端倪。因此我决定必须更加主动。同时，帕克和我正在起草一个宪法草案，以备急需。我们听说，至少已经有两部宪法草案是由跟政府并不相干的人起草完成的，所以我告诉他们，我已经完成了一部宪法草案，建议他们让我提交。他们立即迫不及待地抓住我的建议，在过去的三四个星期里，我一直同全体法制局成员或者其中某些人定期开会。我的宪法草案几乎被全部译成中文，并且在我看来，现在被法制局和内阁批准的机会相当大。之后仍然（原文如此）如何不得而知，至少我不知道。这些就是这边发生的事情。据我看，这些中国人对于宪法究竟是什么几乎毫无概念。我认为他们甚至连法律是什么都不清楚。据我看，他们已经被一种伦理道德体制统治得太久，这种体制数世纪以来已得到几乎全体人民的默认，若他们想仅凭多数党的几个人制定的规则便对统治行为具有约束力，即使不是不可能，也是相当困难的。所以他们相互之间都会发送超长的公开电文——显然政府的电报部门为此提供免费服务——电报中充斥着一连串的问题，从引经据典相互告诫，到规劝对方谨慎行事，不一而足。总统颁布的法令也是如此。有人搞破坏被抓住的时候，政府职能才会得到发挥，因为这在道德层面上受到全体人民的一致谴责，比如企图扔炸弹……中国人但凡有真正想做一些事情的表

示，我都会带着满足的心情期待着长驻于此。但是他们动作实在太慢了，真是要让人发疯。

古德诺随后为他冗长又条理混乱的信致歉，但是"当您想到中国本身就是条理混乱的，并且在我看来在某种程度上这是会传染的，您就会原谅我了"。

根据古德诺的观察，中国人

> 在宪法起草委员会会议上所作的陈述大多愚蠢透顶，从事实的角度看，这些陈述绝对不正确，但是没有人有理有据地提出反驳。您可以想象，事实上他们自己也差不多是不够格和没有效率的可怜虫。他们根本就不懂政府要怎样运作。比如在法制局，也就是我所在的这个局，他们连一个速记员或打字员都没有。他们至今仍然未给我提供丝毫的帮助。我没有秘书，连个文员也没有。要不是基金会慷慨 [资助] 给了我帕克，我恐怕得事事都亲自动手了。

毫不奇怪，古德诺不满地抱怨道：

> 目前我的工作有点处于暂停状态。"暂停"在中国就是完全停止。用我们的观点来看，他们总是在暂停。不过，全面停止的原因是因为我的第一部宪法草案优先于中国人（的草案）被翻译和考虑这个事实。不管怎样，我希望明天到政治学和政府初级班 [政治课 A] 去上课，因为那是与我共事的法制局成员们出现在我面前的方式。不过他们全都会迟到一小时，在一小时没有头绪的漫谈之后——我在其间回答很多愚蠢的问题——我们又将休会一星期。他们问的问题会让有正常逻辑思维的人

感到绝望。您知道明恩溥（Arthur Smith）在他的《中国人的性格》（*Chinese Characteristics*）一书中说过，中国人在智力层面通常能够毫无困难地接受两种绝对不能调和的主张，并且补充道，他们"在观念上如此散漫，以至于他们的所作所为完全没有逻辑可言"。这也已经成为我的体验。当你觉得已经将他们全都说服了，然后突然间，一个显然最聪明的、一直与你交谈的人会问你，现在大家的意见已达成一致，但如果我们采取一种与大家商定的措施截然相反的做法，是否妥当？他们这群人真是可笑。除此之外，他们也挺有魅力。我就非常喜欢那些与我共事的人。

1914年初，古德诺想接受约翰·霍普金斯大学校长的职位，辞去在中国的顾问一职，他竟这样告诉巴特勒：

> 说实在的，我在忧郁不堪中已经过了快一年了，全心抱着渺茫的希望，希望我或许能够做些什么，好让我有正当理由早一天离开这里……对中国不久的将来我确实感到非常悲观。在未来很长的时期内，像建立立宪政府这样的事情根本都不可能实现。这里有太多的贪污腐败，普通百姓又太愚昧，除了总统之外，差不多所有领导在行事时缺乏常识，因而我看不到他们如何才能建立一个有效率的代议制政体。[56]

在古德诺看来，中国面临严重的社会问题。他向巴特勒透露：

> 由于各方在所有相关利益上都缺乏根本认识，要像在英格兰那样，以经济或社会利益代表为基础建立一个议会制政府，几乎是不可能的。这里没有任何中世纪基督教会那样的组织，

也没有拥有地产的贵族。具备社会或经济意义的共同利益只存在于商人群体之中。他们有很好的行会组织，同欧洲中世纪的行会组织类似。当然，这里也有文人士大夫阶层，但自从取消旧式的科举制度、引进西学之后，这一阶层的人已经大大失去了影响力，不再像旧时那样是一个有自觉意识的阶级。我刚刚递交了一篇文章，提倡建立一个会议组织，其成员主要由任命产生，这个组织将努力保证代表商业行会、文人阶层和农业人口的利益，每个阶层必须有一定数量的代表。我试图将这样的会议组织融入地方政府系统，但我自己对于这个提议也并不完全满意。要建立一个多少是人为的然而本应是自然生成的 [制度]，必定困难重重。

古德诺甚至对中国大学生也有不满。他告诉巴特勒："我必须承认，根据我从公立大学里听到的关于中国大学生的一切，我对未来有些担忧。从理论上来说这是一个共和国家，以自由为法则，但是他们已经养成了习惯，硬是把他们不喜欢的教授和学监从大学里赶走……眼下的中国对大学教授或学监来说不再是一个安全或适宜的地方。"到了1914年5月，古德诺已经得出结论："我在这里已经一年了，我了解到的一切都让我感到，中国人还没有准备好建立一个有着广泛权力的立法院。"[57]

对古德诺来说具有讽刺意义的是，一方面，中国人不懂得宪法的政治功能，而另一方面，中国的政治家和有识之士又正在为立宪问题争执不下。甚至早在1913年8月，古德诺便写道："制定宪法已经不再具有任何实际政治意义……我强烈怀疑他（袁世凯）是否真懂内阁制和总统制政府的区别，当然不是指名义上或是中文译名字面上的区别。我还有一种想法，那就是无论采用哪种政府体制，他都会以这样或那样的方式来控制局面。"[58]到了9月份他意识到，

"显而易见，美国式的宪法在这里不受欢迎。我认为总统不想要这样的宪法，我猜他更偏向内阁制，觉得在内阁制下他可以按照自己的意志进行统治，遇到麻烦可以将责任推给国务总理或内阁"。他在11月初报告道："目前总统和国会之间正在为新宪法吵得不可开交。少年中国注定要有一个宪法将总统置于类似法国总统的地位，并且提出了单纯内阁制的草案。我去年春天到这里的时候，每一个人，甚至我所在的法制局中那些人，全都滔滔不绝地谈论内阁制，就好像这是唯一名副其实的形式。我尽我所能驳斥这种观点，但是显然没有什么效果。"[59]

古德诺估计总统和国会之间的这场争执很快就会结束，他"有强烈的预感袁世凯将会如愿以偿。他有稳固的军队为后盾，就是说，只要他们得到军饷，并且当我们根本还没有脱离强权统治而进入法治国度的时候，军队是一个重要考量。一旦他们不再受宪法之事的困扰，便会在立法和行政管理机构的重建上做些事情，这是他们在很久之前就应该做的"。[60]

古德诺的预测是准确的。要明白这一点，我们必须对国民议会，或者用古德诺的话来说"少年中国"想要什么，以及在袁世凯和国民党议员控制的国会之间有什么差异做些注解。1913年10月，国会宪法起草委员会起草的宪法草案被提交给袁世凯，但袁世凯和他的支持者们都对这一草案极不满意，决定调动一切力量来阻止其通过。对于这个宪法草案，袁世凯提出十三条主要的反对意见。有趣的是，他的日本顾问有贺长雄全力支持袁世凯的反对意见。但不幸的是，国会也没有什么机会通过这个草案。袁世凯和国会最大的争议在于总统的权力有多大。国会想让政府的立法机构拥有相当大的权力。很多国会议员都很年轻，曾留学海外，然而缺乏实际政治经验。

在这个宪法草案中，总统只有很小的权力。除非得到国会的批准，他甚至无权任命自己的国务总理。如果国会通过了对内阁的不

第四章　古德诺：中国的美国顾问　　　　　　　　　　　　　　　　　　177

信任投票，总统就要罢免所有内阁成员。这样一来，政府的立法机构就成为最高的权力机关。为了确保这一点，草案规定成立一个由二十五人组成的委员会行使议会权力，其中九人来自参议院，十六人来自众议院，甚至在国会休会期间该委员会也照常运作。草案还规定，参众两院的议员可以担任内阁职务，总统在四年的任期中确实有一次解散众议院的权力，但是必须在参议院以三分之二票数通过之后才行。草案进一步规定，如果一个议院暂时休会，另一个也要如此。如果众议院被解散，参议院也要休会。

这个宪法草案显然存在很大的缺陷。用美国驻北京公使馆代办马慕瑞（John Van Antwerp MacMurray）的话来说，"这个宪法草案有一个倾向，混淆了政府三个分支机构（的权力）——行政、立法和司法。如果采用这个宪法，总统将会徒有虚名，比傀儡好不了多少，政府大权将落入国务总理之手"。[61]

由于袁世凯和国会之间存在实质上的分歧，并且他们之间的鸿沟巨大，无法以一部宪法解决问题，于是袁世凯很快于1913年10月解散了国民党，随后又彻底解散国会。古德诺后来向芮恩施解释，袁世凯的举动对他而言"完全是一个意外"，他之前毫不知情，看到报纸报道后才知道。[62] 在这样的时刻，古德诺提出了几项增强总统权力的建议，其中一些观点被写进了宪法修改草案。到了1914年1月，古德诺作出令人意外的积极表态："在政治上情况正在好转。在这个国家不同政治势力之间对于最高权力的争执似乎即将过去，至少眼下看起来是这样。"古德诺向巴特勒说道，人们普遍认为袁世凯操控一切，有可能"开始一个建设性方案，这方面有数不清的工作要做"。他还告诉巴特勒，他最近已经就地方政府问题写了几篇相当长的报告，翻成中文花费了不少时间，因此"我听说自己获得了工作勤奋的赞誉"，这实在是名不副实。对于古德诺来说，目前最重要的问题是在新宪法之下建立何种形式的国会。他希望

172

"能想办法保留由于国民党被解散而几乎凋零的国会",但变故之后仍旧保留席位的那些议员显然拒绝同袁世凯合作,"可能的结局是,现存的国会将轻而易举地寿终正寝,从此再无消息"。古德诺的观察再次被证明是对的。袁世凯旋即解散了国会,得到了他想要的宪法。古德诺提到,袁世凯还就以何种方法来起草永久性宪法征询过他的意见。

> 事情尚未告一段落,不过现在看来会另外成立一个国会,由指定的不超过六十人组成,并着手起草宪法。如果他(袁世凯)的计划得以实施,或许我的宪法草案会得到某种表现机会。但我担心的是,这个草案是去年夏天写的,当时为了适应国民党的需要而强调过多的行政权力,这恐怕会被总统视为准许他拥有极大的立法控制权。在这里,最大的麻烦是建立一个真正有代表性的代议制国会。

古德诺还告诉巴特勒,他经常同总统的长子袁克定见面。"要么是这个年轻人对我恭敬仰慕,要么是总统以这种方式来探察我的观点。他的儿子英文非常流利,我从他的话中了解到,他经常同父亲见面,汇报我们之间的谈话。"那时候古德诺同袁克定每星期在总统府见两次面,"因此有充裕的机会同他表达我的观点"。

尽管时常有幻灭感,古德诺还是努力为中国制定他认为合适的宪法,并将其同自己的许多文章一道,附在1913年5月写给巴特勒的信中。古德诺的宪法草案后来刊登在《京报》(Peking Gazette)上。他在1913年11月2日给巴特勒的信中承认:"对于我为他们所起草的宪法,他们什么都没做,但是……跟一些国会议员进行了纯粹私人和非官方的谈话之后,我可以让他们把我认为需要的某些条文纳入他们的草案之中。"古德诺注意到,出于立法者的考虑，也有其他外国人起草了宪法草案呈给立法委员会。[63]

古德诺的宪法草案究竟包含哪些内容呢？古德诺所提出的宪法似乎是美国宪法和法国宪法的综合体，这样的宪法赋予总统极大的权力。他曾为自己的观点进行辩护，强调：

> 在中国历史上这一紧要关头，那些有责任参与为中国制定宪法框架的人，必须牢牢记住两点：首先，他们必须切记，人们心目中所期望的任何一部成功的宪法，必须符合这个国家的自身条件，并且，必须具备从这个国家人民的历史和传统当中演变而来的性质，因为宪法正是针对这一特定族群的行为做出规范。要知道，根本就不存在什么绝对理想的宪法。其次，中国宪法的制定者，事实上任何国家的宪法制定者，必须格外谨慎，避免用词不准确而产生摇摆，尤其必须注意区别"共和国"（republic）及"共和制政府"（republican government）这两个词，因为到目前为止，这两个词意味着一个特定国家所拥有的特殊体制。"共和国"和"共和制政府"在欧洲政治史上有非常不同的含义……此外，还要切记这是为一个亚洲国家而不是欧洲国家制定的宪法。如果所说的一切都是事实，则只有这个宪法同它所要对之做出行为规范的人民的能力和愿望相一致，它才是近乎完善的。只要当今亚洲和欧洲之间还存在显著的差异，中国属于亚洲而不是欧洲这一事实就会对其宪法产生极大的影响。亚洲和欧洲确实有不同的侧重点，亚洲倾向于强调行政权而不是立法权，而在现代欧洲则是后者占主导地位。

因此，古德诺的论点是，尽管事实上中国的宪法要求"在性质上是共和体制"，中国的新宪法必须"符合当前中国的条件"，"同这个国家的历史和传统相一致"。鉴于古德诺想要赋予总统的权利之大，他的宪法草案很得袁世凯青睐。美国驻华公使芮恩施曾在1913年11月24日同袁世凯会面，12月1日他向国务院报告，古德诺的宪法草案"看上去很受总统及其内阁总长们的称许"。

不同于宪法起草委员会所拟定的宪法草案中的某些内容，[古德诺的宪法草案]以现有的行政权力为起点，没有给予国会高于行政权力的直接控制权。

即便不同党派在政治观点上激烈对立，看法势同水火，诚实的政治对立也并不排除相互合作的可能，然而总统没有这样的概念，很多中国公众人物也没有。……同国家元首之间的政治歧见被混同于对国家本身的不忠，甚至是谋反。可怕的是，不懂得个人独立性的价值，对此缺乏正确认识，将会继续导致麻烦不断产生。[64]

1914年5月15日，古德诺致信巴特勒，告诉他中国刚刚颁布了一部新宪法：

> 我称它为一部新宪法，因为尽管在形式上它仅仅是对《临时约法》的修订，但实际上这是一部迥然不同的宪法。旧宪法赋予立法机构极大的权力，修订后的宪法则为了总统控制政府而将大权赋予总统。一年多以前我起草的宪法草案中的许多意见都被采纳，尽管比起我的草案，他们在立法方面给予了总统更大的独立决定权，然而我必须承认，就整体而言，对于已经完成的一切我表示赞成……我为新宪法写了一篇辩护文章，刊登在当地报纸上，并且已经被译成中文。我理解总统想要广泛刊行[我的文章]……很遗憾我在宪法公布之前没有机会审阅定稿，里面有一系列的错误，对人们的认识造成了干扰。等我拿

第四章　古德诺：中国的美国顾问

到重印的特别单行本,会给您寄去一份……因此我感到当我在两个多月之后离开的时候,业已完成我来这里所要完成的任务。但我也必须承认,我并不真的相信它能起到多大作用。因为中国人不会遵守他们采用的任何宪法。在他们心里没有任何法治的概念。他们没有任何法院值得一提。除了个人统治,他们实在看不到还有其他类型的政府,而那些掌权者则不能容忍任何关于他们应当怎么做的批评意见。他们无法区分批评与煽动。

大约一星期前,我与总统有过一次长谈,我借机非常直率地同他讲了他应当遵行的政策方针,因为现在他已经有了满意的宪法。他非常友善,彬彬有礼,但当我请求给予已经受到苛刻条例钳制的报纸更大的出版自由时,他回答说这里的情况与欧美不同,并且明显无意放松已经施行的对言论自由的控制。然而,当我向他建议,他并没有必要行使新宪法给予他的所有权力时,他确实说道,他也宁愿自己并未拥有宪法赋予的这么大的权力,他打算尽可能把权力甩给立法院。

袁世凯在这里说的并不是真心话,但是他说服了古德诺。古德诺告诉巴特勒,"我离开时有这样的印象,那就是他真心诚意地努力要给中国一个好的政府,并且想要这个政府安全地做到尽可能具有代表性。他无疑是一个很有气魄的人,大概是我所见到的唯一真正性格坚强的中国人;他也能控制事态的发展,这是事实,自从我来到这里,还没有看到过人们像现在这样普遍满怀期望"。[65]

古德诺对于形势的解读同美国公使芮恩施的看法相差不远,两人都认为新宪法可能对中国有某些益处。在1914年5月5日给国务院的报告中,芮恩施也注意到新宪法赋予总统广泛的权力。"在为这个国家建立代议制政府的进程中,将其看作停滞是情有可原的。我倾向于不把它解读为对民主的明显对抗,而宁愿将它视为对各项权力的一种设定——这些权力是中央政府所必需的，能让中央政府创造出使立宪制度能够安全地朝着有益方向发展实施的唯一条件，也是增强国家凝聚力和促进国内局势稳定的条件。"[66] 有意思的是，当芮恩施在1921年问古德诺是否支持修订后的宪法时，古德诺这样回答：

> 修订后的宪法草案从来没有给我看过。我所做的一切，就是在它完成之后帮忙译成英文。翻译是在我家里的讨论会上同有贺长雄博士和施肇基（Alfred Sze）一同商议完成的。要我来回答您所提出的我是否赞成这个宪法的问题有点困难。我认为那些行动是不恰当的，但木已成舟，那都是不得不接受的事实。对此我还为《北京日报》（Peking Daily News）写过一篇文章，1914年5月14日单独发行了小册子，我认为可以把这篇文章看成我对这个宪法的支持，因为它整体上符合中国国情。[67]

实际上古德诺在1914年5月很赞同新修宪法。他告诉美联社驻北京的记者，自己对新修宪法很满意，因为"它同他应总统的要求而起草的宪法草案非常接近"。古德诺声称他的草案"在很大程度上以日本宪法为原型，赋予总统不同于皇帝的权限"。尽管中国最初想要的是精通法兰西宪法的顾问，但这一过程将古德诺带到了[其专长之外]更远的领域。他解释道："在一个一直处于专制政权统治下的民族推行欧洲代议制政府理念，日本宪法是一个成功的尝试。最近这两年特别显示出日本人民正在获得对政府的掌控。"尽管1914年的《中华民国约法》给予袁世凯巨大的权力，从本质上将其变成了一个独裁者，但《纽约时报》的一篇文章报道古德诺仍然推崇这部中国宪法，他说：

第四章 古德诺：中国的美国顾问

在这部宪法之下，总统确实拥有广大的权力。首先，他实际上握有超出政府决策和行政部门之上的最高权力……这就是说，为了促进公共福利，并为了使法令得到执行，他有权在不违法的情况下颁布法令。在紧急情况下，若立法院无法举行会议，他也有权颁布法令条例，这已经取代了现行法律的规定。在现行法律中，紧急状态下颁布的法令与为增进公共利益而颁布的法令不同，必须要交立法院得到批准，如果不被批准则作废。

但是他争辩道："没有理由觉得中国在新修约法下不能成功地迈出通往立宪政府道路的第一步，日本已经以同样的方式做出了证明。"他显然认为新约法可能会为自由主义的政府铺平道路。[68]

这些观点不仅反映了古德诺作为中国总统顾问的立场，也反映出他作为学者的思考。1914年11月，古德诺已是约翰·霍普金斯大学校长，他在为纽约政治学家同行们举行的晚宴上致辞，解释说中华民国在建立初期所颁布的《临时约法》，"在制定中显然没有怎么考虑到中国的国情。《临时约法》建立在这样的理论之上，即一部宪法本身就具有对政治行为的限制作用，而不考虑采用这一宪法的人民的条件和传统。因此它在制定中将着重点更多地放在立法方面，而非政府的行政统治者一方，中国人对此很不习惯，因为他们都对行政者执掌大权习以为常"。1913年，当民国政府努力想要制定一部永久性宪法时，古德诺指出少年中国"面对中国人的实际生活现状仍然视而不见，坚持在南京所犯的错误，即将立法权置于行政权之上"，激进的中国人想要一个总统权力微弱的内阁制政府。古德诺告诉美国政治学家同伴们，他在到达北京之后，"作为个人来说不建议采用内阁制"，但是他的"建议没有引起什么注意，几乎没人听"。然而到了1913年秋天，他发现"有了更多洗耳恭听的人"。袁世凯解散国会时，根据古德诺所言，"中国绝大多数对这个国家的未来抱有明智的期望的人，都松了一口气，对于总统这种可以说是专横的行为，没有任何地方出现切实有效的抗议……这个国会在存在期间没有代表政府实施任何重要举措，没有人为它的消失表示哀悼"。古德诺认为，一个强有力的国会"同中国人的习惯格格不入，数百年来，他们已经习惯皇帝的集权统治……此外，中国人没有立法传统，对于审议机构的工作运作毫无实际经验"。袁世凯对《临时约法》的修订将在未来两三年内"对制定实施永久性宪法产生巨大的影响"。"它已经导致总统权力大大增强——只要选举出来的行政长官在有限的执政期内可以担任这个总统职位，他在人们的心目中便取代了过去天子的地位"。在修订后的《民国约法》中，政府所有权力都集于总统一身，立法院的功能将成为顾问性而非管控性的，咨询性而非动议性的。"热心的共和派将共和制度视为一个具备民治、民有、民享之政府，政策如此逆转，肯定会令他们感到不安。"古德诺承认。"但是不可否认，同当初的《临时约法》相比，修订后的《民国约法》提出的政府体制更符合这个国家的历史和国情。因为按照中国自古以来的社会惯例，中国人除了个人统治之外，从来就不知道有其他形式的政府统治。由于各种原因，现在中国人进入一种我们无法进入的社会状态，目前还没有能力达到任何广泛程度的社会合作。"古德诺指出，"在这样的条件下，目前所能完成的政治改革，就是在一个拥有实权的执政者一方，安置一个多少可以代表关注公共利益的社会阶层的实体"。古德诺想要说明的是，鉴于中国的"独特历史"和"经济条件"，确实需要有一个帝王总统。他承认，"与我所概括出来的同样的政策大纲，我相信正是总统现在努力想采纳的"。在他看来，袁世凯迄今为止为中国做了许多好事。"我真诚地相信，他正在全力带领中国——以这个国家蹒跚的脚步所能允许的最快速度——走向立宪政府之路。当然没有人能说出他是否会成功，但是过去他想完成的事情都取得了成功，这对于将来

第四章 古德诺：中国的美国顾问

必定是个吉兆。他成功的原因之一就在于，作为一个务实的政治家，他确信中国的宪法必须符合这个国家的需要及国情。"[69] 1914年12月10日，古德诺在给魏劳毕（William F. Willoughby）的信中写道："随信附上我在纽约政治学院晚宴聚会上宣读的一篇论文的副本。我已寄送一份相同论文的副本给蔡[廷干]将军。"结果袁世凯对古德诺的论文观点极为赞赏，并命人将此论文译为中文，印制2000份广为散发。[70]

古德诺在中国立宪过程中的立场可以用这样的结论作结，即中国最需要的"是一个稳固长久的政府"来帮助其生存和发展。"这个任务完成之后，中国可能会带着优势更全面地采纳法兰西的政府制度。如果这是人们所希望的，则可以通过修订民国约法来实现这一转变。"[71]

1914年2月，古德诺向袁世凯提交了一份备忘录。他在备忘录中写道："随着国民大会被解散，中华民国的政府里便没有机构具备独立批准立法的能力，但修订永久性宪法、建立相应的永久性立法机构很快要开始，这样的机构无疑必须提前建立起来。不仅如此，还有一个现实是，行政会议解体之后，就没有一个政府机构能在需要的情况下、在总统无疑有责任做出决定的时候，向总统提出颁布完全具备法律效力的临时法规敕令的建议，或以这样的举措为总统分担责任。"他建议"在此期间必须成立新的临时宪法大会"，必须着手修订已有的临时宪法或起草新的永久性宪法。这一切都完成之后，在新的法规指导下做好准备的新立法机构必须重新组建起来……就人心所向，这个国家的命运不应该这么长时间都仅仅依赖于某一个人的存在（来决定）"。[72]

古德诺在1914年1月刊出的《中国的行政改革》一文中写道："确实可以这样说，中国的国情是，主要由于缺乏良好的沟通，不像那些西方国家几乎被铁路交通网覆盖，因此同西方国家的条件相比差距实在太大,故尔试图在中国彻底施行西方的做法就有某种危险,采取任何西方政治手段大多同样如此。"[73]

上面的讨论主要是通过古德诺自己的话展开,我们从中可以清楚地看到一个起初想要制定一部中国新宪法、进而打造中国发展新方向的古德诺,还有逐渐同他所认识的中国现实相妥协的古德诺。尽管他所说的话与内心的想法并不总是一致,人们还是能看到他的情绪在同情与希望及失望与幻灭之间摇摆,不一定在同一个方向上。对他而言,中国显然太复杂、太没有希望,于是他想从中脱身。一个美国大学很快就为他提供了脱身之策。

约翰·霍普金斯大学校长和袁世凯的复辟阴谋

到1914年1月,随着《民国约法》的颁布,形势稍为稳定,古德诺盼着尽快离开中国。如同当初一封海底电报触发了在北京的任命契机,又一封来自约翰·霍普金斯大学的远程电报,将距离三年顾问合同期满还很远的古德诺提前带回了美国。1914年1月14日,古德诺的一位私交,约翰·霍普金斯大学教授和政治学家韦罗贝(W. W. Willoughby)给他发来一封电报,内容是请他担任约翰·霍普金斯大学第三任校长的提议。尽管年薪只有10000美元,远远不及他从中国政府获取的顾问薪酬,但他还是迫不及待地接受了这个职位。[74]

然而古德诺遇到了一个难题。在北京他是卡内基国际和平基金会的人,在得到北京政府批准离开之前,他自然要先得到基金会的准许。1月19日古德诺同巴特勒联系,提出了这样的问题:"如果中国政府同意的话,基金会会批准我8月份离开这里去接任约翰·霍

第四章　古德诺：中国的美国顾问

普金斯校长一职吗？"1月26日巴特勒电报回复："合同期满前返回遭到强烈反对。"主要的异议来自艾略特，他坚决反对古德诺提早回国。艾略特在1月24日给巴特勒的电报中说："除非证明有病患或伤痛，否则出于任何原因缩短古德诺的合同[期限]都会对中国、美国、卡内基基金会和他自己造成损害，即使中国同意亦无济于事，[接任]霍普金斯校长这个理由也不够，他（古德诺）怀疑他对中国是否还有用，还能不能有所成就，这更是很好的留下来而非离开的理由，希望您奉劝他坚持下去。"[75]

巴特勒不仅随时通知古德诺有关基金会方面对此讨论的进展，也为他如何达到自己的目标而出谋划策。他向古德诺建议，为了免遭基金会方面对他提早返回的强烈反对，古德诺要把事情说得简单明了，即"中国政府认为您已经做了您能够做到的一切，绝对没有遗漏任何他们想要的重要的宪法咨询意见。在这方面确实没有人比您更了解情况，所以除了必要的电报以外，您恐怕要再给我写一个稍微详细的报告"。巴特勒向古德诺保证，"只要卡内基基金会的职责允许，我将尽我所能维护您的利益，帮助您实现任何切实的个人愿望"。他还建议，"鉴于艾略特博士对于您的使命的个人兴趣，我认为您在方便的时候直接就您工作的详细情况给他写信更好"。[76]不过艾略特在这件事情上并非轻易就能被说服。巴特勒很快就告诉古德诺，艾略特态度强硬，争辩说在中国做事情就是要花时间，认为"如果有别人奉派来代替您，那您将前功尽弃，因为您做过的事情，继任者不得不自己从头再来一遍"。艾略特的观点听上去很有说服力，因为基金会的委员们都同意艾略特所说的，"如果允许您现在就撤走的话，代价太大。他们指出，在中国办事当然都是拖沓的，获取总统和官员的信任必定很困难"。[77]美国政府也卷了进来，使事情变得更为复杂。美国驻华公使芮恩施通知美国政府，如果古德诺获允提前离开，就要任命一个新顾问来代替他。1月24日芮恩施报告，古德诺已经被正式聘请担任约翰·霍普金斯大学校长一职。"我认为如果他在这边辞去顾问一职，应该任命别的美国人来做法律顾问，这很重要。一个适应性强、务实、老练、精通比较立法的人，例如查尔斯·麦卡锡（Charles McCarthy），可以为我们提供重要服务。请在今天就通知卡内基基金会。"[78] 美国国务院立即就此事联系卡内基基金会，转达芮恩施对麦卡锡的推荐意见。[79]

对于卡内基国际和平基金会董事会的人来说，这意味着对古德诺所担任的顾问职位另觅人选，如同巴特勒向古德诺所表示的，再找新人，"假使能够找到这样一个使我们满意的人，会发现回到了您在1913年5月所处的处境"。董事会的人还认为——如果我们和您不能坚守目标，就证明我们优柔寡断、意志薄弱，这样一来，不仅在中国，也会在欧洲诸国的首都造成比较坏的影响，因为那里的人也在密切注视您的一言一行和您周围发生的一切。这边有些商界人士感到美国人在东方的威望完全系于您是否将职责履行到底。换句话说，整个形势不仅仅是改变一种学术关系这样的普通问题，而是重大公共责任受到威胁这样一个非同一般的重要问题。

巴特勒在一封电报中警告古德诺："董事会反对您回来的人越来越多。他们相信[您的提前离职]会对[基金会的]国际威望造成不利影响。"[80]

与此同时，由于受到古德诺和巴特勒的鼓励，约翰·霍普金斯大学也努力在做基金会的工作。该大学董事会会长布伦特·凯泽（R. Brent Keyser）致信巴特勒：

> 我们曾认真反省过，自问竭力让古德诺博士离开他在中国的工作是否合情合理，我们得出的结论是，这件事可以放心交给他判断。他了解我们这边的情况，了解为他所提供的这个公共服务的机会，他也同样了解中国的情况。我们相信，如果他

第四章 古德诺：中国的美国顾问

在那边顾问职位上的服务比我们所提供给他的更重要，他绝不会出于个人考虑抛开在那边尚未完成的工作。

这封信的目的和口吻都是请求基金会准许古德诺接受约翰·霍普金斯大学的聘任。[81]

巴特勒竭尽全力为古德诺疏通，如他在2月24日告诉古德诺："在过去的十天里，我同约翰·霍普金斯大学董事会代表们，同我们卡内基基金会董事会的成员们多次开会协商。"2月16日古德诺写信告诉巴特勒，说自己刚刚同蔡廷干会面，并当面向他澄清情况。古德诺透露，在与蔡廷干的谈话中，自己没有要求解除合约，只是问中国政府是否觉得在8月1日之后他还有用。只有政府不再需要他，他才会考虑离开。蔡廷干大力称赞古德诺的工作，并说他"为总统集中权力提供了极大的帮助"，作为约翰·霍普金斯大学校长的古德诺，将会比作为中国顾问的他对中国更有用。古德诺报告说："看起来这也是总统的意思，总统刚刚得知这个消息并很乐意我8月份离开，尽管他非常善意地表示，失去我他将感到非常遗憾。"2月19日古德诺致信巴特勒："我的遗憾在于：在中国政府准许我离开之后，如果为了基金会的意愿我继续留在这里，则我的职位不会是令人愉快的。"他指出，如果他"事后因为基金会的反对而留下来，在[中国]政府看来我是将基金会的地位凌驾于他们之上。"很明显，他在这封信中对艾略特固执的反对立场感到沮丧。2月20日，古德诺致电巴特勒："中国政府百分之百愿意。工作实际上到8月份就完成了。如果需要，我将从美国继续提供咨询。"[82]

主要由于古德诺坚称他为中国政府的工作8月份就结束，加上巴特勒灵活的忠告与协调，基金会2月21日表示首肯，"同意古德诺教授在中国政府准许之下所采取的行动"。就在第二天，即2月22日，约翰·霍普金斯大学正式任命古德诺为校长。2月26日古德诺书面表示,他同意在中国一直待到8月以"为这种情况留个面子"。他还向巴特勒表示,"我离开后,同中国的联系并不会立即终止。他们已经告诉我,希望能就重要的问题继续向我咨询,我也已经承诺可能的话明年夏天我会再回来——如果总统要我这样做的话。不过,我对于他们向我咨询或邀请我回来都不抱太大期望"。[83] 3月2日,美国驻华公使芮恩施致电国务院,说蔡廷干请求将以下讯息转达艾略特:"[袁世凯]总统赞赏古德诺得到的荣誉。祝贺约翰·霍普金斯大学的佳选。感谢基金会推荐如此有才干的顾问。总统勉强同意古德诺返回,但对他将在美国如同在这里一样为中国做有益的事感到满意。"[84] 读了上述电文之后,艾略特心情一定很复杂。

总之,到1914年秋,古德诺准备赴任约翰·霍普金斯大学第三任校长一职,但他并没有切断与中国的联系。事实上,尽管他已经正式成为约翰·霍普金斯大学校长,但直到1917年,他仍然担任中国的法律顾问,并且每个月从中国方面领取500美元的报酬。[85]

1914年10月,古德诺被美国新闻界问到,他是否认为中华民国会"永久存在"。他迟疑片刻回答:"对中国的任何事情做出任何预测都是冒险的事。但是目前的迹象令人鼓舞。我在那里住了十五个月,即使在那么短的时间内,我也能看到显著的好转……麻烦在于在中国没有团结精神,由于欧战带来的复杂局势,现在比以往任何时候都更难做出预测。"[86] 不幸的是,就在接下来的一年,古德诺便帮着扼杀了初生的中华民国。

在返回美国之前,古德诺承诺于1915年6月再回北京。1915年夏,他回到中国作为期两个月的回访,当时他为袁世凯准备了一份备忘录,公开宣称君主制更适合中国。筹安会是推动袁世凯复辟帝制的核心组织,对此甚感欢欣。杨度等人在筹安会成立宣言中写道:"美国者,世界共和之先达也,美人之大政治学者古德诺博士

第四章 古德诺：中国的美国顾问

即言世界国体，君主实较民主为优。而中国则尤不能不用君主国体。"

袁世凯必定误导了古德诺，使他写出那样一篇备忘录。那时候即使中国的一些共和派也相信是这样。1916年5月，唐绍仪在上海接受美国记者的采访时说："连你们的公使芮恩施博士也不了解我们的人民。古德诺博士只不过被当作工具利用罢了……他被君主立宪派所愚弄，因为他没有真正洞察整个形势。我的外国朋友不断对我说，袁世凯是唯一能统治中国的人，我则告诉他们我为我的国家感到悲哀。"[87]

但是，如果认为古德诺从来没有意识到袁世凯的称帝野心，也是完全错误的，他其实很早就知道袁世凯的企图。袁世凯知道，古德诺认为一个强有力的总统是中国所需，这也是古德诺在返美后继续得到聘任的主要原因。如同众多的外国观察家一样，古德诺很喜欢袁世凯，认为他是中国最大的希望。1914年2月，古德诺在一封给巴特勒的信中承认，如果他继续留在北京，可能会发挥很大的作用——

> 但不是帮助中国建立立宪政府，而是在帮助确立君主独裁方面。这不是因为我赞同独裁——即使对象是中国我也是不赞同的，可是他们总会出于某个特定目的咨询我的意见，却不向我说明整体存在的问题。而我支持一个强有力的统治者，他们对此很了解。我已经给予他们支持，将来无疑也会如此……所以，我几乎是被迫站在了这样的立场，用蔡廷干将军的话说，被迫站在了帮助袁世凯集中权力的立场。我并不喜欢这一切。因为，尽管我相信当下中国需要的是一个强人，但我更愿意看到中国人不惜任何代价建立一个将来会按照西方路线发展起来的政府。

美国驻华公使芮恩施注意到，对于中国人建立内阁制政府的愿望,古德诺并不认同,他认为把握如此微妙的体制需要有极其丰富的政治经验。古德诺总是指望总统一人大权在握和担负重要责任能够带来更令人满意的结果。[88] 芮恩施还注意到,袁世凯政府"利用美国专家的这一态度,只要提出强化[总统]权力的新举措,就对外都宣称这件事得到了古德诺博士和其他外国顾问的赞同"。[89] 芮恩施写道,古德诺1915年的备忘录"完全是为总统个人准备的资讯。顾问们已经普遍被当作学理上的装饰,古德诺没想到他的备忘录在这次事件中会被当作切实行动的起点和基础"。复辟活动一直都在暗中进行,直到1915年8月中旬才开始公开宣传,而这种宣传"是以美国顾问所发表的意见为基础,因而披上了非常令人敬重和公正无私的外衣"。芮恩施写道:"古德诺博士的意见作为对中国推行君主制的明确支持而被广泛推崇,尽管他现在发表声明予以否认",并且"美国专家宣布这样的判断意见,此事已被用作拥护帝制的有力依据,因为这个意见来自世界最先进共和国的公民"。[90] 芮恩施在回忆录中为古德诺的那份备忘录辩护,声称古德诺是在一个理论性的陈述中忠实地表明了自己的立场。古德诺在北京的继任者韦罗贝向卡内基基金会的执行干事诺斯作了如下说明:

> 我认为只有通篇阅读古德诺备忘录对他才是公平的。如果这样做的话,人们就可以看到他并不支持君主制——除非具备某些特定条件。在这里,他的备忘录显然未经授权就被滥用。人们引用他的话,说他从共和制转而鼓吹君主制。他当然没有这样做。有一件事可以肯定,那就是将复辟归功于他或归罪于他都是荒谬可笑的。远在他来北京之前,帝制运动就已经极其隐秘地开始筹划了。他的备忘录只不过是被拿来作为公开复辟的借口罢了。无论怎样都会是这个结果。[91]

第四章 古德诺：中国的美国顾问

迄今为止，中美两国的学者得出的结论是，古德诺要么受到了欺骗和愚弄，要么他确实拥护君主制。[92]我们需要对这样的观点重新进行审视。自从1913年来到中国之后，古德诺对中国政治制度的看法始终保持一致。他一向认为，要建立一个真正的共和制政府，中国和中国人都不够条件，中国需要一个像袁世凯那样的强人。1914年5月，随着《民国约法》的颁布，袁世凯实际上将自己变成独裁者，当时古德诺仍然宣称，"袁世凯总统是现有的维持共和制政府的最佳人选"。[93]古德诺在1914年5月的文章中指出，"目前西方的文明及其制度本身显得比东方的文明和制度更为有效。在东西方的冲突中——这种冲突可能才刚刚开始——所有迹象都表明西方是优胜者"。他继续写道："中国的问题是中国人的问题。其出路一定不在于模仿欧洲——尽管会受到欧洲观念的影响——而必须根据中国的传统和历史，谨慎而缓慢地找出符合中国人生活特性的解决办法。"[94]古德诺在1914年11月发表的一篇学术论文中写道，尽管中国试图建立共和制度，

> 然而不同于绝大多数欧洲国家，这样的尝试是在不具备任何议会政府的经验之下做出的。换句话说，这是在打下议会制度的基础之前，便尝试建立共和制度……因此必须承认，中国必须在两者之中做出选择：要么是一个临时性的独裁政权，伴之以在政治权力发生改变的条件下的种种邪恶；要么是一个适合她需要的某种形式的代议制政府。换句话说，也就是必须在这两方面做出选择：一方面从长远来看可能是一个国家所能有的最坏的政府形式，即军事独裁，除了武力因素之外，没有既定的继任规则；另一方面是某种形式的代议制政府。[95]

古德诺的想法同绝大多数美国人的想法相同，也与美国对华政策相吻合。美国人的确对中国1911年的辛亥革命和最初采用共和制产生了巨大影响，那场革命甚至被形容为"一场在中国发生的美国革命"。[96]然而同样可以肯定的是，美国人长期以来一直对中国人持种族歧视的态度。他们通过《排华法案》，不允许中国人成为美国公民；很多人怀疑中国人具备实行民主的能力，他们并不把他们在西方国家施行的原则用于中国。古德诺的思想只不过反映了自己国家一贯的历史现象罢了。

美国从来没有在中国认真推动民主，它在中国的政策主要以维护自身利益为出发点。民主或人权观念只是美国在中国谋求其国家利益的手段。1919年，当中国人呼吁正义公理的时候，威尔逊总统正在同日本人做交易。1972年，尼克松总统访华时，他毫不犹豫地盛赞毛泽东。1989年，布什总统（George H. Bush）秘密派使者访问邓小平，承诺照常维持以往的商业往来。

尽管如此，当古德诺的备忘录被公布，袁世凯的复辟阴谋公之于世后，一些美国报纸即对古德诺展开抨击。《华盛顿邮报》一篇题为《一份奇异的文件》的社评称，很难相信一位美国学者竟然给出这种支持君主制的意见。"古德诺教授的历史课看起来是学颠倒了。"[97]《洛杉矶时报》报道说，古德诺相信在中国建立立宪政府最好是通过君主制而非共和制。[98]《芝加哥每日论坛报》在1915年报道，古德诺"仍然是一个健全的好美国人，但是他将不得不一再向某些同胞做出解释。他向袁世凯总统建议，他了解在中国这种环境中皇帝会比总统更能使中国成为一个更加健康、富裕和明智的国家。他实际上否认了美国方式是一剂专利良药，中国并不比美国某些地区的人对此有更多认识"。不过这篇文章的口气并非对古德诺充满敌意，文章最后总结道："在我们非难古德诺教授之前，先将墨西哥

第四章　古德诺：中国的美国顾问

美国化再说。如果我们要寻找一个实验标本，穿上我们的七里格靴*到遥远的中国去是没有用的。"[99]

古德诺自然感到冤枉，抱怨他在袁世凯复辟阴谋中所起的作用受到了人们的错误指责。古德诺在给朋友约翰·弗格森（John Ferguson）的信中称，他给袁世凯的备忘录"几乎被报纸的报道完全歪曲。这些报道几乎全部引用一个叫做'筹安会'的组织的成立宣言，宣言把他们的某些主张强加于我，既不正确，也没有把我在备忘录里说明的那些限制条件包括进去"。[100] 很不幸的是，古德诺并没有意识到袁世凯复辟阴谋的外在因素。

除了中国的国内局势之外，我们还必须看到，外部形势也对袁世凯称帝计划产生了重要影响。正在进行的一战和日本对中国欲壑难填的霸占野心，可能迫使袁世凯为了控制局面、避免国家四分五裂和成为日本的附庸而采取激烈手段。日本向袁世凯提出"二十一条"要求，充分暴露了日本的企图，以及中国在面临外国威胁的时候何其无望的地位。日本的"二十一条"及正式发出最后通牒，使中国别无选择。中国要么让步，要么直接面临侵略。以往的看法是，袁世凯以对日本"二十一条"让步为条件，换取日本对他称帝的支持。但是情况也可能恰恰相反，袁世凯建立帝制的方案是对日本人所提要求的直接回应。在中国面临内忧外患的险恶条件下，袁世凯努力想找出一条生路。不幸的是，袁世凯选择自己当皇帝，而古德诺看上去为他的选择提供了有说服力的理论支持。如果确实如此，在袁世凯的复辟计划当中，古德诺的作用充其量也只是次要的。古德诺关注的重点始终侧重立宪步骤，而不是袁世凯竭力确立的任何实际政策。

---

* 欧洲神话传说中一种"一步七里格"的靴子。里格是西方古代里程计算单位，约为现代的3英里。传说穿上这种靴子，每走出一步就会有二十一英里的距离（约三十五公里），比喻速度极快，能够快速通过许多地理上的长距离。

尽管袁世凯称帝的计划激起了现代军阀在中国各地的兴起，为民族发展带来了严重的破坏，但是我们必须看到，袁世凯的动机可能并非纯粹出于个人私欲。在不否认个人野心作用的前提下，我希望提醒人们同样要关注一些其他因素，其中之一就是袁世凯非常想把中国变成一个强大而统一的国家。陈志让（Jerome Chen）在他所著袁世凯传记中对袁充满批判，但他注意到了这一方面。根据陈志让的看法，袁世凯"想要一个强大的中国。强大的力量来自统一，统一来自对他的服从"。[101]袁世凯相信，一个政府，不管它是共和制还是君主制，只是通向国家最终富强的手段。袁世凯深信现代化、国力的强盛和保持正常秩序都要有一个强有力的中央集权。其他政治领袖也持有同样的信念，如孙中山就认为太多的民主会妨碍"快速、和平、有秩序地"调动资源。[102]另一位改革先锋梁启超曾建议袁世凯学习善为政者"暗中为主，表面为仆"。[103]为了达到国力强盛的目标，如果袁世凯认为共和制行不通，他可以毫不犹豫地建立一个不同体制的政府。从这个角度来看，就可以解释袁世凯在日本提出"二十一条"期间的所作所为。日本人提出"二十一条"要求时，袁世凯愤怒至极，立即下令停止所有复辟活动。据袁世凯的机要秘书、直接参与帝制筹划的夏寿田说，袁世凯当时大发雷霆："我要当皇帝，也绝不在日本人手下当皇帝。"夏寿田称，袁的这一想法并不为外人所知。直到"二十一条"的谈判结束之后，帝制活动才重新恢复。[104]在遭受"二十一条"的屈辱之后，袁世凯更进一步确信，只有一个大权在握的最高统治者所领导的强大的中央政府，才能避免将来再次出现类似的问题。顾维钧（Wellington Koo）被任命为驻美公使之前曾在袁世凯身边工作，他在1916年1月向美国政治和科学学院解释道，选择君主制的决定，反映了对一个"能够凝聚人心、建设富强国家、帮助实现人们炽热的爱国愿望的政府"的需要。[105]正如李剑农注意到的，复辟帝制最正当的理由之一，就

第四章　古德诺：中国的美国顾问

是"共和制不适合国情……非改弦更张，不足以救亡"。[106] 甚至英国驻华公使朱尔典（John Jordan）也注意到这条理论依据，他在给英国外交部沃尔特·兰利（Walter Langley）的信中说："中国人背后一个重要的推动力就是，比起共和制政府，君主制能让他们更有效地抵制日本的侵略。"[107] 朱尔典尽管并不喜欢袁世凯的复辟方案，但在袁世凯死后，他仍然给予袁世凯高度评价，称他是"一个伟人和真正的爱国者"。[108]

如果说袁世凯称帝是出自中国人的复兴愿望，具有讽刺意义的是，他的毁灭也由同样的因素造成。在反对袁世凯的人中间，压倒一切的考虑是中国的国际地位。[109] 梁启超相信，政体的突然改变，将给中国以平等一员加入国际社会带来负面影响。他坚信，在中国努力争取参加至关重要的战后和平会议时，君主制将使中国偏离方向，进而为日本提供更多攫取中国利益的机会。[110] 梁启超对袁世凯进行了猛烈抨击，称袁世凯犯了七条大错，第一条就是缺乏现代民族国家观念。[111] 对于梁启超和首个兴兵反袁的将军蔡锷来说，为了四亿中国人的尊严，必须发动一场反袁护国战争。[112] 梁启超不遗余力地阻止袁世凯的复辟企图，以至不顾个人生命安危写下《异哉所谓国体问题者》一文，直截了当对袁世凯大加挞伐。梁启超告诉女儿："吾实不忍坐视此辈鬼蜮出没，除非天夺吾笔，使不复能属文耳。"[113] 梁启超不仅以笔作武器，还亲自加入军事行动，南下同首义反袁的蔡锷联合行动。南下之旅极其危险，险阻备尝。梁启超在给女儿的信中说："此行乃关系滇黔生死，且全国国命所托，虽冒万险万难不容辞也。"[114]

在这一政治形势的大背景之下，让我们看看1915年古德诺的备忘录以及它同复辟方案的关系，看一看中间究竟发生了什么。古德诺在备忘录中究竟写了些什么？这里值得花一些篇幅来审视它的内容。古德诺解释道，美国共和制度的成功，主要归功于这样一个

讽刺古德诺和袁世凯的漫画（约翰·霍普金斯大学图书馆）

事实，那就是美国从英格兰那里继承了宪法和议会政府的法则，并且在美国建立共和制之前，这些法则已经在美国实行了一个世纪或更长的时间。（他没有提到英国向没有代表权的北美征税的问题，"无代表，则不纳税"是导致美国独立战争爆发的主要动因。）古德诺进一步指出，中国在数世纪以来则已经习惯于君主专制统治。"中国数千年以来，狃于君主独裁之政治，学校阙如，大多数之人民智识不甚高尚，而政府之动作，彼辈绝不与闻。"这也是中国人没有研究政治之能力的原因。"四年以前，由专制一变而为共和，此诚太骤之举动，难望有良好之结果也。"古德诺强调以下论点：

第四章 古德诺：中国的美国顾问

由共和改为君主，而欲得良好之结果者，则下列之要件，缺一不可：（1）此种改革，不可引起国民及列强反对，以致近日共和政府所极力扑灭之乱祸，再见于国中；盖目前太平之景象，宜竭力维持，不可使生危险也。（2）君主继承之法律，如不明白确定，使嗣位之问题，绝无疑义，则由共和而改为君主，实无利益之可言。……（3）如政府不预为计划，以求立宪政治之发达，则虽由共和变为君主，亦未能有永久之利益。盖中国如欲于列强之间，处其相当之地位，必其人民爱国之心，日渐发达，而后政府日渐强固，有以抗外侮而有余。然苟非中国人民得与闻政事，则爱国心，必无从发达，政府无人民热诚之赞助，亦必无强固之力量。而人民所以能赞助政府者，必先自觉于政治中占一部分，而后乃尽其能力。故为政府者，必使人民知政府为造福人民之机关，使人民知其得监督政府之动作，而后能大有为也。

古德诺总结道："以上所述三种条件，皆为改用君主制所必不可少。至此种条件，今日中国是否完备，则在乎周知中国情形，并以中国之进步为己任者之自决耳。如此数条件者，均皆完备，则国体改革之有利于中国，殆无可疑也。"[115] 对于古德诺来说，问题的关键在于，必须要有一个宪法基础存在，才能进行政体的变更。

1915年8月31日，美国驻北京公使馆代办马慕瑞在给国务院的官方报告中称，在8月份的第二个星期，"各种声称根据古德诺建议而起的帝制宣传突然大量涌现，令人吃惊，表明有人事先早已作好精心策划"。[116] 报告指出，尽管古德诺在备忘录中限定了那些保留条件，但是在中文报纸上，一律将他的话作为"君主制优于共和制"的论断来引用。古德诺"从那时起便被视为支持甚至鼓吹帝制运动的人"。8月16日，报纸上登出"以筹一国之安"和以切磋"国势之前途及共和之利害"的见解为目标而建立的筹安会之成立宣言。马慕瑞的报告显示，8月18日《京报》的采访中，古德诺发觉有必要否认强加于他的观点，两天之后，该报全文刊登了他的备忘录。马慕瑞的报告指出，即使在报纸全文刊登备忘录之后，也未能阻止筹安会的拥护者错误引用古德诺的话，他们继续把古德诺的观点看作对帝制宣传的支持。马慕瑞写道，由于遭到诽谤，古德诺为了澄清立场，给在政府部门工作的某些同事施加压力，因为这些人是对筹安会骨干有影响的人。结果，8月28日中文报纸上刊登了一份声明："关于'君主制还是共和制'问题的讨论，古德诺博士除了在呈递给总统的备忘录中所包括的意见之外，没有发表过任何看法。我们特此声明，以免对这个问题产生任何误解。筹安会。"马慕瑞最后提议："我有理由相信，古德诺博士已经充分意识到，他接受指令为总统所准备的机密资讯，被筹安会断章取义地引用，他的观点被歪曲。他事实上已经成为筹安会为达到目的而利用的工具。他对这种行为感到愤慨。"[117]

芮恩施在1915年10月11日致国务卿的电报中报告，中国几乎所有要员都赞同就政体形式举行公开投票。帝制运动的领导者梁士诒曾向芮恩施强调帝制运动符合宪法的一面，他自称成功使政权脱离军阀之手，而使其带有平民性质。他坚决支持建立可以开展充分自由辩论的代议制政府，他的愿望是通过这次政体变更，达到建立财政及行政的自由开放管理形式的目标。他也极为注重聘请资深外国专家参与公共管理所有分支机构的实际工作。芮恩施指出，梁士诒"成功地向总统灌输了这样一种思想，即这些政策全都是可取的"。[118]

1914年10月24日，古德诺复信宾夕法尼亚大学的学生黎照寰（J. Tsang Ly），因为他对古德诺关于中国的真实看法提出质疑，怀疑古德诺损害了中国的共和事业。古德诺再次说明自己的立场，并

第四章 古德诺：中国的美国顾问

在最后总结道：

> 一方面是新观念的热烈倡导者，一方面人们有更多的保守因素，两者抗争导致的就是政府实际上陷入瘫痪状态，其结果就是改组政府已经不起任何作用。在我看来，在这种情况下，中国的爱国者唯一能做的事就是聚集在总统的周围，尽可能控制住建立独裁政权的趋势，因为无论过去还是现在，在老一辈人当中都有相当多鼓吹专制的人。我非常清醒地认识到一个事实，那就是，很多年轻人可能不赞同对形势的这种看法，我愿意承认更为激进的年轻人都是爱国的，并且无私地努力建立一个比眼下中国的共和政府更近似于美国和法国那样的政府，但与此同时，我认为你们年轻人也要相信，那些对形势有不同看法的人，促使他们行动的动机也是正当的，正如促使你们自身行动的动机一样。[119]

在表示支持建立君主立宪政府的观点的同时，古德诺看上去确确实实对于帝制活动的进展之快感到惊讶。他告诉美国报界，他已经向总统建议做出变更要审慎，然而很意外袁世凯这么快就决定要当皇帝。[120] 古德诺甚至声称"偏向于有限君主制"，如同他在巴尔的摩一家报纸上所说的：

> 我[于1915年夏天]到中国的时候，发现正在进行一场轰轰烈烈的帝制运动，我被要求就这一议题写一份备忘录。我在备忘录中表示，鉴于中国目前的形势，考虑到中国的传统，君主立宪对这个国家来说可能是更好的政府形式，但前提是中国人必须非常赞同这一制度。同时列强也能接受，决定继承权的方法应该非常透明……应该明确规定由长子或者近支男丁的最

长者继承权位……我之所以提出这个建议，是因为我相信，鉴于中国目前的教育状况，它对这个国家最为适合。它能避免在选择总统继承人的重重困难中发生革命的可能，我们已经在墨西哥看到了这样的情形。中国则从来没有遵循过这种继位方法。[121]

除了写出那篇备受争议的备忘录，古德诺在1915年还为中国做了别的事情，其中就有为中国应对日本的"二十一条"提出建议。尽管日本强迫中国对"二十一条"保密，但1915年3月初，中国驻美公使夏偕复向古德诺透露了全部内容，他这么做出于两个目的：（1）征询古德诺的意见，（2）向美国政府和报界泄露"二十一条"的要求。1915年3月10日，古德诺写道，他通览了全部二十一条内容，建议中国接受大部分条件，因为中国早已经同意了这些条件。但是他特别提醒中国人警惕第5条所包含的危险，建议中国应该提出"严正抗议"，因为同意这些要求"将使中国政府丧失极大一部分主权"。在中国人的指示下，古德诺谨慎地纯粹以个人名义给美国国务卿威廉·詹宁斯·布莱恩（William Jennings Bryan）写信，透露了日本"二十一条"的内容。在1915年3月10日这封信中，古德诺说明：

我刚刚从绝对可靠的消息来源了解到日本向中国所提要求的内容。想起我们在另一天的谈话，我考虑之后觉得最好还是写信告诉您这件事。如果中国接受这些要求，她的国家主权完整将受到极大损害，美国的利益也会受到危害，尤其是在南满和福建省。我得到的消息进而使我想到，如果日本强迫中国接受这些要求，中日和平就有破裂的危险……我希望我们的政府能劝告日本不要坚持让中国接受日本提出的所有条件。[122]

布莱恩后来邀请古德诺见面，两人就中国局势进行了相当长时间的谈话。

古德诺的合同有效期终止于1917年4月。1928年，在卡尔文·柯立芝（Calvin Coolidge）总统的指示下，国务卿弗兰克·凯洛格（Frank B. Kellogg）邀请古德诺进入一个新成立的国际事务常设委员会，担任美方成员代表，这个委员会是中美两国在1914年9月15日共同签署的一个条约中同意建立的。[123] 双方政府各指派两名代表参加，只要其中一人是其国家的公民即可，第五名成员则由中美两国共同指定。古德诺被告知，"尽管这个委员会是一个常设机构，但其成员没有特别义务——除非订约双方将意见分歧或争执提交到委员会"。[124] 他接受了这一任命并回复凯洛格："接受此职是我极大的荣幸。"[125]

结论：中美史话中的古德诺

1915年8月30日，蔡廷干通知古德诺，袁世凯送给他一对清雍正年间的花瓶，向他致意。[126] 1915年8月31日，袁世凯的内务总长和复辟骨干周自齐便写信给古德诺，称"因为您对我们国家做出的极其宝贵的贡献，因为您对我国人民的深切同情和美好友谊，谨代表所有签名者（签名谨附另页），为您再次来我国访问，特向您赠送此纪念品"。签名者包括梁敦彦、汪大燮、梁启超、伍朝枢、梁士诒、周自齐等人。[127]

在古德诺之前和之后，有很多美国人都曾做过中国顾问。例如，1919年，芮恩施卸任美国驻华公使之后，中国政府曾聘请他担任顾问，合同期为三年（1919—1922），并且他是居住在美国为中国工作，年薪 20 000 美元。他的职责是，不管出现什么问题，中国方面向他提出咨询时，都要为中国政府或其代表提供意见。如果需要的话，他还会返回北京当面咨询。[128] 由于同袁世凯帝制运动的联系，古德诺好像是这些外国顾问当中最有名的。然而，我们应该如何评价他在中美史话当中的贡献呢？

首先，我们必须认识到，有许多人，包括古德诺自己，都没有把做中国顾问当作多么了不起的事情。古德诺的朋友、也为中国政府工作过的亨利·亚当斯（Henry Adams）曾经写道，这份工作"并不是一个有尊严的职位。政府的掌权者只是想利用古德诺博士这类人的声望，来支持他们在咨询意见之外就已经自行实施的政策"。[129] 古德诺自己对此也并不抱任何幻想。1914 年 2 月 16 日，他致信巴特勒，解释自己为什么急于离开中国，接受约翰·霍普金斯大学的聘任："[中国] 对我 [担任总统顾问] 的任命显然没有向国会征求过任何意见，国会负责起草宪法的委员会就宪法的审议要么故意不让我们知情，要么忽视我因而不向我征询意见。"古德诺意识到，"采纳西方模式的宪法的指望，已经被耽搁了将近二十五年，实际上这样的宪法可能永远也不会被采纳"。

古德诺告诉巴特勒，卡内基基金会提名顾问人选的时候，时间和当时局势都证明基金会的看法是对的，即这是为一个需要听取公正意见的国家提供益处。"随着这个国家掌权者势力的变更，目前的情况已经改变。"他进一步观察到，"由卡内基基金会所任命的人，很可能正面临一个危险，即沦为这个国家的一个既定财政项目支出而已，却没有任何用处。"在另一封给巴特勒的信中，古德诺宣称做中国政府的"顾问一职的重要性"被基金会和其他人"严重夸大"。中国人"从没有打算认真听取顾问的意见，除非这些意见同他们自己得出的结论相一致。实际上他们把顾问完全当做摆设，很少让这些人知道到底发生了什么。我们所做的一切就是写一些文章，再被

第四章 古德诺：中国的美国顾问

翻译成中文，而这些文章以后怎样只有天知道"。古德诺向巴特勒透露，他"对于中国不久的将来感到十分悲观……这里完全缺乏法律观念"，并且"除了人治，中国人似乎什么都不懂，也想不出什么别的办法……我不知道我是否应该责备他们的态度，因为他们比任何外国人都更了解他们自己的国家"。古德诺并不责怪袁世凯："或许我的看法有误，但是我认为他是真心实意地想要挽救他的国家。他认为这只有通过实行独裁统治才能达到，我倾向于认为他是对的。"[130]

巴特勒似乎被古德诺说服了，承认基金会实际上可能过于乐观了。1914年3月31日他写信给古德诺："我敢说，某种程度上在艾略特先生的意见和影响下，我们高估了您继续留在中国的重要性……事实上我并不确定，中国能否朝着以民主代替专制的方向往前走。"

不过，古德诺仍然在美国出了名。1929年，在美国政治科学协会二十五周年年会专门为古德诺举行的午餐聚会上，古德诺过去的同事、哥伦比亚大学优秀的历史学家毕尔德发表特别致辞。毕尔德称赞古德诺是美国政治学领域的伟大学者，并列举他所取得的许多成就，但对他在中国的工作却只字未提。[131] 事实上，几乎没有学者注意到他同中国的关系。难怪一位学者总结说古德诺在中国的使命是一个失败："从一开始就几乎没有成功的机会。在他担任顾问期间，建立立宪政府的希望几乎破灭。由于无意中允许他的名字被利用来支持反动的帝制运动，古德诺使这一失败显得更为突出。"[132]

的确，古德诺的名字将永远与中国现代发展中奇特的一章联系在一起，但是很多批评者忘记了，作为一名顾问，古德诺必须履行职责。他的备忘录公正地反映出他对中国和中国政治的看法。1915年，新任驻美公使顾维钧对美国报界指出，"即便古德诺博士可能提出过这样的建议，但充其量也仅仅是建议而已"，而且这反映出

"一个［社会］科学家对中国国情做出研究之后的观点"。[133] 我们不能因袁世凯复辟而归咎于古德诺,古德诺的影响事实上要广泛得多。首先,作为中国顾问,古德诺在中美之间、尤其是中美知识阶层之间起到了信使的作用。他不仅将美国的法律知识传递到中国,可能更重要的是,他不断向美国政府和精英组织通报中国的最新情况。其次,作为约翰·霍普金斯大学校长及政治学领域的领军学者,古德诺持续教育美国人关于中国的一切。他在1914年底写道:"我发现这个国家对中国有着相当大的兴趣,随时随地都有人请我介绍中国局势和那里的情况。"从1913年直到他1935年去世,古德诺一直在就中国问题做演讲和接受采访,并且出版了大量相关的学术文章。他的讲座涵盖了各个方面的主题,甚至包括关于汉语语言的题目。1926年约翰·霍普金斯大学出版社出版了他的专著《解析中国》(*China: An Analysis*)。古德诺在序言中写道,在华期间他"对中国人所面临的需要解决的问题产生了浓厚的兴趣",回到美国后,他"继续保持着对中国问题的兴趣,并且,由于经常受邀做关于中国问题的讲演,使我不得不感到有责任将我的印象和总结系统明确地做一个表述"。[134] 这本书根据古德诺关于中国问题的一系列讲演汇编而成,全书共有八章,题目的范围颇为广泛:自然环境特征及文明之起源、中国的经济、中国人的智识、中国的哲学、中国的社会、中国的政治、现代中国,以及中国的未来。在这本书中,古德诺指出中国人渴望多子多福,极其注重农业,这两大因素是中国人口众多和经济以农业为基础的根源。他还指出,中国人在获取知识方面受到几个不利因素的阻碍,一个就是汉语,因为它使得只有少数人能受教育,另一个因素就是广大的老百姓(就像欧洲曾经有过的那样)就像地里的牛那样愚笨沉默。中国人缺乏科学能力。当古德诺提出"美国人不应该因为中国人是亚洲民族而低估他们的能力"时,他显然是一个种族主义者。[135] 他指出日本人同样也是亚洲民族,但是他们就能够吸取欧洲先进思想。在古德诺看来，中国社会是一个以家族为中心的社会，中国的社会结构是反映中国人家庭结构和农业生活的一面镜子。

尽管古德诺这本书中的绝大多数观点都反映了人们对中国所常有的态度和普遍存在的偏见，但有两个原因使我们对他的书感兴趣：首先是他对中国和中国人的思考；其次，这本书实际上努力想在历史和中外关系的脉络中，说明他对袁世凯复辟帝制的看法。他写道：

> 在1914—1915年冬，西洋国家忙于欧洲大战而无暇他顾，日本政府趁机向中国提出了一系列要求，明显证明其企图趁中国软弱无助而夺取利益。很多中国人都将这种无助归咎于共和制政府，另外一部分原因是因为那些掌权的人则一心想巩固自己的地位，另外，在有地位有影响的人当中，无疑大部分人都真诚地相信，鉴于目前的状况和传统，中国唯有在君主制度下才能走向富强，出于上述种种原因，袁世凯于是决定改共和制为君主制，自己来当皇帝。[136]

有意思的是，古德诺并没有多谈他自己在帝制运动中的作用。"然而，看来中国人确实是反对君主专制的。1917年清皇室复辟的惨败证明，清皇室在人们心目中已经彻底失去了地位，永远不可能再重占皇帝宝座。"在袁世凯复辟帝制这件事上，古德诺意识到，袁世凯的失败表明，一个汉人"自己当皇帝，会让人们想到，命中注定做臣子的不可能建立王朝。除非这个人能带领中国打赢一场对外战争，特别是对日战争，才有这种可能。古德诺在手稿里写道："然而在可预见的将来，这个条件是不存在的。因此中国看上去会致力于建立一个所谓的'共和制'政府。"但是在正式出版的书中,他对自己的看法做了一点修正,改称一个汉人在"以武力迫使对手完全屈服"[137]的条件下,也可以建立君主制。古德诺又认为,"有很多事情使我们相信,一个合乎宪法的政府终将逐步建立起来,并且会是名副其实的共和制政府"。[138] 关于中美关系的前景,古德诺写道:"中国人喜欢我们",并且"我们也喜欢中国人……我们能够尽力帮助中国"解决问题,"这些巨大变革都是被迫降临在她身上的"![139]

古德诺的讲演和文章,有时候会在旅美的中国共和派当中激起强烈反响。前文提到的宾夕法尼亚大学黎姓学生写信给古德诺,逐条驳斥古德诺在宾夕法尼亚讲演中的论点。他宣称古德诺"误解和歪曲了事实真相",作为"一名了解中国真实情况的真正的中国学生",他不得不对古德诺的解释"加以反对"。他说古德诺在讲演中提出了以下论点:(1)纵观中国的历史,实施改革的成功希望极其渺茫甚至根本就没有;(2)中国实行共和制完全是一个意外,而君主制则已经实行了很长时间,因而君主制对中国最合适;(3)中国人是不具备宗教信仰的"动物",因此基督教对他们从来没有任何帮助。这名学生写道,古德诺的这种言论极大地伤害了他的感情。古德诺回复道:

在我们的历史中,共和制政府在此刻并不是中国所应拥有的最好的政府形式。实行君主制并不一定意味着恢复旧有的君主专制,那种制度已经在中国存在了太长时间。再者,日本的经验又一次表明,在君主制度下完全有可能发展起一个大众政府。正如您可能知道的,日本宪法于1889年实施——而这仅仅是在二十六年前——而现在明显可以看出天皇政府在受到大众控制,并且其控制日渐加强而非减弱。[140]

第四章 古德诺：中国的美国顾问

可能恰恰因为古德诺是美国人，所以他的看法在中国和美国都引起了极大关注，他的想法实际上得到广泛认同。梁启超曾经抱怨，他在古德诺之前很早就提出了相类似的看法，而且更为透彻精悍，但是"独惜吾睛不蓝，吾髯不赤"，因此他的话没有人听。古德诺在哥伦比亚的同事约翰·杜威（John Dewey）在中国各地发表巡回演讲时曾指出：

> 我已经听到很多外国人——也包括不少中国人——说中国永远不可能建立一个统一的共和国，因为中国人没有爱国心，没有共同的生活习惯。但是说这种话的人忘记了一件事：早在数百年前，世界上所有民族实际上都曾遇到过同中国目前相同的情况。在一个教育不普及的国家，要建立共同的生活习惯是不可能的。[141]

根据最近的一项研究，1913年的《临时约法》"在保障一个自由、自治社会方面是不起作用的，主要是因为中国大众对脱离帝国臣民的旧角色，担当起共和国公民的新角色毫无准备，差距实在太大"。民国初期中国人之间的激烈论争是围绕"人治"反对"法治"，这些论争反映出"人们越来越多地意识到，各种宪法制度建立的本身，并不能造就出一个行之有效的立宪政体所需要的做法和态度"。例如，梁启超就曾支持袁世凯尽可能多地控制中央大权，他在1915年写道：

> 今之论者则曰："与其共和而专制，孰若君主而立宪。"无论国体还是政体，它国都曾尝试并且成功。然而我国在过去几年忽而此忽而彼，曾经每一样制度都试过。然而仍未得成功。由此我们可以推断，其驱运而旋转者，恒存乎政治以外之势力。

无论何种政体,皆当今一代人而为之。而谓共和时代不能得者,一入君主时代,即能得之;又谓君主时代能得者,共和时代决不能得之,以吾之愚,乃百思不得其解。[142]

第五章
约翰·杜威：洋孔子兼文化大使

我从来没有想要成为一个好战者，但是美国要么彻底放弃插手东方问题，宣布"这些事情与我们无关，你们自己愿意怎么办就怎么办"，要么积极主动地要求日本为他们对中国正在进行的侵略行为负责，我们只有这两个选择。

——约翰·杜威，1919 年

约翰·杜威（John Dewey, 1859—1952）是美国式实用主义的创始人，是20世纪美国最有影响的教育家和哲学家之一。中国人曾在1919年邀请他来华旅行和演讲并随之延长了邀请，那时他已经60岁了。作为一名对中国没有多少了解的美国人，杜威被自己看到的一切所震撼：中国和中国人同他的想象实在大相径庭。但是他对这里的人民和他们的历史，以及正在进行的变革产生了浓厚的兴趣。他继续在中国待了两年多，并且成为中美两国人民之间热忱的使者，在中美共有的历史中做出了重大贡献。[1]关于杜威在教育及哲学领域对中国的影响，中美两国学者已经写了大量著述，本章则注重杜威在了解中国、在向中国人说明他自己和美国人的观点和想法时所遇到的困难，并将考察他在将中国和中国人介绍给美国人的时候，在促进两国人民合作和相互了解过程中发挥的特殊作用。

一战与中国的大变革

正如我在其他地方所阐明的，中国的20世纪始于广义的一战时期。一战是中国走向国际化的漫长旅程中的关键转折点，并且将中美两国人民带入某种共同的经历之中。[2]在这个所谓的"门户开放"时期，美国对中国的影响力达到了顶点。[3]旧有国际秩序的解体使美国有机会向全世界展示她自己设计的世界秩序新蓝图，在这个新蓝图中，不再有19世纪那样的王朝和旧体制。中国利用这场战争开启民族复兴，建立新的现代国家认同，收复受到损害的国家主权，并使其领导者与新国民的观念都走向国际化。年轻的中国人

第五章　约翰·杜威：洋孔子兼文化大使

主张，若要中国以平等的一员加入国际社会，首先必须建立一种国际性、科学和民主的新文化。他们分别从不同方向寻求思想指导和方法：日本是亚洲民族主义的楷模和强国，美国则提供了以联邦制治理自由社会的榜样，而苏俄又是一个新兴的、革命的中央集权国家和全世界反帝国主义的典范。

大战使欧洲主要列强的国力遭到重创，并为美国实现威尔逊总统关于"建立确保民主安全的世界"的承诺提供了前所未有的机遇。美国人就是否接受威尔逊的新世界秩序蓝图展开了激烈争论，与此同时，中国人则在寻求如何以平等身份加入威尔逊的国际社会。威尔逊的民主将会成为有用的工具从而帮助中国变成国际大家庭中公平、富裕和强大的一员吗？还是中国必须要另觅出路、或许要用列宁的工具来实现自己的目标？

在1919年之前的二十年中，美国在中国的印象一直好于其他列强，并且很多人都相信美国支持中国的领土和主权完整。[4]有影响的中国人都认为美国对中国没有领土野心，毕竟它是第一个退还部分庚子赔款的西方国家，也是在1913年第一个承认中华民国的主要强国。[5]实际上，许多中国人都把美国当作中国"最好的朋友"。[6]出于这种感情上的共鸣，1916年，一个名叫毛泽东的年轻人也想象着中美联合起来对抗日本。毛泽东在一封给密友的信中写道，"东西两共和国亲和接近，欢然为经济食货之献酬"，他称这种联合"斯亦千载之大业已"。[7]

走向国际化的强烈愿望，是中国以新的姿态参与国际事务的原动力。中国制定的参战策略以及做出的相应努力，无不显示出一战在中国人对国家和世界的新观念的形成中所占据的主导地位。中国人期望通过参与一战而收复山东，重获从鸦片战争起就丧失的主权尊严。当战争结束时，密苏里新闻学院年轻的毕业生董显光（Hollington Tong）曾报道："中国的有识之士都对威尔逊总统的带领寄予厚望。"对于这些充满希望的中国人而言，威尔逊是"能率先承担捍卫世界人权、特别是中国人权之责任的最有资格的政治家"。[8]

尽管并非所有中国人都相信威尔逊，然而有些人还是记住了威尔逊的十四点演讲，并且能够全文背诵。十四点宣言的中文翻译立即成为畅销册子，另一部由哥伦比亚大学毕业生蒋梦麟翻译的威尔逊演说集也十分抢手。许多中国人将威尔逊当作"精神民主"之世界领袖和中国的最大希望，[9]甚至连北京大学教授、中国共产党的创始人之一李大钊，也称威尔逊"固素以酷爱和平著闻者也"，而且"和解之役，必担于威尔逊君之双肩也"。[10]另一位共产党的创始人陈独秀也坚信大战的结束标志着人类历史的转折点。他写道，从现在开始，"强权是靠不住的，公理是万万不能不讲的了"。[11]北京大学校长蔡元培宣告，协约国的胜利代表着"黑暗"时代的消灭和"光明"开放世界的来临。[12]

然而这些崇高的期望很快被打破。1919年4月30日，美国、英国和法国决定允许日本从德国手中接管包括山东在内的在华权益。这一决定致使中国收复山东主权的努力失败，触发了人们对美国和威尔逊的强烈愤怒。受到背叛的中国人满腔怨愤，对威尔逊所谓的新世界秩序提出抗议，讽刺其"听上去很完美，但直到现在为止中国只闻楼梯响，而不见其原则的任何实践"。[13]山东济南的一份报纸认为，美国仅仅是"假装热爱和平与公正，实际上包藏着狼子野心"。第二天这张报纸称威尔逊是一个"伪君子"，"无能"又"自私"。[14]毛泽东也不再称赞美国人，他得出结论，"如外交上各种'同盟''协约'，为国际强权者的联合"，只有革命才能改造这个既不合理又不公平的国际体系。[15]毛泽东形容威尔逊的表现"好像热锅上的蚂蚁"：不知怎样才好？四围包满了克勒满沙，路易乔治，牧野伸显，欧兰杜一类的强盗。所听的，不外得到若干土地，收赔若干金钱。所做的,不外不能伸出己见的种种会议……为他气闷了大半天。可怜的威尔逊![16]

曾经为威尔逊的十四点宣言而高声欢呼的北京大学学生,现在讽刺威尔逊发明了一个震撼世界的新公式:"14=0"。[17]

甚至连参加巴黎和会的美国代表团成员,也对威尔逊默许日本保留在山东的权益表示异议:"即便是为了和平,也不能做不该做的事。和平固然宝贵,但还有比和平更珍贵的,那就是正义与自由。"[18]此外,美国代表团中的许多成员都对中国人表示友好,并且热心帮助中国人,为中国代表团修改和约的抗争提供宝贵的建议。当几个主要列强同意将山东权益转交给日本时,中国代表团断然拒绝在和约上签字。[19] 美国驻华公使芮恩施也以辞职表示抗议。[20] 威尔逊在山东问题上的妥协也成为他在美国国会中的对手抨击整个巴黎和约的有效武器,并最终导致美国国会否决了这一条约。

尽管如此,中国参加一战标志着一个重大转折点。一战期间,中国在近代历史上第一次清晰地表达了要以平等一员加入国际社会的愿望,并切实为之付诸行动。通过这样的努力,中国领导者们要纠正清王朝在18世纪和19世纪所犯的致命错误,即拒绝接受新的国际体制,拒绝承认西方列强的实力。从那时起,西方便一直将中国排除在外,但是在巴黎和会上,中国人开始反击,他们拒绝在《凡尔赛条约》上签字,标志着自从鸦片战争以来中国外交家第一次昂首站立在西方国家面前,毫不屈服。这也是中国国内公共舆论第一次对外交政策的制定以及建立新的国家认同产生重要影响。在中国近代史上,任何时候的政府策略都没有如此深入国际事务和公共舆论之中,并且以民意为政策基础。

受挫的梦想,以及"不败而败"的遭受背叛,给中国人对于和平及自身发展与安全的认知蒙上了阴影,并加深了对西方持续不断的怀疑。中国的精英阶层努力想摒弃中国传统文化,建立一个民族国家。他们要赶走"孔先生",拥护西方两位"德先生"(民主)和"赛先生"(科学),抛开自身的文化和历史,重新界定中国的国家认同,结果导致了自由主义和军阀统治并存的奇异混合体。事实上,在当时的秩序下,政策制定有着双重机制:一方面是现代的、开放的官僚和社会精英,竭尽全力推动中国进入国际社会体系;另一方面是军阀和极端保守派,一心想要时间停滞,不惜为了自己的私利而最大限度地抵押中国的未来。这两派之间的争斗使中国寻求新的国家认同陷入困境,进入国际社会的努力也步履艰难,迂回曲折。正是在这样一个紧要关头,杜威来到了中国。

杜威先生到中国来了

1917年秋天,杜威决定向哥伦比亚大学申请在1918—1919学年休学术假。[21] 1919年春他正在日本旅行,他的中国朋友和过去的学生打算趁他身在亚洲之际,邀他来中国讲学。在此之前杜威还从未到访过中国,至少可以说他对中国的了解非常有限,也没有多少中国人知道他的名字和他的理论。[22] 1919年4月30日,亦即协约国同意将德国在山东的权益转让给日本的同一天,杜威和妻子爱丽丝(Alice Dewey)来到了中国。

直到今天,人们对于杜威究竟怎样来中国、为什么来中国仍然不是十分清楚。究竟谁邀请的他、他原来打算在中国待多久,背后的故事依然众说纷纭。最流行的说法是杜威过去在哥伦比亚大学的学生胡适、蒋梦麟和郭秉文在邀请杜威来华方面起了主要作用;杜威原本打算只在中国作短暂停留,或许只有几个星期。而将这一说法向外流传出去的就是杜威本人,因为在他出版的1920年在中国

第五章 约翰·杜威：洋孔子兼文化大使

和日本的书信以及他写给胡适的信中，杜威都表示最初只打算在中国作短暂停留。[23]

此说一直广为流传。[24]但是在哥伦比亚大学档案资料中，1919年4月15日由大学秘书写给杜威的一封信为我们提供了不同说法。这封信通知杜威，北京大学校长蔡元培近期致电哥伦比亚大学校长巴特勒，表示"杜威教授同意在中国的公立大学里进行为期一年的讲学，待您批准。"巴特勒回复蔡元培，说他同意杜威离开，在北京大学讲课，并让校长办公室电告杜威："巴特勒校长为您有这样的机会感到由衷的高兴，他相信您在这个大学的工作一定会留下持久的良好影响。"[25]这封信还原了蔡元培在杜威访华这件事上所起的相当大的作用，乃至杜威想在中国停留多久的打算。胡适等人在邀请杜威来华方面是主要发起者，但是蔡元培作为北京大学校长——胡适是北大教授——所提供的支持是关键性的。更重要的是，这封信表明，杜威甚至在踏上中国土地之前就已希望能在中国停留较长的时间进行讲学。

为什么杜威已经同意要在北大工作一年，还要向外界表示他只打算在中国做短暂的停留？最有可能的解释就是杜威对薪酬十分在意，当时对自己在中国的工作究竟能够得到多少报酬还心中无数。他在这方面的计较有清晰的记录可循。从位于安娜堡（Ann Arbor）的密歇根大学转到芝加哥大学任教时，他为得到5000美元的年薪竭力讨价还价（直到后来他才如愿以偿）。[26]而当1904年从芝加哥大学退休之后，他又花了十年的时间为让加哥大学补偿他累积的假期与校方理论。[27] 1904年他转到哥伦比亚大学，但1909年他发现哥大在1905年有一个失误，校方欠他416.62美元，且一直未付。在经过一长串的信件来往之后，校长巴特勒最终决定支付给他。[28]当杜威因加薪之事备受困扰，并有意无意对外传出，他有可能转而执教于斯坦福大学——事实上斯坦福大学也的确表示有意聘请他，两者可能并不是巧合。巴特勒很快通知杜威，他将得到每年7000美元的年薪，杜威这才感到满意。[29] 我们不知道杜威在中国究竟获得多少薪酬，也不知道数目最终何时确定，但是根据他对于金钱报酬如此计较的态度，可以肯定他一定得到了优厚的薪资。

尽管杜威的教育哲学和理论在中国并不广为人知，但是就在他踏上中国的那一刻起，中国可能已经成为让他的教育思想生根的最佳土壤。以杜威极为重视的教育为例，当他开始在中国进行巡回演讲的初期，他设想中国和美国的传统社会都被工业化所摧毁，因而必须进行重建。他主张只有通过教育才能完成这样的重建，而教育则有赖于受过教育的人。有意思的是，有少数杰出的中国人在教育的重要性上也同杜威的看法一致。晏阳初（James Yen）通过一战期间在法国与华工共事的经历，总结出中国的未来取决于如何解除劳苦大众的痛苦，以及提高他们受教育的程度，这一认识引领他毕生致力于乡村建设事业。许多杜威过去的学生包括陶行知也致力于推动中国的教育。在1920年代，晏阳初、陶行知和其他人一道，将中国变为一个最有意思的实验场，运用对偏远地区的教育普及和重建来有效地改变城市中心以外的地区。杜威或许找不到比这里更好的地方来观察教育是如何被用来改造社会的了！

在哲学领域，中国也同样变成了一块验证杜威实用主义理论的试验田，因为中国人正投身健全政治体制、接受外来文化的重要实验中，并且正在努力重新界定何为中国人的新概念。在五四运动中，众多青年学生将中国在巴黎和会上的失败同中国传统文化的缺陷联系起来，他们主张实现国家富强必须要有现代价值观，因此要以"德先生"和"赛先生"来取代"孔先生"，而对他们来说，杜威本人正是这样的化身。

换句话说，中国的形势不仅意味着杜威和他的理论将会受到热烈的欢迎，而且这种情形实质上也为杜威的社会和学术生活带来了轰动效应,更多的人开始对他感兴趣。杜威的中国学生胡适和蒋梦麟都是中国新文化运动的重要领军人物,杜威显然非常高兴受到他们的接待。他在给子女们的一封信中写道,他"被交给了主要由几位归国留学生所组成的接待委员会之手。'归国学生'在这里是一个特定群体,一旦中国强大起来,到时美国的大学自然也功不可没"。[30] 如果说哥伦比亚大学在培养教育那些将要帮助建造中国未来的中国精英方面相当有功,杜威的看法可能是对的。正如前面的章节指出的,中美之间共有的历史通过高等教育将两国许多不同的个人和机构联系在一起。杜威并不知道,或者不愿意承认,像胡适这样的学生在译介杜威理论的文章中成功地推广了他们自己的思想。另外,杜威在为美国读者所写的文章中,也从他的学生那里吸取了很多关于中国和中美关系的看法。[31] 在为中国听众翻译杜威的演讲时,翻译者们——特别是胡适——不仅进一步深化他的论点,还使其带有中国特色,让听众对演讲更感兴趣,更重要的是,他们还把自己认为最重要的、他们的看法及设想融入杜威的演讲之中。这些归国学生对杜威照顾有加,还就演讲的题目向他提出建议,并为他提供有关中国的资讯。巴里·基南(Barry Keenan)对此表示赞同:杜威的中国评论和在华期间的演讲题目,毫无疑问都得到了"他的教练和发言人"胡适及蒋梦麟的指导。[32] 这两人都极有影响,也非常了解中国人的需求和他们所关心的。根据王晴诗(Jessica Wong)的说法,"杜威总是很关心中国的需要,以及他为此能做些什么",他采纳了胡适的建议,从社会和政治哲学入手,"这是一个中国人有浓厚兴趣的题目"。[33] 杜威也时常坦率地承认,他欠了胡适这些中国朋友的学术债。1921年他写到一个"中国朋友",几乎可以肯定就是胡适,称"我实在亏欠他太多了,即便他把我作为学术窃贼给抓起来也是合情合理的"。[34] 因此我们可以放心地得出这样的结论,即杜威对中美两国人民以及他们共同的未来的影响,在很大程度上得自东道主为他所提供的资讯和见解。

第一次世界大战对杜威的政治思想产生了巨大影响。他曾强烈呼吁人们支持美国参战,期望战争能够带来巨变。在接受报社《周日的世界》专栏(1917年8月5日)采访的打字稿中,杜威写道:"世界死了,世界万岁!一个伟大的文明刚刚消逝,我们统统被闪电般地卷入一个新奇陌生的社会形态之中。如同四年前的社会不同于中世纪那样,这个社会也将不同于四年前的社会。要说明这一变迁何时才能完成还为时过早,活着的人没有一个有足够的智慧来告诉我们,这个即将到来的文明究竟会是什么样子。"杜威写道,"我们现在正在为民主而战……我们正在为铲除国王和皇帝的统治而战。"杜威甚至提出,"最神圣的社会传统(如家庭和爱)可能很快就要经历一场最为彻底的变革"。[35]

杜威到中国的时候,正值"一场规模巨大的世界战争所造成的破坏,业已超过此前历史上所有战争之和",他将对"所有反民主制度存在的严重缺陷保持警惕"。[36] 但是,杜威对此并没有做好准备——一战对中国的冲击,中国人对于巴黎和会强加给中国人的战后世界秩序的反应,都明显使杜威感到震撼和惊惧。就在他刚到上海的几天后,五四运动爆发,杜威意识到中国是"一个研究国际政治的伟大场所"。[37] 认识杜威或读过他专著的人都会视他为智者,但对于杜威来说,中国显然是一个备感受挫的地方。他曾经承认,"中国仍然是一片巨大的空白和一堵不可逾越的墙"。[38] 还有一次,他坦承"简直就像是一个人活在梦幻中,又好像新的爱丽丝到透视全世界的镜子背后探险,那里的一切全都是颠倒的"。[39] 多年以后,杜威仍在努力弄明白中国之行的意义,并透露出他作为哥伦比亚大学教授一度感到很消沉郁闷。但是在中国——

> 我度过了美好的两年半时间……我没有对中国作过研究,

第五章 约翰·杜威：洋孔子兼文化大使

> 就直接进入一种幸福的无知状态，没有文化上的考量压迫着我——确实很美妙……我做了一系列关于教育的演说——当然需要有人翻译——用他们的话说是"打断"——房间里还有一些持枪的士兵……我用大量的时间……告诉他们，他们重新开始的机会在于实行真正民主化的教育。[40]

杜威对奇异、令人沮丧但又充满魅力的中国缺乏思想准备，可以从双重意义上来理解，因为在某种意义上，连中国人都对自己的国家、对这个国家的过去乃至将来有些迷茫。杜威能承认他的无知还是很明智的。当被问到中国怎样才能建立一个真正的共和体制时，他告诉中国听众："我不知道，正如我对汉语一无所知，对这个问题我提不出一个解决的办法。"[41]当杜威为是否在中国再待一年而犹豫不决时，他在给子女们的信中写道："有些人说我激起了人们相当大的兴趣，但是当你完全置身于喧嚣之外，你激发出来的兴趣——如果有的话——对于你的虚荣心来说，其激动程度也只是如同将开水倒在北极寒冰上那样转瞬即逝而已。"[42]显然他在这里表明，比之于教育人们认识中国，他更想进一步观察和了解这个国家。中国的文化和历史根本不同于他所熟悉的任何文化和历史，他很快就接受了这个看法，并正确地宣称，"中国决非我们所认识的任何一个欧洲国家"。[43]在杜威看来，"中国历史政治心理学的中心要素，是人们对于所有在我们看来都同国家和政府相关的事物的那种深层冷漠"。[44]杜威发现"中国作为一种文明，遭遇到了另外一种文明，而那种文明的结构本身便是进入一个民族国家，但中国却不是。这种遭遇的后果遍及中国的每一个问题之中，不管是内在的还是外在的"。[45]为了了解这个独特的国家及其人民，杜威一到中国便开始接受他的中国教育。

中国：一个民主实用主义者的现实一课

　　杜威的中国教育本身就是中美两国人民共有的历史经验中的组成部分，因为不仅中国人主动参与了对他的教育，或许更重要的是，杜威又将自己受到的教育传达给美国读者和他的追随者。为了了解他所受到的中国教育，我们必须指出，杜威在中国期间同时身兼多重角色。如王晴诗指出，他是一名访客和旁观者，又是观察家，既是老师又是有学问的学习者。她还恰当地补充道，"杜威对自己在中国的角色感到困惑，不知道他是真正的老师抑或仅仅是一个局外人"。[46]在杜威的文章中，他所看到和传达的中国形象处处透视着不同角色的不同眼光。杜威发现中国和日本大不相同。他在到达中国的第三天便注意到，"中国人更加吵闹……他们比日本人要高大许多，从任何角度来看也更英俊。最让人惊奇的事，是那些劳动者中为数不少的人不仅看上去聪明，而且很斯文，比如旅馆里的某些侍从和招待"。[47]

　　如果说中国让访客杜威感到迷惑，则使观察家杜威感到兴奋。他曾这样评论，"对于一双向四外张望搜寻浪漫和美景的眼睛，中国很可能确实是令人失望的。但是对于一双心灵的眼睛，当下在它的任何地方所上演的一切，都是最为迷人的精彩好戏"。[48] 1919年6月1日，杜威和妻子在给子女们的信中写道："要说在中国的生活令人激动，是中肯的。我们正在亲身经历一个国家的诞生，而新生总是困难的。"[49]一封信的日期是7月4日，其中有这样的评论："我在读过的书里发现，在过去的十年当中，外国旅行者已经十几次宣称'中国正在觉醒'了。因此我并不想再作一次这样的宣告。但这一次我认为是商人和行会第一次真正受到鼓舞起来改进实业方法，如果是这样的话，那么这是一次真正的觉醒，并且是和学生一道。"[50]

杜威的感觉是正确的,他正身处中国最令人激动的时刻:国家变革和民族新生的时刻。难怪他将这次旅行定性为"我有生以来最有趣、在学识上获益最丰"的一次旅行。[51]

访客杜威有时候对中国的慢节奏感到不耐烦,但是观察家杜威则提醒人们要耐心。他在1919年写道,一个脑子里已经习惯了西方快节奏的外国人来到中国,"他期望看到戏剧性场面如同电影节奏般展开。他不习惯中国这种巨大规模的古老故事的演示。当他草率地做出结论,认为一切都是静止不动的,或者即使每天有一些意料之外的新鲜事发生,所有事物也都是在漫无目的原地打转的时候,他忘了二十年在四千年历史上只不过是短短一瞬间而已。"[52]

带着满腹疑问,杜威认真地进行观察。他和妻子来中国才几个月,就在给子女们的信中写道:"我们这辈子从来也没有像过去四个月里那样开始了解那么多的事。尤其是上个月,有太多的食物,简直消化不了。"[53] 中国"简直就是一个知识和智慧的奇观,是一个让人研究和推敲的所在,一个供人们调查和思考的地方,在当今世界上没有任何地方——哪怕是正处在痛苦重建中的欧洲——能够同中国相比。历史上的记载也无法与之相提并论"。[54] 杜威迫切地要把中国朋友告诉他和他所观察到的一切传递给美国读者。中国向那些攻读政治和社会发展的学生"展现出最刺激人心智的景象",这些学生都学过,西方的特殊性在于法律和政府管理秩序的缓慢演变:"在中国他针对书本知识上了现实的一课。"杜威告诉读者,在美国人看来,把政府作为维护公民之间的公正和保护个人利益的代理人是理所当然的,但是在中国,"人们基本上在没有这些保护和保障的条件下生活",而在人们的日常生活中"稳定和秩序高于一切"。[55] 对于他细心观察到的一切,要想抑制住不做概括性的结论是很困难的。"令人怀疑的是,"他写道,"中国是否真的有一天能够像西方做过的那样,完全恪守法律条规和制度",因为中国的政治思想家看上去更关心舆论和道德的力量。杜威相信，"这可能是中国对于世界的贡献之一"。[56] 从儒家传统的好的方面看，"舆论和道德"依然有赖于教育。

杜威深深地被中国历史所吸引。他宣称，"世界上从没有任何其他地方有如此连续而稳定的历史"。[57] 他认识到中国面临"其他文明都不曾遇到的最为艰难的重建问题……一个古老、广大、独特、排外、自给自足的文明，真的能够再生吗"？[58] 杜威大胆提出了自己的主张。他在1919年末写道，中国需要一个全国统一的财政、税收和岁入制度。他指出中国的发展"必须是由内部转变而产生，既不能由外部强加给它，也不能从外国经验直接借鉴"。在他看来，年轻的中华民国所需要的一切就是"国际上充分的公正对待和开明自私，给中国以过渡期暂时性的保护"。[59] 杜威得出的另一个重要结论是中国"处于动荡之中"，为此他指出，"当一切都处于不断的变化之中，开发儿童天性的教育尤其重要"。[60] 中国的学生群体和他们所发动的运动尤其给杜威留下了深刻的印象，他在美国主流杂志上刊登的第一篇关于中国的文章《中国学生的反叛》中，由衷地对他们表示称赞。他写道，如果中国的学生"耐心地"、"为了建设性的目标"继续他们在五四运动中所从事的行动，"那么，一九一九年五月四日，将成为新的一天的黎明标志。这实在是一个非同小可的'如果'（If）。就目前而言，只要中国自己决定自己的未来，那么，中国的未来，都系于这个'如果'。"[61] 杜威正确地将五四运动同一战对中国的冲击以及对中国在遭受外国列强欺侮时无能为力的愤怒联系在一起。杜威作了这样的报道，"人们并不把学生的行动看成一次偶然的不法骚乱，而是看作一个充满正义的愤怒的表示"，[62] 而"[它带给]全国各地的震撼是惊心动魄的"。[63] 上海等地的商人也以罢市表示支持。杜威激动地看到，在五四运动中学生和市民团体表现出建立"独立于政府之外，最终又有能力对政府施加影响的组织"的可能。[64] 中国学生运动意味着"从被动等待的状态中觉醒的中国"。[65] 他对中国的未来变得十分乐观，预言"一场新的宪政运动将会兴起，否则就太出人意料了。学生和商人的联合已经证明如此卓有成效，不允许让它仅仅成为昙花一现"。[66] 杜威在1919年6月20日再次给子女们写信，信中反映出这样的思索："想象一下，在我们的国家14岁以上的孩子，[他们能否像青年学生一样]带领人们发起一场横扫一切的大规模政治改革运动，并使商人和专业人士因自惭形秽而加入他们。这实在是一个了不起的国家！"[67]

除了被中国学生和他们的改革运动深深吸引之外，杜威还被方兴未艾的新文化运动所震撼。在《中国的新文化》一文中，杜威指出这场运动"作为社会改革的一个直接手段，在更深的层面上是对所有政客和所有政治依赖心理的抗议"。[68] 杜威在其他场合评价新文化运动"无法取代更好的交通手段——铁路和公路，没有这样的交通手段中国就不能统一，也就不能强盛"，这时候他认识到了"[知识分子]在智力和道德两方面的优越感"同国内政治势力之间存在的紧张关系。但他又回到中国对"统一思想"的需求上，"没有新文化运动，[统一思想]是不可能的。但是，统一之后的思想是留恋过去还是与世界其他地方的现代思想相协调，其结果大相径庭"。[69]

杜威面临的重大问题是，"中国人回归领先地位[的努力]如何能同对中国传统和习惯思维的抨击相一致？如何能同对西方优胜的真正根源——即来自内在智识和道德因素，而非外在技艺——的认识相一致"？[70] 作为一名有学识的学习者，杜威正确地坚持认为，了解中国意味着要从中国自身的历史和传统入手。1922年杜威《当中国人在思考》一文首次发表，他写道："要想获得成功，要想在我们同中国人的关系中取得任何有益的收获，我们务必要充分以他们的眼光来认识时间的重要性。我们必须给他们时间，再给更多的时间；而在给予他们时间的同时，我们自己也必须慢慢来。"[71] 他进一步指出，"不单单是中国，整个世界都处在转变和清算过程中……西方从来没有比现在的危机时刻更需要东方哲学"。[72] 对中国独特的局面及文化保持敏感非常重要，"从政治上和经济上来说，中国是另一个不同的世界，一个庞大而固执的世界，一个人们不知道其界限究竟在哪里的世界。综合所有这些事实，对人道主义的事物观察者有着不可抗拒的心智上的吸引力"。[73] 然而杜威也曾在1921年做出这样的断言，"能够发生在中国身上的最好的事情，就是让她实行一段时间的'饥饿疗法'，并且必须以自己的能力来直面自己的问题"。[74] 杜威这个旁观者告诉中国人，不要听从那些旁观者的意见。

哲学家杜威深深为中国古代思想着迷。他意识到一方面中国"从来没有出现一个全国性的宗教"，但在另一方面，儒家学说和道教的影响贯穿整个中国历史。[75] 因而他提出，"除非我得到的消息不准确，否则在这么多世纪的漫长岁月里，塑造中国人的思维模式和社会形态的社会理论一定也是以同样的方式兴起的……只有当社会的正常秩序受到破坏、显示出有分裂危险的时候，各种政治理论才有机会被人们探讨和阐述"。[76] 社会动荡和混乱无序表明要有一种哲学理论为稳定的社会提供依据。[77] 作为实用主义的旗手，杜威被道家的"无为"思想所深深吸引，他声称这是关于文明的一个更好的诠释："中国人的人生哲学中包含了对人类文化极深的贡献，而这正是仓促、急躁、过于忙碌又焦虑不安的西方绝对需要的。"[78] 杜威同样思考着那些古老观念的缺陷及其现代冲击，他向中国听众指出，在组织和制度化方面，"德国在某个方向上走得太远，而中国则在相反的极端停滞不前。德国的方案过于精细和死板，中国则是火烧眉毛之前什么计划都没有"。[79]

当杜威了解并适应中国之后，他对于中国的想法充满了矛盾、挫败、兴奋、希望，以及幻灭。他心中的问题多于答案。借着既与中国人又与美国人分享他的沮丧和兴奋,杜威成为两个民族之间交流经验与思考的关键人物。在一封给哥伦比亚大学哲学系主任的信中,他解释了自己为何想在中国多停留一年。杜威希望通过协助中国教育的民主改革,"尽量把我今年已经开始着手的事情落实下来"。[80] 杜威同中美之间共有历史的重要联系,在于作为一名公共演说家和哲学家,杜威具备一种能力,即可以同时与太平洋两岸的读者和听众分享他的见闻、他内心的沮丧,以及他感受到的兴奋。这既成为杜威肩负的使命,也是他要完成的任务。在中国的时候,他既为美国读者写了多篇文章,又为中国听众举办了数百场演讲。这些演讲和文章,记录了一个美国访客在教育中国公众的同时,就文化、政府和社会各个方面,对他原本非常美国化的假设和偏见进行重新思考所经历的挣扎。

杜威在创造共有历史中的地位

从到达中国的那一天起,杜威所受到的应接不暇的教育、他的观察和思考,都为他在中美共有历史中既是见证人又是参与者的地位做好了准备。杜威于1921年秋天回到哥伦比亚大学,他告诉人们,"我在中国根本就没有做任何哲学阐述"。[81] 他所做的就是教育和帮助中国人和美国人互相认识对方。本杰明·史华兹(Benjamin Schwartz)写道:"杜威和近代中国的相遇,是20世纪中国思想史上最引人入胜的篇章。杜威在中国的追随者们为将他的理论应用于20世纪早期中国错综复杂的政治、社会和文化各个方面所作出的努力,为我们打开了一个独特的视角,让我们看到这一时期中国知识分子所面临的令人震慑的困境。"[82]

杜威以对中国人和美国人两方面的亲身观察为武器，全面担当起两国之间的信使和文化大使的角色。杜威走访了中国的十一个省份；围绕着西方思想和哲学，尤其是自己的理论，他做了近两百场讲谈和演说，支持中国新文化运动的领袖。他的很多演讲都刊登在中文报章上，有的还不止刊登过一次。除了1920年出版一卷家庭书信集之外，[83] 杜威还为美国杂志如《新共和》和《亚洲》撰稿，就中国人的政治、文化、教育和心理写下将近四十篇文章。[84] 他称这些文章为"哗众取宠之作"[85]，但是美国著名新闻记者沃尔特·李普曼（Walter Lippmann）则将这些文章称为"政治报道最应有的典范。"[86]

在杜威推动中美两国人民的相互认识和交往的重任中，他为自己制定的第一个目标就是唤醒双方，让他们看到各自民族发展中所持有的共同观念，以及他们共同的外交目标。杜威1919年在《美国在中国的机会》一文中写道："绝望中的中国臆想出了一个强大、民主、热爱和平的美国形象，致力于维护世界的权利和正义，特别是保护弱小国家的权利和正义。"[87] 他承认，"我们的国家要担当起她赋予我们的这个角色困难很大"，[88] 因为"一般美国人对过去美国在中国的所作所为可能早都感到自鸣得意，以为我们已经从中国人那里赢得了类似的钦佩"。[89]

杜威似乎也注意到，中国人对美国人的看法并非总是积极正面的，产生这种感受的直接背景是日本和美国在竞争究竟谁更有威望和道德权威。杜威认为"可以肯定这是一种消极竞争"，因为就算美国在外交上"为帮助中国人实现其计划做过努力，这些努力也要么全都失败了，要么就是中国人从来没听说过"。[90] 杜威认为那恰恰是因为其他国家致力于使中国成为其经济附庸，而美国则有空前的机会走出一条相反的路。唯一的问题是，美国"有没有这种想象力和能力"？[91] 1921年，杜威称威尔逊在山东问题上将经济和政治

第五章　约翰·杜威：洋孔子兼文化大使

控制权分开的想法幼稚可笑，他在用词上并不含蓄："最近几年外交家们暴露出无比愚蠢的本性。"[92] 他立即预感到，中美关系将因为威尔逊在山东问题上对日让步而受到极大损害，然而，他并没有注意到一个事实，那就是对于中国某些民族主义者而言，日本是亚洲国家对抗西方的领袖。毕竟，1911年辛亥革命的精神领袖孙中山曾遭清政府驱逐而旅居日本多年，在那里得到了日本泛亚洲主义者的支持。与此同时，孙的对手、改良主义者梁启超也利用日本人的慷慨接纳而留居日本，并且梁的大部分欧洲思想都是从日文翻译著作中学到的。日本既是立国者心中民族复兴的楷模，也是爱国者眼中的恶魔。

杜威希望，为改善中美关系和增进两国人民的相互了解，在美国"必定有财力雄厚的人"愿意慷慨解囊，有科学界人士愿意为此贡献才智。"他们的工作并非为了美国的声望或商业利益，而是为了这个充满忧患的世界——中国和美国都是这个世界的一部分。"在杜威看来，假使有一个不论男女都受过独立思想和人格教导的中国，就不会有远东"问题……就像现在困扰我们的那样……也不会有各种讨论和掩饰'太平洋问题'的会议了"。如果事情照此进展，"美国人对于中国教育的所有影响，都将全部成为真正美好的福祉，而非各种因素混杂和令人生疑的祝福"。[93]

杜威在1921年断言，如果美国当初带头向北京政府发出通告，对外宣布在任何情况下列强都绝不会承认复辟帝制，这才符合中国和美国的"真正利益"。他进一步指出，美国应该带头呼吁解散军阀队伍。[94] 但有时他又认为美国人应该遵循不干涉政策。杜威认为，世界和平的希望，一如中国的自由希望，有赖于"奉行不干涉政策"。"给中国一个机会，给她时间。"他这样建议。他警告，美国人"可能为了表明我们是国际事务中的强国，我们也有积极的外交政策"，而有变得"仓促、不耐烦"的危险。在杜威看来，奉行"乐善好施的政策"从外部支持中国,取代从内部推动其实现抱负的做法,最终"对中国所造成的伤害",可能"如同用心险恶的政策带来的伤害一样多"。[95]

在杜威的文章中,符合逻辑的第二个重点是日本对中国的致命威胁和美国应该如何应对。杜威发现日本"令人费解又充满吸引力",[96]根据他的观察,"日本人聘用外国顾问的时候,看重的是结果,因此让他们放手去做,直到她学到了他们所能给予的一切。中国也聘用外国顾问,然后却有礼貌地把他搁置起来。对西方人的这两种态度,差异非常典型。它是造成日本快速进步和中国落后的主要原因"。[97]

在1921年发表在《新共和》上的《远东的僵局》(The Far East Deadlock)一文中,杜威宣称,"当今远东和平的钥匙在美国手上"。[98]他批评美国人追寻"收买日本"政策,[99]看到美国针对日本对中国的侵略竟然没有一个切实的对策,感到十分震惊。[100]杜威认为,"拒绝承认同'二十一条'有关的一切,是站在同日本和中国友好关系立场的唯一途径。而维护同这两个东方国家的友好关系,应该是美国人思想与行动的指南,只有这样,才能打开这把锁。"[101]在这篇文章里,杜威还谈到他对即将就山东问题召开华盛顿会议的看法,"我们不需要凡尔赛会议的提醒就知道,和平会议可能同战争一样危险"。[102]

杜威告诉他的美国读者,自从列强将山东权益转让给日本之后,中国听众向他提出了许多尖锐的问题。他们指出,中国人在战争期间因为被引导而树立起这样的信念,即随着德国战败,新的国际秩序将会在所有国家都受到公正对待的基础上建立起来,从今以后,解决国家之间问题时将不再是强权决定公理。这场大战是为了建立全世界各国——无论其领土大小或军事力量强弱——的平等权利而战。然而,战后和平会议做出的决定似乎在告诉人们,强国总有办法欺负弱国。中国人想知道,"难道中国就不需要逐步发展起军事力量吗?难道军事训练不应该为此纳入教育体系,成为常规教育的一部分吗"?[103]

杜威显然很同情中国人的感受。他在一封1919年7月2日给子女们的信中写道:"今天的报道是中国代表团拒绝在巴黎和约上签字,这个消息看上去好到令人难以置信,但是没有人知道真实情况如何。"[104] 7月4日,杜威又写道:"你们无法想象拒绝签字对这里的中国人意味着什么……这是民意的胜利,而这一切都是由这些年轻的男女学生发动起来的。中国人能够做出如此举动,美国当然应该感到羞愧。"[105]但是杜威同样谴责同胞的感情用事,正如他曾对中国学生运动表示反对一样。他批评美国人把"自己的感情、自己对于道义的执迷"当作万能的力量带入战争,对于"公理"的必胜抱有"近乎执迷的乐观","幼稚地相信,机器能够代替智慧,出于某种宗教的幻想,以为道义和'理想'具有自我推进和自我实现的能力"。[106]杜威警告:"日本人……在和平会议之前……承诺将德国在山东的权益交还中国显然是一个谎言,这一点美国人一定不能忘记。我来中国之前根本不了解这里的一切,对中国的赤贫一无所知。"[107]"令人作呕的是,"他补充道,"我们竟然允许日本指使我们采取保留态度并[为他们]辩解,讲什么门户开放,日本这时候早就将中国几乎所有的门都锁上,把钥匙揣在自己口袋里了。"[108]

在杜威的文章中,第三个也可能是最引人入胜的重点是他对中国人和美国人所做的比较,以及针对他们应该如何向对方学习所提出的建议。他认识到新文化运动的重要性,告诉中国听众,作为一个从有着"最新文化"的国家来的人,来到中国这个"有着世界上最古老最传统的文化"的国度,他立刻注意到许多明显的差异,也看到了许多惊人的相似之处。首先,中美两国都是陆地国家,除了俄国之外,只有他们是由统一的大陆领土构成的泱泱大国。第二,中国和美国都有众多不同的少数族群，不同的是，中国的少数民族都已成功地被归化，而美国的少数族裔仍处在归化的过程中。[109] 不过杜威指出，中国跟美国不同，中国"没有足够的自由空间做出改变，而必须在一个满载着传统、迷信和密集人口的文明中达到目标"。[110] 在中国生活了一年多之后，杜威写道："生活得越久……'究竟是什么造成了中国的落后'这个问题就越发突出，而对这个问题的回答也越发困难。中国朋友们对这个问题的回答几乎都有一个'假如'，而这个'假如'只会更增加回答的难度。"[111] 鉴于杜威的"经验表明，中国人柔顺听话，服从和迁就，适应性强——既不刻板，也不迟钝"，[112] 因此要想深入了解中国颇具挑战性，"历史可能被用来对某种情况加以渲染而激发人们的兴趣，使旁观者在希望和恐惧之间徘徊，也可能在人们寻求解决途径的所有努力面前呈现出令人迷惑的面孔"。[113] 杜威有时候会变得相当沮丧："中华文明实在太过厚重并且以自我为中心，通过一个外国人对中国施加外来影响，无一例外地根本连皮毛都抓不到。"[114] 在《中国的联邦制》一文中，杜威进一步指出，"中国建立在根据传统惯例自发形成的地方性社会关系网络之上。这一事实为整个社会提供了无与伦比的稳定性和向前推动的力量……我有时想，美国人自己一向鄙视政治，对于自助和地方性组织有自发的依赖，因此他们理所当然是唯一能够懂得中国发展进程的人"。[115]

鉴于中国所背负的沉重的历史包袱，杜威经常思考中国的过去会如何影响中国的未来。在1922年1月刊登在《亚洲》杂志上的《当中国人在思考》一文中，他问道："为什么中国没有率先开发自身的资源？……是不是因为她太古老了，所以她就带着愚蠢的惰性，因循守旧？还是说，面对那些侵犯她的文明精神的外来势力，这是她在无意识中以某种更为深奥明智的方式表示她的深恶痛绝？"[116] 杜威还强烈反对中国的布尔什维主义。美国公使馆的一位军事参赞曾经请杜威评估一下布尔什维主义的影响，[117]杜威为此撰写了一份详细的报告，日期为1920年12月1日。该份报告直到1960年才解密公开，但很少有学者注意到它。杜威并没有看到布尔什维主义在中国存在的直接证据，他对此颇为肯定，"因为我同那些有时被称作布尔什维克的教师、作家和学生的人有密切交往，事实上他们的社会和经济思想都很激进"。杜威承认中国学生"实际上全都是社会主义者，有些人自称共产主义者，很多人认为俄国革命是一件好事"，但是他们的思想并非来自俄国。宣传布尔什维主义的人"根本没有那种激进思想所惯有的口气和情绪"，事实上这"是学生的狂热，是学术的、情感的而非实际的"，是"中国由旧变新所产生的现象"。很多左翼人士的同情是"愚蠢和肤浅的，但这是学生开始思考社会问题和经济问题的迹象，并且是有益于未来的迹象"。杜威的结论是，"这里可能会发生一场类似的动荡，不喜欢的人会称那些人为布尔什维克。但是动荡恐怕不会来得太快，即使它来了，也只限于重复1911年本来要做的事情"。[118]杜威对苏维埃布尔什维主义的反对既是政治上的，也是哲学上的。

杜威坚决反对马克思主义，这一立场可能同他一贯义无反顾地鼓吹民主有直接联系。[119]例如，他告诉中国听众，民主社会的基础"是社会的每个成员自由参与建立其目标和宗旨，以及人人甘心情愿为实现这些目标全心全意做贡献"。他承认，"这样的社会可能不像专制社会那样总是显得稳定和运作顺畅，但是，如果它能够防止我们所说的一切邪恶，就比一个成员之间缺乏言论自由的社会强"。[120]杜威还讲解了什么是政府应有的正当职能，公民身份意味着什么，什么样的政府形式是最好的。[121]他讨论了国家的性质。在一次完全围绕社会主义主题的演讲中，他指出马克思主义的社会主义有许多缺陷，其受欢迎的程度在一战后已经开始下降。杜威指出马克思的预言是错误的，因为他用以作为判断基础的假设是站不住脚的。[122]

杜威对社会主义的批评主要建立在个人主义的理论基础之上，而个人主义是杜威的自由主义的基本原则，他在这里忽略了中国文化的传统信条和政治需要。杜威在关于个人权利的演说中表达了对中国未来的期望，他说尽管当下中国面临许多特殊和尖锐的问题，但这些都只是暂时现象，"中国必然会在不久的将来面临更持久和更根本性的问题，即两个舶来的且影响最为深远的问题：工业化的不可避免，以及随之而来的利己主义"。[123]

杜威对外国来华访问者的评价十分苛刻。在杜威看来，"即使他对中国有所了解"，这种了解也仅限于"套用西方概念对号入座"，结果"自然是朦胧晦暗而非光明的"。杜威指出，访华的外国人能为那些对中国感兴趣的人做的"最有启发意义的事情"，并不是同人们分享"古老的欧洲历史"中为人所知的过去对中国的认识，相反，他们应该强调"中国正在迅速发生改变"。在他看来，"继续把中国当做一个古老王朝制的中国来看待"是愚蠢的。[124] 杜威在中国的经历教给了他文化相对主义的重要性。在他看来，如果有一天东方和西方能够合作，必定是"站在真诚了解对方生活哲学的立场而作出的努力"。[125] 杜威在离开中国几年之后写了一篇文章，题为《美国人和远东》，他在文章中对美国人前往中国时所持有的态度作出评论：

我们带着各种观念和理想，带着感情和抱负去到那里；我们代表着某种文化，并把它当作让中国模仿的样板。我们一旦出发，便以父母长者的身份前往，带着忠告，带着指导，带着榜样和训诫。我们本应该像一个好家长那样培养中国按照她自己应该有的方式成长。然而，尽管这一切都出于和蔼大度之心，但它却造成了一种局面，造成了一种充满危险的局面。[126]

作为信使和大使的杜威成功了吗？

杜威为中国人和美国人之间架设桥梁，这种努力究竟取得了多大的成功和发挥了多大效用？他在1921年7月下旬离开中国之后，胡适宣称："自从中国与西洋文化接触以来，没有一个外国学者在中国思想界的影响有杜威先生这样大的。"胡适还指出杜威是真的爱中国和中国人。杜威在中国住了两年之久，在这多事之秋，他是他的中国听众和学者的"良师益友"，对外则是中国坚定的"译人与辩护士"。[127] 胡适显然十分推崇杜威，后来还为自己生于1921年的儿子取名思杜，顾名思义即"思念杜威"。看起来杜威确实在中国备受欢迎，所有受过教育的中国人都渴望听到他的演讲。[128] 杜威曾经与孙中山会面，讨论孙的"知难行易"主张，得到过军阀阎锡山的款待，同中国最重要的知识界改革者谈话。[129] 甚至毛泽东也至少参加过一次杜威的演讲大会，不仅熟悉杜威的理论，还曾极力向人推荐杜威的五大演讲汇编。[130] 此外，中国各地的重要杂志和副刊纷纷重印杜威演讲的中文译本，他的不同系列演讲被汇集成册，以五个版本发行。他的主要演讲汇编，即500页的《杜威五大演讲集》，由北京《晨报》出版发行了近一万册，在1921年风行全国。并且，这本演讲集至少再版了十六次。[131]

尽管杜威事实上并不是一个好的演说家，但他在中国受到如此广泛热烈的欢迎并不难理解。他的巨大声望要归因于在那样一个历史时刻，众多满怀忧虑和抱负的中国人认同他所提倡的价值观。他的演讲涉及中国人的社会目标，以及美国人对于这些目标的看法。正如我们前面所提到的，他对演讲题目的选择主要来自他的中国朋友和过去的学生胡适等人的建议，而他们则在为他做翻译的过程中利用自己的翻译技巧使这些演讲更加充满趣味和富于感染力。杜威在中国演讲中所针对的问题包括：大学与民治国家舆论的重要性、西方思想中之权利观念、职业教育与劳动问题、南游心影（南游闽粤各地的感想）、科学精神与道德、民治的意义、德谟克拉西（民主）的真义、民主与教育、实用与当代教育的趋势、自动与自治，等等。杜威的实用主义赢得了众多中国知识分子的推崇，[132] 他们被杜威关于民主问题的演讲"深深打动"，[133] 而所有这些问题都是中国人深切关心的问题。杜威的广受欢迎还源于这样一个事实，即对于许多中国人来说，他是新文化运动和五四运动中"赛先生"和"德先生"这两个英雄形象的化身。[134] 杜威还在中国的时候，英国哲学家伯特兰·罗素（Bertrand Russell）也同时在中国旅行和发表演讲。罗素抱怨中国人对哲学缺乏兴趣，他们唯一想要的就是如何改变他们的社会的具体建议。[135] 罗素的抱怨从另一方面为杜威的广受欢迎作了注解：杜威作为实用主义的主要学者，处处致力于讲求实际。中国听众分别向杜威和罗素提出了许多相同的问题，当罗素对中国文化的深层精髓更感兴趣，尽量避开社会或政治性问题的时候，杜威则以这样或那样的方式对这些问题做出回答。杜威曾在一次演讲中提到，"自从我来到中国之后，很多人都问过我，中国怎样才能引进西方的物质文明来发展自己的经济，同时避开伴随着物质发达而产生的那些问题"，[136] 杜威尽了最大的努力思考答案并提出建议。

杜威的很多想法也确实同中国人的传统价值观及思想相一致。正如丁子江在2007年的一篇文章中所言，"杜威之所以对中国产生影响，其原因之一就是他的看法带有'整体'的特点，而这一点同中国人的思维角度完全吻合"。[137] 杜威带到中国的最重要也是最根本的主张同儒家价值观有着深层次的共鸣——"教育即生活，生活即教育"。根据五四运动学者周策纵的看法，很多中国人接受了杜威的"教育即生活、学校即社会"的思想。[138]

尽管受到热烈的追捧，但是杜威在中国的这段时间却充满了讽刺的意味。正如雷默（C. F. Remer）在1920年所指出的，"杜威无法将自己的哲学应用到中国人的生活之中。这需要有一个像他贴近美国人的思想那样贴近中国人思想的人才能做到。不过，他还是能够以他在中国的现身说法帮助推动中国的进步，对于那些对未来满怀希望并且足够聪明的中国人来说，他们是可以接纳杜威的建议的"。[139] 不过，尽管杜威自己就是美国文化和价值观的化身，却被一些中国人甚至西方人称为"孔子第二"，甚至连他在北京大学的东道主蔡元培也曾作过这样的比喻。[140] 少数几位西方的杜威学者也把他称为"洋孔子"。[141] 如果我们还记得在五四运动时期孔子和儒家学说受到了猛烈抨击，还记得杜威在人们眼中被看作五四新文化运动的英雄，那么这种联系尤其令人感到是莫大的讽刺。在以民族主义和国际主义为主题的演讲中，杜威向中国听众指出，民族主义的作用好坏参半：好的方面是对国家和主权的忠诚，坏的方面则是对其他国家的敌视。[142] 杜威认为，大战在欧洲爆发的时候，"这是一场波及一切的全面战争，谁也逃不脱它带来的灾难。是的，民族主义的代价实在太大了。"[143] 然而，民族主义在1920年代的中国是最有影响的政治号召力之一。杜威曾经非常明确地向中国听众重申，社会主义和共产主义将对中国不利，但是许多中国人恰恰转向他所反对的这些意识形态，直到今天，中国仍然保持着社会主义国家的政治文化。

或许最大的讽刺在于，杜威竭力想要改变中国，增进中美之间的相互了解，最终改变最大的却是他自己。中国对这位美国哲学家的影响是中美两国共有历史当中的一个重要方面。根据杜威的女儿简（Jane Dewey）的回忆，在中国为时两年的生活，既拓展了她父亲的社会和政治思想，也使他变得更为激进。[144] 在她看来，不管杜威在中国发挥了什么样的作用，他在中国的生活都"给他带来了深刻和持久的影响"。他带着喜爱和赞赏之情离开中国，这种情感不仅是对那些与他关系密切的学者,更是对全体中国人的。"中国在他心中,是在祖国之外和他最贴近的国家。"她写道。[145]在特殊兴趣方面,最近的研究发现,杜威在中国进行巡回演讲的过程中,他的黑格尔政治哲学研究达到了巅峰。[146]对中国的访问改变了杜威的职业生涯,他来华之时其学术研究正陷入瓶颈,需要"好好休息一下"。作为"跨国哲学家",中国之行显然重新赋予了他学者的尊严。[147]杜威写道,中国给他的教育意义重大:"我是否取得了什么成就,是否有极大的收获,这都是另外一回事。如果要做出判断的话,中国仍然是一片巨大的空白和一堵不可逾越的高墙。我的猜测是,取得的成绩主要都是通过给年轻人'面子'或得益于自由开放的态度。这好像是一种不露痕迹的外在的充实。有些时候我还感到中华文明实在太过厚重和以自我为中心,外来因素……对之根本产生不了影响。"[148]杜威回到美国之后告诉一位哥伦比亚大学同事,由于他在中国的经历,"西方的一切看起来跟过去再也不一样了,而这种感觉简直如同得到在这个世界上人们梦寐以求的返老还童一样奇妙"。[149]真要感谢杜威作为学者和哲学家对美国社会的影响,可以说,正是通过杜威,中国给杜威带来的影响在同样程度上也间接地传递给了美国人。我认为,这是中国人和美国人建立共有历史的关键机制。

杜威于1919年来华,恰逢五四运动的爆发,这或许仅仅是个意外巧合,但是他决定做一个主要记录者和热忱的支持者则完全是出于他自己的意志,尽管他的中国学生也迫切希望他这样做。在研究杜威的学者中,很少有人强调他在创造中美共有历史中的作用。他撰写的关于中国的文章和著作,姑且不论其广度、范围和多样性,在极大程度上都注重美国对华政策,以及他对中美之间潜在合作的关心。正如塞西尔·多克赛(Cecile Bahn Dockser)注意到的,这些文章和著作"是专门为了将中国带入读者的意识之中,为了去除因距离和无知产生的错觉而构思撰写的,因为这些错觉妨碍美国人认清自己国家的对外政策所导致的后果"。[150]甚至在离开中国之后,杜威的兴趣仍在中美关系领域,他继续"写文章,这些文章预期,中美交往会在过高的期望与必然的失望之间徘徊"。[151]杜威将他在中国的角色视为两个有着某些共同价值观的不同文明之间的"中间人"。[152]就连杜威在中国所受教育的经历也是中美共有历史的重要组成部分,因为他在中国了解和观察到的一切,被迅速传递给美国读者,他在中国的演讲则显然为他赢得了重要的追随者,杜威正是通过他们进而影响了中国的现代民族发展。

在中国的这段时间是杜威个人生活以及职业生涯中的转折点,并且使他的哲学得到了最大程度的推广。但是在创造共有历史、同时给中美两国人民带来影响,以及为帮助两国人民走到一起所做出的努力方面,必须要记上杜威本人的功劳。根据巴里·基南的看法,"在国际关系中……在一个'公理'未能战胜'强权'的世界中,威尔逊主义理想的承诺未能得到兑现,迫使中国知识阶层重新思考战争的意义,思考协约国之间隐而未宣的外交目的"。[153]也许威尔逊主义确实在中国被威尔逊本人亲手葬送,然而这一中美两国之间相互学习的事例,创造出了最为活跃和最令人振奋的历史时刻。[154]正如另一位学者所指出的,"中国人严肃而又自觉地转向了作为哲学家和老师"的杜威,认为"他的想法可能更切合这个国家的实际"。[155]

杜威开启了对民族前途、社会道德以及个人身份认同等根本问题的不断探索,这对于一个问题多于答案的人来说真是再合适不过了。然而在下一代中国人眼中,杜威的实用哲学却未能通过实用主义的考验:它不起作用。

杜威在中国的影响程度同中美关系的发展趋势并驾齐驱。杜威的思想在1950年代的中国遭到了猛烈批判，胡适的儿子思杜选择留在中国，但最终由于同胡适和杜威的不幸关联而自杀。然而，当邓小平重新掌权之后，"实事求是"以及"摸着石头过河"成为1970年代后期改革的政治指导方针，人们可以感觉到杜威的影响又以一种积极的方式回归。在2005年，位于上海的中国一流大学复旦大学甚至成立了着重"杜威研究"的"杜威中心"，这对任何学者来说都是罕有的荣耀，更不用说是一个美国人了。到目前为止，杜威中心的主要工作是出版了中文版的《杜威全集》。或许对于中国人和美国人来说，现在到了重新思考杜威作为中国人和美国人两方面的代言人所起的作用，以及从他的经验中吸取教训的时候了。

大众文化与中美关系

第六章

由体育运动而产生的共有外交旅程

在娱乐消遣方面,中国人同他们的西方朋友最大的差别,就在体育运动上,没有比这更大的差异了……西方体育运动已经被介绍到中国的一些教会学校及其他学校,但是我非常怀疑它能否真的在我的同胞中流行起来。这些运动太激烈,在东方人看来也有失身份。然而,一旦旅居海外的中国人切实投身西方竞技运动,就能证明他们自己和所有的竞争对手实力相当,他们在马尼拉奥林匹克运动会的成功就是明证。

——伍廷芳,1914

伍廷芳是德高望重的中国驻美外交官，他透过自己的观察于1914年写道："西方人身上令我仰慕的男子气概，在很大程度上必定来自他们对健康体育运动那种天生的热爱"，他进一步补充道，"中国人永远想不到，几千人聚集到一起仅仅为了看一场比赛。"他从国家利益的角度对体育运动和比赛作了诠释："如果我们在青少年时期就学会了参与运动竞赛，成人后我们将会是一个更加团结的民族。"[1] 伍廷芳当年对于西方体育运动能否在中国流行持有怀疑及悲观情绪，这种悲观情绪在一定程度上奠定了中国人的一种文化纠结心理，迟至2005年，此种心理仍然反映在官方新闻通讯社的评论当中："在并不太遥远的记忆里，我们积贫积弱，生活在黑暗之中，倍受帝国主义的欺侮。有着数千年文明的中华儿女被称作'东亚病夫'。"[2]

这些怀疑长期留在人们心中，直到北京被选为2008年夏季奥运会的主办城市时才终于消除。作为对那些讥讽和批评意见的驳斥，奥运会期间北京空气清新，交通顺畅，没有任何建筑物倒塌。全世界都被北京奥运会盛大壮观的开幕式和闭幕式、无与伦比的比赛设施、无数志愿者脸上的微笑，以及中国运动员所取得的优异成绩所震撼，对之肃然起敬。中国不仅通过体育运动加入了国际社会，而且称王称霸。[3]

然而很少有人意识到，正是由于中美两国人民之间长达一个世纪的充满纠结的错综历史，才带来了这些体育运动和比赛。美国人当然是与中国人竞争金牌和胜利荣耀的对手，但是从第一天起，也正是他们帮助塑造了中国人走向世界的梦想，并为实现这个梦想助中国人一臂之力。一方面是民族抱负、地域政治和国际外交，另一方面是理想力量的推动，体育历史又一次揭示出此间的种种紧张竞争关系。更重要的是，通过体育运动，中国人和美国人共同写下了他们之间共有的漫长历史的一个篇章，使他们不论作为同盟还是竞争对手，不论在运动场内还是场外，都在一步步向对方靠近。

美国人、基督教青年会和中国的奥林匹克之梦

古老的中国在1895年崩溃。那一年中国不仅被打败，而且是被日本打败。日本摧毁了中国的北洋舰队，而此前无论官员还是上层士大夫都将北洋舰队看作"自强"的标志，看作以儒家文化为本走向现代化的证明。如今问题已经不再是如何才能保存儒家文化，而是如何改造它。很多人得出的结论是，中国这个"东亚病夫"需要一剂猛药。病根在于中国已经失去了"尚武"精神，中国人在体质上已经变得虚弱不堪。著名政治改革家梁启超在《新民说》一文中写道："尚武者，国民之元气，国家所恃以成立，而文明所赖以维持者也。"对于梁启超和许多人来说，"尚武"精神是西方列强和日本国力强盛的关键。[4]梁启超认为，失去了这种尚武精神使中国"其人皆为病夫，其国安得不为病国也"！[5]1890年代的中国人，像同一时期的美国人一样，似乎都在经历一场理查德·霍夫斯塔特（Richard Hofstadter）所说的"精神危机"，尽管原因不尽相同。[6]在19、20世纪之交，恢复尚武精神的渴望激励着中国人——也同样激励着美国人——热衷体育运动，信奉武术精神，崇尚男子汉气概。[7]

培育起人们心中西方体育运动与民族自强之间联系的是基督教青年会（YMCA），该组织曾在中国各地城市中大力倡导力量型的健身运动。事实上，是基督教青年会而非国际奥委会将中国带入了体育竞技世界。1895年，也就是中国人在甲午战败之后进行自我反省的一年，基督教青年会在天津开设了第一个分部，通过赞助比赛、

发行杂志和举办讲座，推广现代体育运动。在基督教青年会的领导组织下，第一届中华全国体育运动会于1910年举办，不过，运动会上的主要官员和裁判都是外国人，竞赛使用的官方语言是英语。

基督教青年会的官员懂得并且具有中国人对于拼搏精神的那种痴迷。天津基督教青年会干事、美国人麦克乐（C. H. McCloy, 1886—1959）指出，自古以来，在黩武的进攻性文化与开化却被动的文化之间，前者经常占上风。许多中国人赞同麦克乐的论点：中国要想在这个危险的世界生存并取胜，就必须追随黩武和进攻的榜样。[8]

早在1907年，基督教青年会的官员就已经开始系统地在中国提倡现代奥林匹克运动，介绍即将在1908年举办的伦敦奥林匹克运动会。后来成为南开大学校长的张伯苓可能是第一个认真谈论体育运动、表达中国人参与体育比赛的雄心壮志的中国人。[9] 1907年10月24日，张伯苓草拟了一篇演说稿，在基督教青年会做公开演讲，这是一篇关于奥林匹克运动历史的演讲，他建议中国聘请美国的奥运会获奖选手来做教练。[10] 天津基督教青年会在1908年举办的一次讲座重点围绕三个问题展开：（1）中国何时能向奥运会送出能获胜的运动员？（2）中国何时能向奥运会送出能获奖的代表队？（3）中国何时能够邀请世界各国的人来北京参加国际奥运会？[11] 一名基督教青年会干事在报告中写道，这场讨论"异乎寻常地"紧紧抓住了"中国官员、教育家和学生的心和想象力"。[12]

但是，由于资金缺乏，没有好的运动员，加上政治动荡，中国人参加奥运会的梦想一直推迟到1932年才得以实现。在那之前，中国人更关心的是推动中国走向国际化以及中国的外交战略，尤其是民族存亡以及决心在国际社会占有一席之地，而非对体育运动的热爱。正如美国人和基督教青年会播下了中国人对现代体育运动兴趣的种子，中国人对奥运会具有重大意义的参与在深层次上也有与美国的联系。由于缺乏资金资助更多的人参加1932年的洛杉矶奥运会，中国最初打算只派一名观察员前往。[13]然而，1932年6月12日传来了令人震惊的消息：伪满洲国，即日本人在中国东北建立的傀儡政权，要派刘长春和于希渭这两名中国最好的短跑和长跑选手前去参赛。由于美国已经宣布不承认伪满洲国，组委会拒绝傀儡政府派队前往。在接下来的一片喧嚣中，中华全国体育总会最终决定参加奥运会，依旧派出这两名选手，但将以中国的名义参加。刘长春在日本占领中国东北之后便移居北京，他在报上声明，作为一名爱国的中国人，他决不会在任何条件下代表傀儡政权参赛。[14]日本人随即软禁了于希渭，禁止他离开。因此，最终只有刘长春一人代表中国"单刀赴会"。

美国人深知中国的一人代表队所肩负的重大意义："孤身一人代表着四万万人民。"[15]一名美国观察员评论道："中国！我为这名年轻人喝采。只有他孤身一人参赛，以及几名教练。"[16]刘长春没有在这次奥运会上获得任何奖牌，甚至没有跑进前六名。[17]然而，他的参与是中国走上世界舞台的重要标志。他的日记被刊登在全国各地的报纸上，将洛杉矶奥运会的消息带给了家乡的同胞，他的参与也将中国带到了全世界面前。中国人决心以体育为媒介参与国际事务，在世界舞台上树立形象，刘长春参与1932年奥运会标志着这种努力及其突破性的转折点，尽管这一标志总的来说只是象征性的。

小球过网：乒乓外交

随着1949年中华人民共和国的成立，北京和华盛顿成为水火不容的对手，没有任何正式外交关系。而经过二十多年的相互猜疑和误解之后，只有某种非凡的东西才能带给双方明确的信号，使双方朝着建立更好关系的方向迈进。后来被证明，这非凡的东西就是乒乓球。[18]

1960年代后期，新当选的总统尼克松认识到，他需要中国的帮助。他需要将美国从越南的困境解脱出来，利用打中国牌来对抗苏联。尤其是，他想通过打破与中国关系的坚冰，以世界一流政治家的形象留名青史。同样，毛泽东也意识到在同美国更好的关系中能够取得战略性收获。[19]中国在外交孤立中蒙受着巨大损失，更重要的是同苏联的关系相当恶化，以至于1969年两国在边境线上爆发了一场正面军事冲突。1968年的所谓勃列日涅夫主义提出，如果有社会主义国家胆敢挑衅苏联的权威，苏联有权对之进行武力干涉，毛泽东担心这一理论会被用来对抗中国。苏联甚至问过，如果苏联对中国的核武器设施进行攻击，美国将如何反应。[20]北京承受不起与两个超级大国同时为敌。跟尼克松一样，毛泽东现在也认为中美之间改善关系可以带来诸多好处：首先，可以打"美国牌"来对抗苏联的威胁；其次，如果尼克松确实想要改善同北京的关系，毛泽东可以借此机会重申对台湾的主权。[21]

这就是第31届世界乒乓球锦标赛在日本名古屋开幕时的背景。比赛于1971年3月28日至4月7日举行。[22]毛泽东亲自下令"我们的代表队应该去"，但他批准了一项规定，中国队员不能主动与美国人打招呼或交谈。中国队员可以同美国人握手，但不能交换队旗。[23]鉴于高层的指示，日本赛事机构为中美两国代表队分别安排了运送选手的专用客车，如果美国人不采取主动，中美两方的队员是没有什么机会对话的。

尽管美国代表队领队拉福德·哈里森（J. Rufford Harrison）后来否认他本人或美国乒乓球协会主席格雷厄姆·斯廷霍文（Graham Steenhoven）曾经要求中方发访问邀请，但在密歇根大学口述历史

第六章　由体育运动而产生的共有外交旅程

中国乒乓球代表团入场（选自《友谊之花遍地开》）

项目的一次采访中，他确实谈到，他不记得中国人是否主动接近过美国人，但是"我们偶尔会去接近他们"。他还承认，在第一次会面结束的时候，中国人谴责美国人在台湾问题上的立场，他还称赞了中国队翻译的英语水平。当被问到美国队员是否表示过要抓住这个机会到中国去时，他告诉采访者：

> 是又不是。就算有人想去，我也不知道是谁，但是如果有人比如像格伦·科恩（Glenn Cowan）去找宋中或者翻译或别的什么人，跟他们说，我们想去中国，给我们发一个邀请吧，那并不是美国队集体出面要求邀请，而是美国队中个别人的要

求。如果是斯廷霍文或者我本人去找中国人，对他们说，我们想知道我们代表队在归国途中是否有可能访问中国……那这是我们整个代表队要求邀请。没有这样的事情。我们没有去要邀请。不过我想确实有个别人说过他想去中国，但我不知道是谁。[24]

斯廷霍文在另一次采访中谈到："并且，事实上，我们肯定说过，天啊，我真想去[中国]。我敢肯定这样的话是说过的。"当得知加拿大和哥伦比亚等代表队收到了中方邀请之后，斯廷霍文说，"我们羡慕极了"。斯廷霍文还提到，在一次中国人抨击美国人关于台湾代表资格的立场的会上，他和其他美国人没有做出反应。在中间休息的时候，他恰好站在宋中和他的翻译旁边。

> 我想，这是谈一谈的好机会，于是我走近他们说，我来参加这些比赛的时候随身带了一些……印有肯尼迪总统头像的半美元硬币，他们若是接受，我很乐意把硬币送给他们作为美国纪念品，如果他们不接受，我就不送，这样他们就不会感觉受到冒犯。他们说可以，他们能接受。因此，在同中国人会面之前，我同他们的唯一接触就是在这一天所做的这种善意举动。

他还谈道，相对于其他高水平的代表队，美国队员尤其注意中国队："如果你想看最好的选手，就要看中国队，你会从他们那儿学到东西。"[25]

4月4号那天，当美国队员格伦·科恩跳上中国代表队的大客车，全世界的目光都集中在这个突如其来的中美接触上。中国队员不敢跟科恩说话，唯一的例外是庄则栋，他送给科恩一件小礼物以示友好。庄则栋后来对这件事作了说明。当时中国队没有人理睬这位年轻的嬉皮士，庄则栋想起，1970年毛泽东曾告诉毛认识很久的

第六章　由体育运动而产生的共有外交旅程　　　　　　　　　　251

庄则栋和格伦·科恩（选自《友谊之花遍地开》）

一个人，美国记者斯诺（Edgar Snow），他希望中国人和美国人能够做朋友。想到这，庄则栋站起来，通过翻译告诉科恩，尽管美国政府敌视中国，但是中国人民和美国人民还是朋友。为了表示友好，庄则栋送给了科恩一件小礼物。能够收到世界冠军庄则栋的礼物，科恩喜不自禁，第二天便回赠给庄则栋一件T恤衫，并表示他希望有一天能够访问中国。[26] 尼克松的国家安全顾问基辛格在回忆录中说，庄则栋的姿态事先肯定得到了上级批准，"因为如果来名古屋前没有对美国人表示友好的明确指示，中国人是不会同意他这样做的。中国人有个最奇特的天赋，就是能将精心设计的事情做得天衣无缝"。[27] 但庄则栋和科恩的接触事实上是一个意外，连毛泽东本人也是从西方媒体上才得知这件事。[28]

美国乒乓球代表团在长城上（选自《友谊之花遍地开》）

第六章　由体育运动而产生的共有外交旅程　　　　　　　　　　　　　253

在一份日期为4月3日的秘密报告中,中国乒乓球代表团报告周恩来,美国队员态度友好——领队和其他队员一共同中国队员接触过六次,但是报告提出,"如果我们允许美国乒乓球队访问中国,而美国左翼和有影响的政客还没有去过,这在政治上可能对我们不利"。周恩来表示同意,但补充道,尽管中国这一次不邀请美国人前来,但"我们可以留下他们的通讯地址,以便将来联系,不过我们要向美国领队郑重声明,中国人民坚决反对'两个中国'、'一中一台'的阴谋"。周恩来随即将报告转呈给毛泽东。[29]

毛泽东再一次比周恩来走得更远,将事情向前推进了一步,他发出指示,邀请美国乒乓球代表队访问中国。[30] 由十五人组成的美国代表队于1971年4月10日来到中国,自1949年之后,这是第一个得到官方批准访问中华人民共和国的美国团体。他们访问了北京、上海、杭州,在4月17日离开中国之前,还进行了两场友谊比赛。尽管这是毛泽东的决策,但是周恩来亲自过问了所有细节安排,甚至包括敲定让美国人看的表演节目单。美国人的访问中最重要的时刻是4月14日美国队得到周恩来亲自接见。按照基辛格的形容,这种荣幸是"绝大多数驻北京外交官梦寐以求而无法满足的奢望"。[31] 在精心安排的会见中,周恩来引用孔子的话欢迎美国人:"有朋自远方来,不亦乐乎!"他还告诉他们,中国人民和美国人民过去曾经很友好,但是两国之间的这种友好交往从1949年起就中断了。现在,"随着你们这次应邀来访,打开了两国人民友好往来的大门"。[32] 周恩来甚至不厌其烦地回答了留着长发的格伦·科恩提出的问题,表达他对美国嬉皮士文化的理解(为了表示感谢,科恩的母亲后来特意订玫瑰花送给周恩来,并拍了一封电报。)[33]

美国乒乓球队一踏上中国的土地便吸引了全世界的目光,《时代》杂志以球员们登上长城的照片作为封面,进行了重点报道。此行之后,年轻的科恩欣喜若狂,他带着某种夸张的自信声称,"我

中国乒乓球员教美国人打球（选自《友谊之花遍地开》）

想我可以轻松地在周恩来和尼克松之间斡旋"。[34] 周恩来指出，这是以小球转动全球政治这个大球。[35] 的确，基辛格后来形容，当白宫收到毛泽东向美国乒乓球队发出访问邀请的消息时，"我们都惊呆了"。[36] 不过，尼克松和基辛格立即精明地抓住了这个讯息。正如基辛格所写的，"从诸多方面来说，接下来的一星期是乒乓外交整个曲折过程中最让人坐立不安的部分。只有总统和我两个人懂得周恩来之举背后的深意，因为只有我们清楚北京与华盛顿之间的所有联络"。[37] 中国人发出邀请之后，基辛格评论道："正如中国人的所有举动一样，这件事蕴藏着多重含义，被巧妙粉饰的表象反而是最不重要的。"对年轻的美国人发出访问邀请，标志着中国承担起了改善两国关系的义务，但是"在更深层的意义上，这是再一次 [向

第六章　由体育运动而产生的共有外交旅程　　　　　　　　　　　　　255

美国人]作出保证——比通过所有外交渠道进行的外交联络所做出的保证更为可靠——现在已经确定会被邀请的使者将踏上友好的土地"。从中国人的角度来看，运动员"不可能代表任何政治派别这个事实"反而使他们的来访更具吸引力。在基辛格看来，中国的姿态"暗含对我们的警告：如果中国人采取的主动遭到拒绝，北京方面可能会积极采取民间交往的手段，以公开活动的方式寻求达到自己的目的，就像河内所做的那样"。[38]

　　幸运的是，对尼克松来说中国人的举动恰好完全符合他的需要。尼克松为此激动不已，因为通过乒乓外交，"中国给了我们灵活机动的空间来对付俄国，我们现在不再走投无路"。[39] 事实证明，美国政府在老挝等地的所作所为都是失败的，"而这时中国人采取了行动，乒乓球代表队，以及更了不起的事情，使美国的失败完全淡化"。接下来则是将要产生的"巨大影响"，基辛格甚至预言，"如果我们把这件事情办好，今年就可以结束越战"。[40] 为了保持事态的发展，尼克松要美国队从中国回来之后立即造访白宫。早在4月12日，当美国队第一次来到中国之后，总统特别顾问约翰·斯卡利（John Scali）便向尼克松提交了一份长篇备忘录，建议他"充分利用"这次访问。[41] 但是基辛格认为尼克松不应该"在中国这件事上做过头，等我们取得更多进展再说"。[42] 尼克松急于采取行动，命令基辛格等人研究在外交上采取主动措施进一步改善中美关系的可行性方案。[43] 4月14日尼克松宣布了对华政策上的许多重大改变：取消长达二十年的对华贸易禁运，并从现在开始准备加快发放从中华人民共和国来美国访问的个人或团体签证，放宽货币控制，允许北京方面使用美元，取消对那些为前往中国或来自中国的船只或飞机提供燃料的美国石油公司的限制，并解除一些其他贸易禁令等。[44] 两天之后，即4月16日，尼克松告诉美国报纸主编协会成员，他非常乐意访问中国。[45]

一旦坚冰被乒乓球所打破，双方便迅速向对方靠拢。7月9日，基辛格秘密访问北京。在他与周恩来的第一次会谈中，周恩来提醒基辛格："最近我们邀请了美国乒乓球代表队访问中国……他们能够证明中国人民欢迎美国人民来访。"[46] 当尼克松终于在1972年2月21日来到北京的时候，毛泽东向他解释主动采取乒乓外交的原因："我们办事也有官僚主义。比如，你们要搞人员往来这些事，我们就是死不肯，说是不解决大问题，小问题不干，包括我本人在内。后来发现还是你们对，所以就打乒乓球。"[47]

毛泽东这里所指的"大问题"就是台湾问题。令尼克松感到十分不安的是，1971年10月中华人民共和国获得联合国合法席位后，北京迅速赢得巨大的回报。[48] 在1971年8月12日的一次非正式情况报告会上，在就台湾问题对北京作出让步之后，基辛格说："他们开始与我们建立关系时，放弃了一些极为重要的东西。他们放弃了革命的纯洁性。只要我们没有摧毁中国的城市，他们就不会取消[尼克松]访华。我们并没有为中国的这次开放付出什么代价，我认为将来也不会付出任何代价。"[49] 尽管基辛格竭力要对整个议题摆出一副强硬的姿态，但是美国所放弃的比它承认的要多得多。除了在至关重要的台湾问题上让步之外，美国还将国际合法性和可信度放手交给了北京。[50]

周恩来于1972年初告诉美国人，"我们希望能在明年春暖花开的时候回访"。[51] 从长远的观点来看，所有人都赞同中国人访问美国甚至要比美国球队访问中国更为重要，但是美国乒乓球协会缺乏资金赞助。在这个关键时刻，一个非营利的私人教育机构美中关系全国委员会（National Committee on United States-China Relations）介入，提供资金并组织安排中国人员的来访。该委员会成立于1966年，声称成员中有众多有影响的学者、商业领袖和前政府官员，其中包括费正清（John King Fairbank）、威廉·邦迪（William

第六章　由体育运动而产生的共有外交旅程　　　　　　　　　　　　　　　257

Bundy）、乔治·鲍尔（George Ball），以及将近两百名对亚洲有专门研究的学者和专家。该委员会自成立以来，通过向国会提供简报和在全国举办讲座，已经默默地为重新检验美国对华政策打好了基础。[52]

1972年4月12日，尼克松的私人代表约翰·斯卡利前往底特律迎接访美的中国乒乓球代表队。他说："周总理向我们提议，你们将在百花盛开的时候来到我们国家，他可能没有意识到在密歇根春天来得有多么迟。"[53] 尼克松因中国人的来访而非常激动，以至于想在白宫的网球场举办一场乒乓球表演赛[54]，并打算邀请内阁成员偕夫人观看。[55] 但是，尼克松4月17日对河内及海防这两座越南城市进行轰炸的决定，破坏了这一计划。访问白宫计划日程的墨迹未干，尼克松的手下已经意识到一切都不得不重新来过。斯卡利对基辛格说："在北越正遭到我们轰炸的时候，中国人在白宫打乒乓的照片和报道可能会迫使中方不得不解释他们为什么在总统命令轰炸北越的时刻还同他攀交情。"[56] 事实证明斯卡利的保留意见是正确的。4月18日一早（美国东部时间4月17日下午）周恩来和外交部主要负责人召开紧急会议，决定乒乓球队应该口头通知美国人，他们将拒绝去白宫见尼克松。但当周恩来将这一决定报告给毛泽东时，毛泽东回答说这次访问应该是民间来往，提醒周恩来美国人在中国的时候是受到中国领导人接见的，拒绝同尼克松会面可能会使人觉得中国人太无礼。因此，毛泽东指示，尽管北越遭到美国轰炸，但中国代表队同尼克松见面并向美国赠送大熊猫这两件事要照常进行。周恩来立刻更改了他对乒乓球队的指示。[57]

一只小小的乒乓球，当时大约只值25美分，竟然发挥了如此不可估量的作用。当中华人民共和国于1971年10月成为中国驻联合国的唯一合法代表之后，收获是巨大的。[58] 白色小球也为北京最终重返奥林匹克大家庭提供了重要的合理依据。在尼克松于1972

年访问北京之后，许多国际奥委员会成员纷纷支持北京成为会员国，最终使北京在1979年回到了奥林匹克成员国的行列。

1980年莫斯科奥运会及北京与华盛顿的共同外交目标

莫斯科将要主办1980年夏季奥林匹克运动会。对于苏俄政权来说，"决定让世界上第一个社会主义国家的首都承办奥运会，这样的光荣表明了国际上对我国一贯的政治外交政策正确路线的肯定，也是对苏联在为争取和平而做出的巨大贡献的承认"。[59]有意思的是，北京也对莫斯科奥运会充满期待。

自从1958年退出国际奥林匹克运动之后，1979年，北京也为能够有机会参加奥运会、对外展示中国的新面貌而振奋。邓小平公开表示中国愿意举办奥运会，一些美国人也非常乐意帮助中国实现这个梦想。1979年8月14日，一位颇有影响的美国人特伦斯·斯坎伦（Terence J. Scanlon）同中国体育官员会面，就在中国举办1988年奥运会提交了一份策划书。在北京的会议上，斯坎伦提议成立一个委员会，由十二名分别在奥运会、推广体育运动、体育新闻产品、金融和资格证书、国际政治，以及公共关系方面有背景的人员组成，为在中国举办奥运会做充足的准备。[60]

然而，中国在夏季奥运会上期待已久的亮相不得不向后推迟。在1979年的最后一个星期，苏联向邻国阿富汗发动了一场大规模进攻。很多美国人害怕这一进攻将中断美国的石油供应。针对苏联的侵略行为，卡特政府决定利用体育作为外交手段，对莫斯科奥运会进行抵制。国家安全委员会建议美国"对外宣布，对于是否参加奥运会的问题，我们正在重新考虑。我们可以声明，当年参加1936

年柏林奥运会是一个错误,我们不会再犯同样的错误"。同时还有一个主张,即向中国出售反坦克大炮和地面雷达。[61] 将中国带入美国对抗苏联以及反对其出兵阿富汗的大战略当中,这一意图在美国政府内部获得了广泛共识。苏联这边则立志要将奥运会办成展现给世人的第一流盛会,不惜斥资三十亿美元进行准备,使这场奥运会成为当时史上耗资最多最为昂贵的奥运会。[62] 众多国家对奥运会的抵制会使苏联人极为难堪,同时也向全世界表明,美国仍然是一个占领袖地位的超级大国,有能力对苏联予以反击。

这场抵制在总统大选之年对于卡特来说是极为重要的作为。[63] 卡特写道,他在1月20日,也就是爱荷华州政党预选会议正式拉开总统候选人初选序幕的前一天,做出了抵制奥运会的决定。由于美国驻德黑兰大使馆被占,自从1979年11月4日起,美国国内的政治形势发生了显著变化。通货膨胀达到了长期以来未曾有过的严重程度,伊朗人质危机陷入令人不安的对峙僵局。卡特告诉他的顾问们,他在许多方面都对当前的美国外交政策感到愤怒。卡特认为,苏联人在阿富汗"成功地在美国及其盟友之间造成不和","并且我们的盟友特别是法国还在当中出了力"。卡特沮丧地承认,"我们唯一能做的,也就是利用奥运会来牵制[俄国人]了"。[64]

尽管如此,要想成功抵制奥运会并不是一件简单的事。首先,正如白宫法律顾问劳埃德·卡特勒(Lloyd Cutler)提醒卡特的那样,"尽管您是美国奥委会名誉主席,但您并没有凌驾于委员会之上的法定权力。实际上,根据国际奥委会的规定,[国家奥委会]'必须独立自主,必须抵制来自任何方面的压力——不管这些压力是政治的、宗教的,还是经济的'"。作为私营机构,美国奥委会(USOC)主要依靠私人捐款运作,通常不接受联邦政府任何资助,因此美国若要成功抵制奥运会,必须得到美国奥委会的同意。在这方面卡特不具备任何法定权威,除非他启动《国际经济紧急控制法案》

(IEECA)。但是,如卡特勒指出的,这样做有很大困难,因为卡特必须宣布,苏联入侵阿富汗导致美国进入国家紧急状态,因此禁止美国旅行者同苏联以及在苏联的任何个人或团体有任何接触。美国奥委会自然会反对美国对奥运会的抵制或采取任何类似的行动,因为这会损害奥运传统,削弱奥委会的权力。[65] 再者,启用《国际经济紧急控制法案》弊大于利,极有可能造成美元在国际市场贬值,加深美国的通货膨胀,加剧其他国家同美国之间交往中已有的紧张关系,并使人们对既定的能源政策产生信心危机,触发恐慌。[66] 尽管存在诸多风险,卡特仍然正式批准启动《国际经济紧急控制法案》,将其作为实施经济和文化制裁的手段。[67]

要摆脱这一困境还有一个途径,就是说服国际奥委会将奥运会举办地转移到别的城市——比如曾举办过1976年奥运会的加拿大城市蒙特利尔,或者澳大利亚的墨尔本。加拿大人看上去很喜欢这个主意,尽管他们肯定会在财政等方面遇到困难。[68] 然而,国际奥委会不支持这一更改,对这些城市来说,不管怎样,在这么短的时间内接手都是极其困难的。延期举办1980年奥运会的选择也不切实际,特别是,在历史上只有在两次世界大战期间奥运会才被取消。所以,卡特最后只能选择抵制奥运会。1980年1月20日,他致信美国奥委会:"我认为苏联对阿富汗的入侵以及对阿富汗人实施的镇压严重违反了国际法,是对世界和平极其严重的威胁。"他强烈要求美国奥委会向国际奥委会提议,如果苏联一个月之内不从阿富汗全部撤军,便要求国际奥委会改变奥运会主办地,或者推迟、取消奥运会。如果国际奥委会不接受美国的这些提议,美国将不会派代表队参加此次奥运会。[69] 卡特进一步表示,"苏联政府将在莫斯科举办1980年奥运会看作具有重大政治意义的事件,如果由于苏联军队入侵阿富汗而使得奥运会不能在莫斯科举办,那么,[苏联政府]就无法再向苏联人民隐瞒这种表明全世界义愤的强烈信号,并且这

第六章　由体育运动而产生的共有外交旅程 261

种义愤将在全球引起更多反响。这样可能会进一步阻止其将来的侵略行为"。[70]

卡特从一开始就直接处理对奥运会的抵制。他收到国务卿万斯（Cyrus Vance）有意参加一个同美国奥委会官员见面会的备忘录之后，便手写一份备忘录给助理乔迪·鲍威尔（Jody Powell）："告诉国务院和其他人（还有你）撒手不要管奥运会的事。让劳埃德和我来处理。"[71]绝大多数的美国人看起来都支持卡特的举动。1月29日，参议院批准了众议院提出的决议案，呼吁将夏季奥运会主办地从莫斯科转移，如果国际奥委会未能更换奥运会主办地点，美国队将不会参赛，美国人也不能以任何资格参赛。2月中旬，美国奥委会主席公开宣布他的组织已经接受了卡特总统的决定，不派代表队参加奥运会。[72] 3月21日，卡特在白宫向美国奥委会代表发表讲话，他说："在这一时刻我说不准其他国家会不会参加莫斯科举办的夏季奥运会，但我们的[代表队]是不会去的。我的话绝不含糊。"[73]不过，正式决定还必须经过美国奥委会成员的表决才能做出，而直到4月美国奥委会才有了表决结果。1980年4月1日，一些国会山上位尊权重的美国国会议员致信美国奥委会，敦促奥委会成员不要出席莫斯科奥运会。信中指出，"参众两院分别以95%和96%压倒多数的赞成票决定采纳议案，我们要求不要有任何美国代表队前往莫斯科，除非苏联立即从阿富汗撤军"。[74]

如果说卡特总统的个人游说对于组织美国人抵制奥运会是必要的，那么说服世界其他国家则要困难得多。1980年1月20日，也即卡特决定抵制莫斯科奥运会的同一天，他致信大部分国家的元首，声明："我无法支持美国参加在莫斯科——一个出动武力对阿富汗进行军事入侵的国家的首都——举办的夏季奥运会……我希望您能呼吁贵国奥委会采取同样的行动。"[75]卡特甚至派出奥运会金牌得主穆罕默德·阿里作为总统特使，去说服非洲国家一同支持抵制行动。[76] 许多同美国关系密切的盟友如西德，则并不那么热心。2月11日马歇尔·布莱蒙特（Marshall Brement）通报劳埃德·卡特勒，他对于抵制的前景感到"担心和相当不乐观"。[77] 2月25日，布莱蒙特告诉总统国家安全事务顾问布热津斯基（Zbigniew Brzezinski），由于加拿大模棱两可的立场和意大利要参与莫斯科奥运会的议论，"抵制奥林匹克的局面似乎正在瓦解"。法国人坚决反对抵制行动，并且得到了丹麦人的支持。[78] 西德政府则直到4月23日才同意加入抵制行列。[79] 英国奥委会不顾英国政府的反对立场，投票表决参加奥运会。正如劳埃德·卡特勒对卡特所言，抵制运动失败的风险极大，"尤其是如果出现英国的背叛"。[80] 为了对日本政府施加压力，卡特在5月写信给日本首相大平正芳，信中说："如果自由世界主要国家的奥委会不以勇敢的西德为榜样的话，不仅在苏联，而且对于整个世界来说，都将严重削弱人们对于盟国间的坚定决心和团结一致的认识。"卡特的一张手写便条指示，要美国驻日大使以口头或书面的方式将讯息传达给日本首相，而且态度一定要"强硬"。[81] 迟至5月21日，已经有四十七个国家决定不派代表队参赛，而日本、澳大利亚、以色列和西班牙仍然没有做出最后决定。在前往莫斯科的包括二十五支欧洲代表队在内的一共六七十支代表队中，参赛的国家则很平均地东西方各占一半。[82]

1980年莫斯科奥运会对于中华人民共和国来说，代表着重返国际体育竞赛的最佳时机。不过，无需美国人的呼吁，中国很快就表态支持抵制行动。从严格意义上讲，北京实际上是通过参加1980年在纽约州普莱西德湖举办的冬奥会重返奥运舞台的，当然当时并没有多少人注意到中国人的出现，他们的表现也乏善可陈。以奥运会为平台而成为世界瞩目的中心，这样的机会北京直到1984年才等到。

直到最近有关文件解密并向学者开放之后，北京抵制1980年

第六章 由体育运动而产生的共有外交旅程 263

莫斯科奥运会决定背后的故事和本章关于中美共有经历的许多细节才为人所知。现在我们可以进一步了解中美两国如何一起努力对付苏联。要认识中国抵制莫斯科奥运会决定背后的美国影响,就必须牢记1979年是中美关系史上具有特殊意义的一年。这一年,中华人民共和国在缺席了二十多年之后重返现代奥林匹克运动竞技场,更重要的是,在经历了三十年外交上的相互隔绝之后,北京和华盛顿在1月1日正式互相承认。1978年5月26日,卡特在日记中就布热津斯基访问北京写道:"他对中国人招架不住了。我告诉他,他已经被[中国人]引诱了。"[83] 1978年12月,邓小平就中国是否应该接受美国的提议、实现中美邦交正常化问题发表谈话时告诉美国人,"我们将采纳美国方面的草案,我将接受总统邀请访问贵国"。负责东亚事务的美国国家安全委员会官员迈克尔·奥克森伯格(Michel Oksenberg)告诉又惊又喜的卡特:"总统先生,中国人等待这个时刻已经等了整整二十五年了!!"[84]

中国方面几乎立即对卡特抵制莫斯科奥运会的提议作出响应,这是同样的合作模式的一部分。随着1月份邓小平的访美之行,开启了两国关系的新篇章,按照布热津斯基为记者准备背景介绍时所说,中美关系正"朝着更为实质性的共识方向迈进,包括对诸如霸权和战争等问题的共同看法"。[85]

的确,站在抗衡苏联的立场上,中国人和美国人有着共同的深层利害关系。从1960年代开始,中国一再向全世界特别是美国发出警告,警惕苏联对于整个世界特别是对中国的威胁。国务卿基辛格有一次曾经特别提到,"中国领导人是我所见过的最强硬的领导者",他还清楚地意识到"中国人想让我们同俄国人发生冲突,以解救中国。美国应该采取的最有利的立场,就是继续同中国和苏联进行谈判"。[86] 在一次电话谈话中,基辛格向尼克松解释中国人和俄国人的不同之处:"当你将零钱掉在地上,弯腰去捡的时候,俄国人会踩住你的手,中国人则不会。"俄国人"会在每一个该死的步骤上挤压我们,真是愚蠢之极"。[87]

出于中国同俄国人之间的过度摩擦,以及受到核战争可能爆发的威胁,邓小平告诉布热津斯基,他唯一希望美国人做的,就是"对付北极熊,别无他法"。[88]邓小平警告道,俄国人"无论在哪里都能见缝插针",他向卡特总统建议,"不管苏联在哪里染指,我们都要剁掉它们"。[89]邓小平详细讲述了他要教训越南的计划,他告诉卡特,"我们需要你们的道义支持"。但是卡特并没有接受他的建议,卡特在一封亲笔信中向邓小平声明,中越战争"将是一个严重错误"。[90]然而邓小平决心已下,美国人没有阻止他。

如果说苏联入侵阿富汗刺激美国人采取更为强硬的反苏姿态,那么同苏联的对立则促使中国人站到美国人一边。中国人踊跃响应卡特抵制莫斯科奥运会的号召,在众多国家表态之前,甚至在绝大多数美国人做出决定之前,便发表声明支持抵制这场奥运会。[91]此外,中国还保证同其他国家一道,努力争取改变奥运会的举办地点。1980年2月22日,布热津斯基报告总统,华国锋在1980年2月1日致信美国说:

> 在苏联无视联合国大会的决议,继续侵占阿富汗的情况下,在莫斯科举行本届夏季奥运会显然是不适宜的。中国政府准备公开发表声明,支持敦促国际奥委会作出改变地点或取消举行的决定。如果国际奥委会不作出易地举行或取消举行奥运会的决定,中国政府希望主持正义的国家采取共同行动,不参加莫斯科奥运会,而另行组织适当的运动会。中国愿同各国磋商,共同为此而努力。

布热津斯基建议,"不必做出任何回复"。[92]这一建议清楚表明

第六章　由体育运动而产生的共有外交旅程

美国人对于中国无条件的支持立场完全有信心。时至 6 月，布热津斯基报告卡特，通过美国的努力，"我们已经基本上达到了目的……俄国眼中世界上最重要的四个国家——美国、中国、德国和日本——都不会参加"。他总结说，即使其他所有国家都决定参加，但是这四个国家缺席的事实，足以将政治讯息传达给莫斯科。[93]1980 年 7 月马歇尔·布莱蒙特颇为得意地宣称，"我们已经有效地破坏了苏联的这场奥林匹克运动会"。美国及其对抵制行动的支持者是"最清楚不过的胜利者"。[94] 7 月 18 日莫斯科奥运会最终开幕时，因抵制行动而缺席的代表队比参赛的代表队还要多，然而，很难说美国在这件事情上就是赢家。1984 年，作为报复，俄国及其追随者又对洛杉矶奥运会进行抵制，美国运动员因而失去了同俄国人同场竞赛的机会。[95]

不过，中国至少出于两个原因享受着美好的成功喜悦。首先，1980 年对莫斯科奥运会的抵制增强了中美两国之间的关系，俄国开始深为中国人和美国人的合作担忧。1980 年 5 月 6 日，在同美国新任国务卿埃德蒙·马斯基（Edmund S. Muskie）的会谈中，俄国外交部长葛罗米柯（Andrei Gromyko）直截了当地声称："美国人已经开始同中国在很多方面包括军事领域进行合作，俄国人很不乐意。"美国同中国发展关系"有损于它同苏联之间的关系",[96] 俄国人对此非常不满。美国人带头发起的抵制行动确实在应对苏联的威胁方面拉近了中美之间的距离，而这恰恰是北京所想要的。

其次，在某种程度上，正是由于俄国和东欧国家运动员的缺席，北京才在 1984 年洛杉矶奥运会上获得极大的成功。中国利用洛杉矶奥运会确定无疑地向世界展示了一个新的中国形象，证明中国不仅可以作为世界大国在国际事务中竞争，同样可以作为一个体育强国在赛场上竞争。中国走向世界的发展契机同洛杉矶所在的地理位置相结合，这个巧合对于北京来说简直是再好不过了。它以大手笔给予中国在这个特殊的舞台进行竞争的机会,若将时光倒转至1932年,中国人第一次参加奥林匹克竞赛,恰恰也是在同一地点的同一个舞台上。当苏联选择抵制洛杉矶奥运会、将自己限制在"不参加"之列的时候,中国却立志要在全世界特别是美国人面前做出出色的表现。

中国的出席受到了热烈的欢迎。1984年5月12日,中国奥委会主席钟师统给国际奥委会回信,确认中国接受邀请参加洛杉矶奥运会,并在信中预祝奥运会"圆满成功",[97]美国人不禁深感安慰地松了一口气。洛杉矶奥运会组织委员会主席尤伯罗斯(Peter Uebberoth)后来回忆,中华人民共和国的声明,"给了我们当众打败苏联的第一个胜利"。[98]

鉴于中国为美国政府提供了强有力的宣传工具,因此奥林匹克组织者们决定给中国运动员以特殊的欢迎待遇。根据奥运会的官方报告,当中国的一位三级跳远运动员作为奥运村开放仪式上第一位运动员登记入住时,人人脸上带着微笑,他的出现"标志着中国重返五十二年前初次参加奥运会的城市"。[99]这个看似简单的描述包含了许多带有象征意义的重要信息。当这位三级跳远运动员荣幸地成为"代表奥林匹克大家庭入住奥运村的第一位运动员"的时候,中国也成为在加州大学洛杉矶分校设立的奥运村中第一个正式升起国旗的国家。[100]当他接过带有象征意义的奥运村钥匙,大门为中国打开——它不单单通向奥运会,而且通向在全世界面前展现自己面貌的新机遇。[101]

在洛杉矶奥运会开幕式上,中国代表团受到了尤为热烈的、充满友好激情的欢迎。尤伯罗斯写道:"当中华人民共和国的代表团进入体育馆的时候……场内92 665名观众全体起立热烈鼓掌欢呼。这是一场盛大的欢迎仪式"。[102]对于中国人来说,他们所派代表团的规模,意味着他们已经准备好彻底扫除过去"东亚病夫"的形象,颠覆体育弱国的名声。[103] 洛杉矶奥运会的第一枚金牌，是开幕第一天由射击手许海峰在男子自选手枪慢射个人项目比赛中赢得，这是有史以来中国人赢得的第一枚奥运金牌，中国人感到了无尚的骄傲。许海峰成了全中国的英雄，他家乡的人们激动地欢呼着，因为这是"命运多舛的中国人向世界证明自己的开始"。[104] 随着苏联等体育强国的缺席，中国人得到了十五枚金牌的最佳成绩，享受着"来自全世界的盛情款待"。[105]

后记："真正无与伦比的奥运会"

2008年的北京奥运会被国际奥委会主席萨马兰奇（Juan Antonio Samaranch）称为"一场真正无与伦比的奥运会"，标志着中美共有历史的转折点，证明中国作为一个伟大、有能力而且自信的大国的实力。或许中国外交家伍廷芳——本章即以他的话作为起始——将会重复他当年的感受，"诚实公正的体育比赛，培养人们诚信、坦率的美德和骑士精神，美国在这方面树立了许多值得效仿的楷模"。但他也可能同样感到失望："当一方败北时，优胜者并不因为击败对手而欢呼雀跃，而是将胜利归功于运气。"[106] 在北京奥运会之后，美国评论员杜撰了一个新名词："中美共同体"（Chimerica），意即中国和美国已经成为共同利益相关者。这种想法是一种误导。诚然，中国在2008年北京奥运会上取代美国成为获得金牌最多的国家，但是在2012年伦敦奥运会上，美国又重新回到了他们惯有的第一名的位置，中国退居第二。但最重要的是，当前在中国和美国为争夺世界体坛霸主地位而竞争的时候，人们要充分认识到，他们通过体育开展的更为久远的友谊和合作的历史才是中美共有历史的重要部分,也是未来两国各方面关系的关键参照。中国人和美国人都需要将他们的共有历史铭记在心,进而好好把握共同的未来。

结语

我们未来的历史,将更多地取决于我们在太平洋地区面对中国的地位,而非取决于我们在大西洋上面对欧洲的地位。

——西奥多·罗斯福,1905

哈佛大学历史学家欧内斯特·梅（Ernest R. May）曾经指出，中美关系最初一度是一部"互相利用"的历史，并且预测两国将最终由冲突过渡到合作。他写道："我们对于互相利用和冲突已经知之甚多，但对他们之间合作的产生，以及合作能否持续下去却不甚了了。"英国作家和诗人托马斯·哈代（Thomas Hardy）在《列王》（The Dynasts）中评论道："战争创造了极为精彩的历史篇章，和平读来却无聊乏味。"针对此句引言，梅教授指出："若能更多地了解和平的进程，乃至于怎样才能将它变为'极为精彩的历史篇章'，将对我们很有益处。"[1] 本书旨在通过关注带动中美两国人民走到一起的合作及其他历史经验，推动人们朝这个方向努力。我的动机在于通过关注我们历史中的共有时刻，更重要的是，通过关注私人或个体的经历，探索出一条历史研究的非传统路径。可以肯定的是，共有历史包括多方面的史实，既有积极的，也有消极的。而本书所强调的是建设性的共有经验，而非人们已经熟知的那些消极或对抗的历史事件——这方面已经有太多的论著涉及。有很多重要人物如赛珍珠（Pearl Buck）、胡适、林语堂和亨利·卢斯（Henry Luce）的故事，必定属于这部共有历史，遗憾的是我不得不将他们略去，不仅是因为篇幅有限，还因为事实上他们已经在其他某些方面得到了众多学者的关注和相当广泛的研究。

本书旨在阐明中国人和美国人之间未曾展开的合作模式：跨越冲突进行合作，开启对话渠道来克服隔阂、恐惧和敌意，中国人通过这些交流，探索建立一个理想社会的可能性和局限。共有的经历自然也包括共有的挫折和失望。蒲安臣使团的事例表明，中美双方都对它抱有极高期望，然而由于政治、外交上广泛存在的保守主义，以及西方帝国主义的强势，蒲安臣使团所能取得的成就必定有限。

在晚清留美幼童的派遣中，当许多美国新英格兰人真诚地希望留美幼童最终能够获得成功，并成为美国软实力的闪亮楷模时，美国四处蔓延的反华浪潮以及在这种情绪之下产生的排华法案，又为留美学童制造了太多障碍，阻碍他们发展自己的潜能。再看戈鲲化的个案，尽管有哈佛大学的支持和戈鲲化自身的努力和眼光，他任教的时间却太不凑巧，因为当时鲜有美国人真正对汉语和中国文化感兴趣。哈佛大学想促进对中国的学术研究的意愿，同耶鲁大学一样具有远见卓识，然而结果却未能如最初期望的那样。古德诺和杜威对中国的访问恰逢其时，都发生在中国人在绝望中最需要帮助和引导的历史关头。然而，推动两国互相远离的浪潮太过猛烈，单凭少数几个人——无论他们有多么出色——根本无法阻止其分道扬镳。古德诺又怎能为解决中国所面临的内忧外患提供实际的帮助呢？他的工作最终并未使他的雇主采纳一部以民主传统为基础的宪法。不过，鉴于北洋政府面临的紧迫形势，他依然对中国的处境抱有某些同情。在杜威的个案中，他关于应当渐进发展的理论，迎面遇到了威尔逊主义所造成的问题——它曾那样充满魅力，却带给中国令人痛苦的失望。

即使中国的保守派、民族主义者和怀疑论者找不出一个切实可行的实现国际化的方法，他们也充分认识到了来自外国帝国主义的真正威胁。然而，尽管中华文明总的来说给人的印象是孤立和停滞的，但是它并没有破产，"中国"或"中华文明"也没有走进死胡同，它只是需要在一个极为不同的世界体系中摸索出一条前行的道路，而只有当一场以这样或那样形式的民族革命，即一场志在使中国人从内部自行发展，又能在国际上保护自己的民族革命来临的时候，才能找到这条道路。不论是持全盘西化观点的人还是排外主义者，对此都没有找出答案。以自强为目标的清代官员，想让第一批留美学童学习西方技艺而不是西方价值观念，与此同时，美国人则希望学童们既学习西方技艺，也学习西方价值观。美国人渴望同中国人共享自己的经验，但是他们能拿出手的"世界性"价值观——基督教、美国式民主、棒球——实际上只是地域性的，而这些并不是留美学童在北京的资助者想要的。这便使朝廷官员产生了恐惧，害怕来到美国的幼童会变得美国化、切断同中国的根本联系。在终止晚清幼童留美计划这一点上，中国的保守派和美国的种族主义者不谋而合。现代体育运动的个案同样呈现出类似曾经令人期待的可能，但是在某种程度上得到的却是讽刺性的结果。中国人和美国人都有效地把体育运动当成一种外交手段，但是，体育运动的兴起显然为中美之间提供了另一种竞争机制，并且成为显示他们各自国际地位的晴雨表。尽管存在着种种挫折、失望和命运的嘲弄，我们仍然不应贬低这些共有经历的价值——毕竟，其中的悲剧和令人意外的成功，全部都是人类历史发展密不可分的有机组成部分。

近来中美两国相类似的历史经验，有助于说明为什么两个不同的国家和民族有可能建立起一种对相互间共有历史的认识。在19世纪，由于中美两国都处于弱势，因而都热衷于相互合作，并没有其他选择。在20世纪，中美两国都对第一次世界大战结束后出现的国际价值观感兴趣。第二次世界大战期间，中美两国携手打败共同的敌人日本；在1960年代至1980年代的冷战时期，中国人和美国人则为对抗苏联而间或进行合作。必须指出的是，共有历史对于中美各方可能有着截然不同的含义，并且如前所说，共有的经验有时也包括共有的挫败和失望。美国人倾向于偏爱胜利者和特殊例外者的经验，自以为美国人的使命是提升中国，或者用历史学家史景迁的话来说，是"改变中国"，这时候中国人则可能对美国梦同自己的梦想缺少共同之处而相当不满，尽管他们在谈论中用的是几乎相同的术语。中国人可能将这一共有历史视为屈辱的历史，是包括不平等条约、治外法权、种族主义和一贯受到的种种屈辱在内的历史。不过，中国人和美国人在同对方打交道的时候都表现出异乎寻常的天真和无知。对于中美双方来说，不管接受共同拥有的过去这个想法有多么困难，"共有的历史"这一研究方法都能够涵盖并且超越历史记录中的冲突对抗。我之所以以共有的历史为框架，还因为在19世纪之前，不管是中国还是美国，在国际舞台上都不是强大的竞争者。这一点对于一战之前的美国来说尤其如此。然而从19世纪初起，美国人有了将其文明传播到全世界的抱负，尤其想要吸引中国人。一旦中国和中国人开始对学习西方文明产生浓厚的兴趣，两国之间便建立起某种纽带关系。美国人高兴地把手伸了过来。伍廷芳在20世纪初曾经两度担任驻美公使并在美国居住八年之久，他在1913年写道："在全世界所有国家中，美国是最让中国人感兴趣的……这真是一个最了不起的国家。这里的人民非常优秀，对中国人来说他们最有意思，也最富教益。"[2] 在20世纪，美国既富且强，中国人也开始一门心思追求致富和增强国力。当我们进入21世纪，中美两国都已经走向富强，两国政府和人民之间的纽带关系甚至比以往更加紧密和显而易见。

"共有历史"的视野在今天看来尤其重要。由于中国人探寻的是一个实现他们自身及其后代的愿望、实现国家未来愿望的梦想，因此我们不得不对美国人在其中可能发挥的作用予以关注。或许，对这里所提到的共有的过去和共有的经验进行思考，会提供一把开启更好的共有未来的钥匙。马德森（Richard Madsen）在有关中美关系的充满激情的著作中表达了自己的愿望：在21世纪，中美两国的人民将成为两国"在错综复杂相互依存的世界"努力建立"一个共同家园"的驱动力。[3]

自从1990年代以来，美国的对华政策便在联合与遏制之间摇摆。从历史上看，美国人也一直以类似的两种态度对待中国：在19世纪，当中国积贫积弱，而美国尚未成为军事强国之时，对华政策从帝国主义者的姿态转为理想主义者虚夸的外交辞令；如今，随着中国的强大和美国所处超级大国的地位，美国一方面要遏制中国，另一方面又要与中国携手合作，似乎受困于两端而无所适从。其对华政策时常是这两方面因素的某种混合体，而在行动中通常更多地偏向于遏制。这种方式谈不上有什么建设性，注定导致冲突的产生。带着真诚的愿望强调共同的利益和共有的未来旅程，对于两国来说可能都是更好和更明智的选择。

  "共有历史"之研究方法和视野，作为一个研究范式今天对我们来说尤为必要，因为中美关系已经成为全球最重要的双边关系。这两个国家之间存在诸多争议，其范围包括从贸易到人权，乃至如何分享大国实力。根据他们在当今世界上所处的地位和发展模式，中美两国都在为未来可能会出现的冲突和对抗未雨绸缪。但是，在某种程度维持表面上的友好关系对于他们来说依然重要，因为从很多方面来说他们都同处一条船上，他们的命运紧密相连。正如我在本书的开头所提到的，亨利·基辛格在《论中国》一书中称中国和美国"互相需要，因为彼此都太大而不会被另一方所控制，太有个性而不会对另一方迁就，彼此太需要对方而都无法承担与对方分道扬镳的损失"。[4] 两国的共有历史或许可以为未来的中美关系提供借鉴和指导。希望通过对共有的过去更深刻的理解，中国人和美国人都能接受这样的看法，那就是，对于未来的旅程，一起分享和共同拥有也许会更好。

注 释

导 言

1. US Department of State, *A Journey Shared: The United States and China—Two Hundred Years of History*, n.p., 2008, p. 59.
2. 易社强书评载 *Chinese Historical Review* 19, no. 2, December 2012, pp. 162-170。
3. Akira Iriye, *Cultural Internationalism and World Order*, Johns Hopkins University Press, 1997, p. 184.
4. "Mr. Churchill's Speech," *British Weekly*, July 11, 1918, p. 227.
5. 《孟子·滕文公上》，第12段。
6. Ssu-yu Teng（邓嗣禹）, "Chinese Influence on the Western Examination System," *Harvard Journal of Asiatic Studies* 7, 1942-1943, pp. 267-312.
7. George H. Danton, *The Culture Contacts of the United States and China: The Earliest Sino-American Cultural Contacts, 1784-1844*, Columbia University Press, 1931, p. xi.
8. 对邓小平决定对越开战的最新研究，见 Xiaoming Zhang, "Deng Xiaoping and China's Decision to Go to War with Viet-nam," *Journal of Cold War Studies* 12, no. 3（Summer 2010）: 3-29。
9. Ernest R May, and Zhou Hong, "A Power Transition and its Effects," in Richard Rosecrance and Gu Guoliang, eds., *Power and Restraint: A Shared Vision for the US-China Relationship*, New York: PublicAffairs, 2009, pp. 3-4.
10. 从严格意义上说，亚洲的第一个共和国是1898年建立的菲律宾共和国，或者是1895年建立的"台湾民主国"，不过它们都未能长期存在下来。
11. 有关这方面最好的研究，见 Erez Manela, *The Wilsonian Moment: Self-Determination and the International Origins of Anticolonial Nationalism*, New York: Oxford University Press, 2007.
12. Xu Guoqi, *China and the Great War: China's Pursuit of a New National Identity and Internationalization*, New York: Cambridge University Press, 2005, p. 245. 中文版见徐国琦《中国与大战——寻求新的国家认同与国际化》，马建标译，上海三联书店2008年第一版，2013年第二版。
13. Michel Oksenberg, "Memorandum for the Secretary of State/ Subject: An Overview of Sino-American Relations, 1969-1977," August 10, 1977, Carter Library, NLC-26-28-3-5-5; Sigrid Schmalzer, "Speaking About China, Learning from China: Amateur China Experts in 1970s America," *Journal of American-East Asian Relations* 16 4, 2009, pp. 313-352.
14. Henry Kissinger, *On China*, New York: the Penguin Press, 2011, pp. 5, 520.
15. Stanley Hornbeck, "Has the United States a Chinese Policy?" Foreign Affairs, July 1927, p. 620.
16. Sherman Cochran, *Big Business in China: Sino-Foreign Rivalry in the Cigarette Industry, 1890-1930*, Harvard University Press, 1980, pp. 10-11.
17. "Notes on Prospects for Trade Between the U.S. and the PRC," Ford Library, Vice Presidential Papers, box 138.

18　Robert Siegenthaler (ABC News special events producer), "The Tricks of Chinese Trade," Spring 1973, in Ford Library, Ron Nessen Papers, 1974-77/ Presidential trips, Box 73.
19　有关中美贸易和商业往来的最新研究，见John Frisbie, "40 Years and Beyond," 以及Ben Baden, "40 Years of US-China Commercial Relations," *China Business Review*, vol. 40, no. 1, 2013, pp. 11-17。
20　Institute of International Education, "Top 25 Places of Origin of International Students, 2009/10-2010/11" Open Doors Report on International Educational Exchange, 2011, http://www.iie.org/opendoors.
21　Beth McMurtrie, "U.S. Higher Education Shifts to a 'Pacific Century': Is Europe passé?" *Chronicle of Higher Education*, August 2, 1913, pp. A21-24.
22　Thomas Friedman, "A Well of Smiths and Xias," *New York Times*, June 7, 2006, A25.
23　Mao to FDR, November 10, 1944, President Franklin Roosevelt's office files, 1933-1945, part 2, diplomatic correspondence file, reel 6 of 36, Manuscript Division, Library of Congress.
24　"John Foster Dulles speech at the dinner, May 18, 1951," in the Henry Luce Papers, box 27, folder 2/China Institute in America/annual dinner/ speeches and publicity, Manuscript Division, Library of Congress.
25　Michel Oksenberg, Memorandum for the Secretary of State/subject: An Overview of Sino-American Relations, 1969-1977, August 10, 1977, Carter Library, NLC-26-28-3-5-5.
26　David Barboza, "China's Treasury Holdings Make U.S. Woes Its Own," *New York Times*, July 18, 2011.
27　徐国琦的中国国际化研究三部曲包括：*China and the Great War: China's Pursuit of a New National Identity and Internationalization*, New York: Cambridge University Press, 2005（《中国与大战——寻求新的国家认同与国际化》，马建标译，上海三联书店2008年第一版，2013年第二版）; *Olympic Dreams: China and Sports, 1895-2008*, Cambridge and London: Harvard University Press, 2008; 以及 *Strangers on the Western Front: Chinese Workers in the Great War*, Cambridge and London: Harvard University Press, 2011（《一战中的华工》，潘星、强舸译，尤卫群校，上海人民出版社，2014）。
28　Xu Guoqi, *China and the Great War*, p. 75.
29　John King Fairbank, *The United States and China*, 3rd ed, Cambridge, Mass.: Harvard University Press, 1972, p. 288.
30　Ibid., p. 295.
31　Ibid., p. 402.
32　Akira Iriye, *Across the Pacific: The Inner History of American-East Asian Relations*, rev. ed., Chicago: Imprint Publications, 1992, p. xvxvi.
33　Ibid, p. 329.
34　Michael Hunt, *The Making of a Special Relationship: The United States and China to 1914*, NewYork: Columbia University Press, 1983, p. 300.
35　John Fairbank, *United States and China*, p. 9
36　Kissinger, *On China*, 487
37　Hilary Clinton, "America's Pacific Century," *Foreign Policy*, no 189, November 2011, pp. 56-63.
38　John Fairbank, *China, A New History*, Cambridge, Mass: Belknap Press of Harvard University Press, 1992, p. xvi.
39　Kishore Mahbubani, "Understanding China," *Foreign Affairs*, September/October 2005, pp. 49-60.
40　Burlingame Papers: box 2, Anson Burlingame/miscellany/songs and poems
41　W. B. Yeats, "The Second coming," in Richard Finneran, ed, *The Collected Works of W. B. Yeats*, vol. 1, Upper Saddle River, NJ: Prentice Hall & IBD, 1996, p. 187.

第一章　蒲安臣——中国派往世界的第一位使节

1　Frederick Wells Williams, *Anson Burlingame and the First Chinese Mission to Foreign Powers*, New York: Charles Scribner's Sons, 1912, p. x.

注 释

2 同上，pp. viii-ix。
3 有关太平天国的很好的研究，参见 Jonathan Spence, *God's Chinese Son: the Taiping Heavenly Kingdom of Hong Xiuquan*, New York: WW Norton, 1996【史景迁《太平天国》，朱庆葆等译，广西师范大学出版社，2011 年】; Stephen R Platt, *Autumn in the Heavenly Kingdom: China, the West, and the Epic Story of the Taiping Civil War*, New York: Alfred A Knopf, 2012【裴士锋《天国之秋》，黄中宪译，谭伯牛校，社会科学文献出版社，2014 年】。
4 有关从美国南北战争之苦难的角度的最新研究，参见 Drew G Faust, *This Republic of Suffering: Death and American Civil War*, New York: Alfred A Knopf, 2008【德鲁·福斯特《这受难的国度：死亡与美国内战》，孙宏哲、张聚国译，译林出版社，2015 年】。
5 Burlingame Papers: box 2, folder, Anson Burlingame/miscellany/clippings, TheChildhood of Anson Burlingame/ personal recollections of General W. H. Gibson.
6 Burlingame, Speech of Hon. Anson Burlingame of Massachusetts, in the United States House of Representatives, June 21, 1856（Cambridge, Mass, 1856）.
7 Samuel Kim, "Anson Burlingame: A study in Personal Diplomacy." doctoral dissertation, Columbia University, 1966, pp. 6-7.
8 Burlingame Papers: Edward Burlingame（son）/correspondence, April 11, 1903 See also George. F. Hoar, *Autobiography of Seventy years*, vol. 1, New York: Charles Scribner's Sons, 1903, p. 153.
9 Frederick William Seward, *Reminiscences of a War-time Statesman and Diplomat, 1830-1915*, New York: G. P. Putnam's Sons, 1916, p. 100.
10 April 13, 1861: Seward to Burlingame, in William Henry Seward, *The Works of William H. Seward*, new ed. George E. Baker, vol. 5, Boston: Houghton Mifflin Company, 1884, p. 214.
11 Burlingame Papers, Burlingame and family, box 1, Folder, Burlingame: correspondence.
12 Knight Biggerstaff, "The Secret Correspondence of 1867-1868: Views of Leading Chinese Statesmen Regarding the Further Opening of China to Western Influence," *Journal of Modern History* 22, no 2, June 1950, p. 123.
13 Telly Howard Koo, "The Life of Anson Burlingame," doctoral dissertation, Harvard University, 1922, p. 44.
14 同上，pp. 81, 85。
15 同上，pp. 96-97。
16 Seward to Burlingame, March 6, 1862, in *Diplomatic Correspondence*, Washington, D.C., 1862, p. 839.
17 Koo, "Life of Anson Burlingame," p. 20.
18 Burlingame Papers: box 3, Jane Burlingame outgoing correspondence/to her father, November 7, 1867.
19 For details on Martin, see Ralph R Covell, "The Legacy of WAP Martin," *International Bulletin of Missionary Research* 17, no. 1, January 1993, pp. 28-31.
20 W. A. P. Martin, *A Cycle of Cathay ; or, China, South and North*, Edinburgh, Oliphant Anderson and Ferrier, 1900, pp. 222, 231.
21 William Papers: Samuel Wells Williams to Robert S. Williams, August 24, 1868, MS 547, box 3.
22 F. W. Williams, *The Life and Letters of Samuel Wells Williams, LL.D., Missionary, Diplomatist, Sinologue*, New York: G P Putnam's Sons, 1889, p. 358. See also Samuel Wells Williams to William Frederick Williams, December 1, 1864, Williams Papers, MS547, box 3.
23 F. W. Williams, *Anson Burlingame and the First Chinese Mission*, pp.v, viii.
24 Mary Clabaugh Wright, *The Last Stand of Chinese Conservatism: The Tung-chih Restoration, 1862-1874*, Stanford: Stanford University Press, 1957, p. 21.【芮玛丽《同治中兴：中国保守主义的最后抵抗（1862-1874）》，房德邻等译，中国社会科学出版社，2002 年】
25 关于合作政策的起源，历史学家们尚未得出一致的意见。芮玛丽在《同治中兴》一书中提出，合作政策"在一段时间内保证了国际间的和平与安全，在此其间[同治]中兴的成败与否，几乎完全在于中国人自己的考虑"。她指出"合作政策在抵制侵略和强压方面为中国提供了一个国际性的保障，为恢复中央集权提供了帮助"，并且为"中国保守性地自我更新"提供了"切实的可能性"。参见 Mary Wright, *The Last Stand of Chinese Conservatism*, pp. 23, 41。另外，David Anderson 的 *Imperialism and Idealism: American Diplomats in China, 1861-1898*

(Bloomington: Indiana University Press, 1985) 和 Robert Bickers 的 *The Scramble for China: Foreign Devils in the Qing Empire, 1800-1914* (London: Allen Lane, 2011) 对合作政策也有许多独到的见解。
26　Koo, "Life of Anson Burlingame," p. 50.
27　W. A. P. Martin, *A Cycle of Cathay*, pp. 378-379.
28　当时任海关总税务司的英人李泰国在英国购买了七艘船舰用来镇压太平天国运动,由英国海军准将阿思本指挥。但是舰队来得太迟,并且阿思本只听从李泰国的命令,即中国人花费巨资得来的其实是英国人的舰队。清廷坚持认为李泰国的所为超出了授权范围,要求解散舰队。起初,英国政府拒绝让步。
29　W. A. P. Martin, *A Cycle of Cathay*, pp. 232, 379.
30　董恂《还读我书室老人手订年谱》,台北:文海出版社,1968 年,92 页。
31　Burlingame Papers: box 2, Anson Burlingame/miscellany/songs and poems.
32　Mark Twain Project, ed, *Mark Twain's Letters*, vol. 1, Berkley: University of California Press, 1988, pp. 343-346.
33　同上,vol. 5, p. 264。参见 David Zmijewski, "The Man in Both Corners: Mark Twain the Shadow boxing Imperialist," *Hawaiian Journal of History* 4, 2006, p. 64。
34　Burlingame to Seward, June 17, 1862, 引自 Koo, "Life of Anson Burlingame," p. 51。
35　Mary Wright, *Last Stand of Chinese Conservatism*, p. 22.
36　Williams Papers: S W Williams to Robert S Williams, September 29, 1868.
37　Burlingame Papers: box 1, folder, Burlingame: correspondence.
38　钱钟书《七缀集》,北京:生活·读书·新知三联书店,2004 年,133—163 页。
39　Burlingame Papers: box 1, folder, Burlingame: correspondence.
40　For Martin's involvement, see W A P Martin, *A Cycle of Cathay*, pp. 221-223.
41　R. David Arkush and Leo Lee, eds, *Land Without Ghosts*, Berkley: University of California Press, 1989, p. 22.
42　Mark Twain, "The Chinese Mission," *New York Tribune*, March 11, 1868, 2.
43　Burlingame Papers: box 3, Jane Burlingame outgoing correspondence/to her sister, October 9, 1867.
44　Burlingame Papers: box 3, Jane Burlingame outgoing correspondence/ to her father, November 7, 1867, from Peking.
45　Burlingame Papers: box 3, Jane Burlingame/outgoing correspondence.
46　顾廷龙、戴逸编《李鸿章全集》第三卷,合肥:安徽教育出版社,2008 年,166 页。
47　Biggerstaff, "Secret Correspondence of 1867-1868," pp. 122-136.
48　志刚《出使泰西记》,长沙:湖南人民出版社,1981 年,1—2 页。
49　方浚师《退一步斋文集》,台北:文海出版社,1969 年,473 页。
50　中华书局编辑部《筹办夷务始末》第 8 册,北京:中华书局,2008 年,3177—3179 页。
51　BA: FO 233/86 File: revision of treaty 1868, confidential papers.
52　Alcock to Stanley, November 25, 1867, BA: FO 17/478.
53　Burlingame Papers: box 2, folder, Anson Burlingame, State Department/Mr Burlingame's last interview with Prince Kung[恭 亲 王], March 27, 1865/ handwritten note preliminary interview with Hang Kee [恒祺], February 24, 1865.
54　Burlingame Papers: box 2: folder: Anson Burlingame, State Department/Mr Burlingame's last interview with Prince Kung, March 27, 1865/ handwritten note interview with prince Kung on March 3, 1865, at the Yamen[总理衙门]
55　Koo, "Life of Anson Burlingame," pp. 94-95.
56　W. A. P. Martin, *A Cycle of Cathay*, p. 374.
57　Frederick W. Seward, *Reminiscences of a War-time Statesman and Diplomat*, pp. 375-376.
58　John Haddad, *The Romance of China: Excursions to China in US Culture, 1776-1876*, New York: Columbia University Press, 2008, p. 189.
59　方浚师《退一步斋文集》,473 页。
60　NA: T898 roll 3: office file copies of Chinese despatches from September 15, 1863 to June 3, 1873.
61　Knight Biggerstaff, "A Translation of Anson Burlingame's Instructions form the Chinese Foreign

Office," *Far Eastern Quarterly* 1, no 3, May 1942, pp. 277-279.
62 Chinese Embassy to Mr Seward, Washington, June 2, 1868, in Papers relating to foreign affairs, part 1, Washington, DC: Government Printing Office, 1869, p. 602.
63 Williams to Seward, January 25, 1868, Dispatches from United States Minister to China, vol 24, NA: Microcopies of records, no 92, roll 25.
64 Two letters can be found from Williams to Seward, December 23, 1867, in Papers relating to foreign affairs, Accompanying the Annual Message of the President to the Third Session Fortieth Congress, pt 1, Washington, DC: Government Printing Office, 1869, p. 496.
65 BA: FO 233/86: File: revision of treaty 1868, confidential papers.
66 方浚师《退一步斋文集》，473 页。
67 Hart to Browne, June 30, 1869, in Browne to Fish, August 20, 1869, Dispatches from United States Minister to China, vol 26, NA: Microcopies of records, no 92, roll 25.
68 Johannes von Gumpach, *The Burlingame Mission: A Political Disclosure*, Shanghai, 1872, p. 155.
69 James MacDonald, *The China Question*, London: E Wilson, 1870, p. 13.
70 BA: FO 233/86: Mr Burlingame's Chinese mission, December 20, 1867.
71 方浚师《退一步斋文集》，470-471 页。
72 Mary Wright, *Last Stand of Chinese Conservatism*, p. 71.
73 F. W. Seward, *Reminiscences of a War-time Statesman and Diplomat*, p. 381.
74 Burlingame Papers: box 3, Jane Burlingame outgoing correspondence/ to Ned Burlingame, November 23, 1867.
75 Burlingame Papers: box 3, Jane Burlingame outgoing correspondence/ to her father, November 23, 1867.
76 Papers relating to Foreign Affairs, pt 1. 这封长信亦可参见 NA: Legation Archives, vol. 40, Williams, nos 1-33, 1868。
77 Williams Papers: S W Williams to Robert S Williams, August 24, 1868.
78 "Hon Anson Burlingame Mission," *New York Times*, February 9, 1868, p. 5.
79 "The Extraordinary Step of the Chinese Emperor-Mr Burlingame's Mission," *New York Times*, February 18, 1868, p. 4.
80 Alcock to Stanley, November 25, 1867, BA: FO 17/478.
81 Frederick Williams, *Anson Burlingame and the First Chinese Mission*, p. 198.
82 详见 John Schrecker, "'For the Equality of Men –For the Equality of Nations': Anson Burlingame and China's First Embassy to the United States, 1868," *Journal of American-East Asian Relations* 17, 2010, pp. 9–34。
83 *New York Tribune*, May 23, 1868, p. 4.
84 "The Chinese mission," *New York Tribune*, May 27, 1868, p. 4.
85 "The Chinese Embassy," *Chicago Tribune*, February 21, 1868, p. 2.
86 中华书局编辑部《筹办夷务始末》，卷六十九，叶 14a。
87 Burlingame Papers: box 3, Jane Burlingame outgoing correspondence / to her father and sister, San Francisco, April 8, 1868, April 13, 1868, April 26, 1868.
88 Burlingame Papers: Box 2, folder, Anson Burlingame/miscellany/clippings/the Chinese embassy, nd.
89 "The Chinese embassy," *New York Tribune*, May 23, 1868, 5.
90 "The Chinese Embassy," *New York Tribune*, May 18, 1868, 8. See also Koo, "Life of Anson Burlingame," p. 136.
91 同上，p. 141。
92 "The Chinese Embassy Presented to the President," *New York Times*, June 6, 1868, p. 1.
93 Koo, "Life of Anson Burlingame," pp. 146-147.
94 "Washington", *New York Tribune*, June 18, 1868, p. 1.
95 *Banquet to His Excellency Anson Burlingame, and His Associates of the Chinese Embassy: By theCitizens of New York on Tuesday, June 23, 1868*, New York: Sun Book and Job Print House, 1868.
96 Boston (Mass) City Council, *Reception and Entertainment of the Chinese Embassy*, by the City

	of Boston, Boston: Alfred Mudge &son, 1868, p. 35.
97	同上，p. 41。
98	同上，pp. 51-52。
99	志刚《出使泰西记》，23 页。
100	Koo, "Life of Anson Burlingame," pp. 140-141.
101	*New York Tribune*, May 18, 1868, p. 4.
102	*Reception and Entertainment of the Chinese Embassy*, p. 20.
103	"Reception of the Chinese Embassy," *New York Tribune*, June 6, 1868, p. 1.
104	Banquet to his excellency Anson Burlingame.
105	Burlingame Papers:box 2, Anson Burlingame/miscellany and photographs,official papers of the Chinese legation.
106	Burlingame Papers: box 3, Jane Burlingame outgoing correspondence/ to her sister, June 2 and 4, 1868, from Washington.
107	F W Seward, *Reminiscences of a War-time Statesman and Diplomat*, 376.
108	Mr Seward to the Chinese embassy, June 3, 1868, p. 603; F W Seward, *Reminiscences of a War-time Statesman and Diplomat*, pp. 376-377.
109	W. H. Seward, *Works of William H. Seward*, vol. 5, p. 29.
110	F. W. Seward, *Reminiscences of a War-time Statesman and Diplomat*, p. 378.
111	W. A. P. Martin, *A Cycle of Cathy*, p. 376.
112	Papers relating to Foreign Affairs, pt 1, vol. 1, p. 518.
113	W. A. P. Martin, *A Cycle of Cathy*, p. 160.
114	*Reception and Entertainment of the Chinese Embassy*, p. 41.
115	Burlingame Papers:box 2, folder, Anson Burlingame/miscellany/clippings.
116	*Reception and Entertainment of the Chinese Embassy*, pp. 24-35.
117	"The Death of Burlingame," *New York Times*, February 24, 1870, p. 4.
118	*Reception and Entertainment of the Chinese Embassy*, pp. 24-35.
119	Williams Papers: Burlingame to S. W. Williams, October 22, 1868.
120	F. W. Seward, *Reminiscences of a War-time Statesman and Diplomat*, p. 379.
121	志刚《出使泰西记》，26 页。
122	中华书局编辑部《筹办夷务始末》第 7 册，2791—2792 页。
123	同上，2789—2790 页。
124	W. A. P. Martin, *A Cycle of Cathy*, p. 377.
125	Burlingame Papers: box 3, Jane Burlingame outgoing correspondence/to her father, December 14, 1869.
126	Mark Twain, "The Treaty with China, Its Provisions Explained," *New York Tribune*, August 4, 1868, 1.
127	"Death of Burlingame," p. 4.
128	Koo, "Life of Anson Burlingame," p. 169.
129	Macdonald, *China Question*, p. 39.
130	Alcock to Stanley, October 12, 1868, BA: FO 405/13.
131	Alcock to Stanley, November 10, 1868, BA: FO 405/13.
132	Hart to Browne June 30, 1869, in Browne to Fish, August 20, 1869, NA: Dispatches from United States Minister to China, vol. 26, Microcopies of records, no 92, roll 25.
133	同上。
134	Browne to Seward, Microcopies of records,no 92, roll 25.
135	Frederick Williams, *Anson Burlingame and the First Chinese Mission*, p. 199.
136	Browne to Fish, received August 30, 1869, NA: Despatches from United States Minister to China, Vol. 26, Microcopies of records, no 92, roll 25.
137	同上。
138	Browne to Fish, August 21, 1869, NA: Despatches from United States Minister to China, vol. 26, Microcopies of records, no 92, roll 25.
139	Alcock to Stanley, November 10, 1868, BA: FO 405/13.

注 释

140　Browne to Fish, August 21, 1869, NA: Despatches from United States Minister to China, vol. 26, Microcopies of records, no 92, roll 25.
141　Perry Plus, "Chinese Embassy," *New York Times*, October 24, 1868, p. 4.
142　Burlingame Papers: box 1, folder, Burlingame correspondence.
143　Burlingame Papers: box 3, Jane Burlingame outgoing correspondence/ to her sister, September 20, 1868, from London.
144　Burlingame Papers: box 3, Jane Burlingame outgoing correspondence/ to her father, September 22, 1868.
145　Burlingame Papers: box 3, Jane Burlingame outgoing correspondence/ to her sister, October14, 1868,
146　Frederick Williams, *Anson Burlingame and the First Chinese Mission*, p. 198.
147　Burlingame Papers: box 3, Jane Burlingame outgoing correspondence.
148　Burlingame Papers: box 2, Anson Burlingame/resolutions/proclamations, newspaper clipping "the Chinese Embassy in London."
149　Burlingame Papers: box 2, Anson Burlingame/ miscellany-printed matter China, no 1, 1869, correspondence respecting the relations between Great Britain and China, Clarendon to Burlingame, December 28, 1868.
150　Burlingame Papers: box 2, Anson Burlingame/ miscellany-printed matter China, no 1, 1869, correspondence respecting the relations between Great Britain and China, Burlingame to Clarendon, dated January 1 and received January 13, 1869.
151　孙家谷《使西述略》卷一，见志刚《出使泰西记》附录。
152　Williams Papers: Burlingame to Williams, August 13, 1869.
153　Burlingame Papers: box 3, Jane Burlingame outgoing correspondence/ to her father, January 12, 1869.
154　Burlingame Papers: box 2, Anson Burlingame/miscellany and photographs, official papers of the Chinese legation.
155　John Schrecker, "The First Chinese Embassy to Germany: the Burlingame Mission in Berlin, 1869-70," in *Berliner China-Studien* 31, p. 407.
156　Quoted in ibid, p. 410.
157　Berlin: German foreign ministry archive: Bundersarchiv R9208/444: Burlingame.
158　Burlingame Papers: box 3, Jane Burlingame outgoing correspondence.
159　Williams Papers: Sarah Williams to wells Williams, May 28, 1870.
160　Burlingame Papers: box 2, folder, Anson Burlingame/miscellany/clippings.
161　Burlingame Papers: box 3, Jane Burlingame outgoing correspondence/to her father and sister, April8, 1868, April 13, 1868, April 26, 1868, from San Francisco.
162　志刚《出使泰西记》，90—91 页。
163　NA: Legation Archives, China: instructions and dispatches, July 1869-Dec 1870, vol. 49.
164　Burlingame Papers: box 2, Anson Burlingame/state department.
165　Burlingame Papers: box 2, folder, Anson Burlingame/miscellany/clippings/ the Burlingame Treaty, in *New York Telegram*, May 23, 1876.
166　Mark Twain, *Mark Twain at the "Buffalo Express"*: *Articles and Sketches by America's Favorite Humorist*, ed Joseph B McCullough and Janice McIntire-Strasburg, DeKalb: Northern Illinois University Press, 1999, p. 153.
167　中华书局编辑部《筹办夷务始末》第 8 册，2900—2902 页。
168　Burlingame Papers: box 3, Jane Burlingame (wife) /incoming correspondence.
169　Burlingame Papers: box 2, Anson Burlingame, miscellany-printed matter.
170　中华书局编辑部《筹办夷务始末》第 8 册，3177—3179 页。
171　W. A. P. Martin, *A Cycle of Cathy*, p. 379.
172　志刚《出使泰西记》，2 页。
173　Koo, "Life of Anson Burlingame," p. 169.
174　F. W. Seward, *Reminiscences of a War-time Statesman and Diplomat*, p. 380.
175　W. A. P. Martin, *A Cycle of Cathy*, pp. 376-377.

176 梁启超《新大陆游记》,《梁启超全集》,北京:北京出版社,1999 年,1200 页。
177 Hosea Ballou Morse, *The International Relations of the Chinese Empire*, vol. 2, London: Longmans, Green, and Company, 1910-1918, p. 203.
178 闵锐武《蒲安臣使团研究》,北京:中国文史出版社,2002 年,2 页。
179 Burlingame Family Papers: box 2, Anson Burlingame/State Department.
180 Williams Papers: Burlingame to Williams, January 23, 1870.

第二章 中国第一批留学生——19 世纪的清代留美幼童

1 Burlingame Papers: box 2, folder: Anson Burlingame/miscellany/clippings, "The Burlingame Treaty," *New York Telegram*, May 23, 1876.
2 W. A. P. Martin, *A Cycle of Cathy*, p. 296.
3 同文馆于 1862 年成立于北京,其课程内容不断改变。详情见 Knight Biggerstaff, *The Earliest Modern Government Schools in China* (Ithaca, N.Y.: Cornell University Press, 1961); 苏精《清季同文馆及其师生》,台北:上海印刷厂,1985 年。
4 有关同文馆争议的详情,见翁同龢《翁同龢日记》第一册,1867 年 3 月 18、20 日以及 29 日,北京:中华书局,1989 年,519—521 页。
5 *Reception and Entertainment of the Chinese Embassy*, pp. 24-35.
6 《筹办夷务始末》第 9 册,3322—3326 页。
7 NA: dispatches from U.S Ministers to China, 1843-1906, M92 roll 33: American legation in Peking to Secretary of State, July 12, 1872, it attached the Li's letter.
8 January 15, 1873, report from American legation in Peking to Department of State, NA: dispatches from U.S Minister to China, 1843-1906, M92 roll 33.
9 中华书局编辑部《筹办夷务始末》,第 9 册,3327—3328 页。
10 翁同龢《翁同龢日记》第一册,1867 年 4 月 29 日、5 月 3 日和 4 日、6 月 9 日和 13 日、7 月 13 日,529—544 页。
11 李慈铭《越缦堂日记》第 9 册,台北:文海出版社,1963 年,4824 页。
12 有关郭嵩焘出使的详情,见 J. D. Frodsham, ed., *The First Chinese Embassy to the West: The Journals of Kuo Sung-T'ao, Liu Hsi-Hung and Chang Te-Yi* (Oxford University Press, 1974) .
13 王闿运《湘绮楼文集》第一册,台北:学生书局,1964 年,144 页。
14 Tyau Min-Chien, *China Awakened* (New York: The Macmillan Company, 1922), p. 20.
15 William Hung, "Huang Tsun-Hsien's Poem 'The Closure of the Educational Mission in America,'" *Harvard Journal of Asiatic Studies*, 18 (1955) :52.
16 Edward Rhoads, *Stepping Forth into the World: The Chinese Educational Mission to the United States, 1872-81* (Hong Kong: the University of Hong Kong Press, 2011) , p. 18.
17 同上, pp. 27-28。
18 关于哈特福德和留美幼童的关系,详见 Anita Marchant, *Yung Wing and the Chinese Educational Mission at Hartford* (New York: Outer Sky Press, 2008) , pp. 34-72。
19 *Hartford Evening Post*, September 25, 1872, Hartford CEM Files, box 1.
20 *New York Observer*, October 3, 1872, Hartford CEM Files, box 1.
21 Thomas E. La Fargue, *China's First Hundred* (Pullman: State College of Washington) , pp. 34-35.
22 Rhoads, *Stepping Forth into the World*, p. 66.
23 Yan Phou Lee (李恩富) ,*When I was a Boy in China* (Boston: Lothrop, Lee & Shepard, 1922) , p. 108.
24 同上, p. 109。
25 "The Celestials," *Hartford Evening Post*, September 26, 1872, Hartford CEM Files, box 1.
26 *Hartford Evening Post*, November 20, 1872, Hartford CEM Files, box 1.
27 *Hartford Evening Post*, April 28, 1877, Hartford CEM Files, box 1.
28 "Excellent penmanship," *Hartford Daily Times*, April 14, 1877, Hartford CEM Files, box 1.
29 *Hartford Daily Times*, April 18, 1878, Hartford CEM Files, box 1.

30　*Hartford Daily Times*, May 31, 1938, Hartford CEM Files, box 1.
31　La Fargue, *China's First Hundred*, pp. 90-91.
32　*Hartford Evening Post*, August 21, 1876, Hartford CEM Files, box 1.
33　Rhoads, *Stepping Forth into the World*, p. 112.
34　"Young John at the Centennial," *Hartford Evening Post*, August 24, 1876, Hartford CEM Files, box 1.
35　Haddad, *Romance of China*, pp. 277, 281-282.
36　Fred Gilbert Blakealee, The Chinese educational Mission, typed manuscript, Hartford CEM Files, box 1. Blakealee knew the Chinese boys well.
37　CHS social scrapbooks, Liang Tun Yen revisits Hartford, Scrapbooks, vol. 23, pp. 50-53, Hartford CEM Files, box 1.
38　William Lyon Phelps, *Autobiography with Letters*（New York: Oxford University Press, 1939）, pp. 83-84.
39　Ibid., 84, See also CHS Social Scrapbooks, Hartford CEM Files, box 1.
40　Phelps, *Autobiography with Letters*, pp. 84-85.
41　Rhoads, *Stepping Forth into the World*, pp. 118-119.
42　Yung Wing（容闳）, *My Life in China and America*（New York: Henry Holt and Company, 1909）, pp. 211-215.
43　Williams Papers: group 547, series II, box 13, folder: Chinese immigration.
44　F.W. Williams, *Life and Letters of Samuel Wells Williams*, p. 430.
45　W. A. P. Martin, *A Cycle of Cathy*, p. 352.
46　Yung Wing, *My Life in China and America*, pp. 208-209.
47　Rhoads, *Stepping Forth into the World*, p. 86.
48　Yung Wing, *My Life in China and America*, p. 182.
49　李慈铭《越缦堂日记》，卷二十四，叶 13a, 卷二十六，叶 16b。
50　Yung Wing, *My Life in China and America*, 183.
51　见崔国因《出使美日秘国日记》卷二，合肥：黄山书社，1988 年，叶 32b、33a、34a。
52　Hung, "Huang Tsun-Hsien's Poem," p. 72.
53　"China's Educational Mission," *New York Times*, July 16, 1881, p. 5.
54　La Fargue, *China's First Hundred*, pp. 22, 42.
55　W. A. P. Martin, *A Cycle of Cathy*, p. 342.
56　潘向明《留美幼童撤回原因考略》，《清史研究》2007 年第 2 期。
57　Yung Kwai Papers: group 1795, box 1, folder: The Chinese Educational Mission and Its Influence [Yung Shang Him], 1939, p. 11.
58　Hung, "Huang Tsun-Hsien's Poem"（with slight translation changes）, p. 54.
59　Hartford Daily Courant, April 17, 1880, Hartford CEM Files, box 1.
60　"A Chinese boy's position," Hartford Daily Courant, August 28, 1880, Hartford CEM Files, box 1.
61　Hartford Daily Courant, April 27, 1880. Hartford CEM Files, box 1.
62　Yung Kwai Papers: group 1795, box 1, folder: The Chinese Educational Mission and Its Influence [Yung Shang Him], 1939, p. 11.
63　Yung Wing, *My Life in China and America*, pp. 211-215.
64　Mark Twain project, ed., *Autobiography of Mark Twain*（Berkley: University of California Press, 2010）, 1:73.
65　《大清德宗景（光绪）皇帝实录》第二册，台北：华联出版社，1964 年，1121 页。
66　顾廷龙、戴逸主编《李鸿章全集》卷二十一，13 页。
67　同上，14 页。
68　Mark Twain Projects, *Autobiography of Mark Twain*, vol. 1, p. 479.
69　Ibid, p. 73.
70　顾廷龙、戴逸主编《李鸿章全集》卷三十三，15-16 页。
71　顾廷龙、戴逸主编《李鸿章全集》卷二十一，15 页。
72　顾廷龙、戴逸主编《李鸿章全集》卷三十三，15 页。
73　同上，15—16 页。

74	同上，113 页。
75	同上。
76	顾廷龙、戴逸主编《李鸿章全集》卷二十一，18 页。
77	Yung Wing, *My Life in China and America*, p. 218.
78	*North China Herald*, September 9, 1881.
79	La Fargue, *China's First Hundred*, p. 51.
80	Hartford Daily Courant, April 19, 1875; *Hartford Evening Post*, April 21, 1877; *Hartford Daily Times*, December 2, 1879; Hartford CEM Files, box 1.
81	Yan Phou Lee, *When I was a boy in China*, p. 47.
82	Chih-Ming Wang, *Transpacific Articulations: Student Migration and the Remaking of Asian America*（Honolulu: University of Hawaii Press, 2013），p. 10.
83	Yung Kwai Papers: group 1795, box 1, folder: Yung Kwai.
84	"China's Backward Step," *New York Times*, September 2, 1881, p. 5.
85	"China in the United States," *New York Times*, July 23, 1881, p. 4.
86	La Fargue, *China's First Hundred*, pp. 74-75.
87	John Russell Young to Zongli yamen, July 13, 1884, Zongliyamen Files, 01-24-012-03-038.
88	Address by Sao-ke Alfred Sze（施肇基），the Chinese minister at a banquet held in Hartford, Connecticut on October 13, 1925 to commemorate the 50th anniversary of the arrival of Yung Wing, Hartford CEM Files, box 1.
89	Yung Kwai Papers: group 1795, box 1, folder: The Chinese Educational Mission and Its Influence [Yung Shang Him], 1939.
90	详见罗香林《梁诚的出使美国》，香港大学亚洲研究中心，1977 年。梁碧莹《梁诚与近代中国》，广州：中山大学出版社，2011 年。
91	La Fargue, *China's First Hundred*, p. 138.
92	Ibid, pp. 90-91.
93	Chun Mun Yew Files: Bruce A. Chan, collection about Chung Mun Yew.
94	Chinese Educational Mission, 1872-1979 CHS Social Scrapbooks, Liang Tun Yen revisits Hartford, Scrapbooks, vol. 23, pp. 50-53, Hartford CEM Files, box 1.
95	David Hinners, *Tong Shao-Yi and His Family: A Saga of Two Countries and Three Generations*, Lanham, Md.: University Press of America, 1999.
96	Hung, "Huang Tsun-Hsien's Poem," p. 56.
97	石霓《观念与悲剧——晚清留美幼童命运剖析》，上海人民出版社，2000 年，120、122、146、161 页。
98	Rhoads, *Stepping Forth into the World*, p. 6.
99	Liel Leibovitz and Matthew I. Miller, *Fortunate Sons: The 120 Chinese Boys Who Came to America, Went to School, and Revolutionized an Ancient Civilization*（New York: W. W. Norton, 2012）.
100	Rhoads, *Stepping Forth into the World*, p. 222.
101	Confidential: Chinese students in the United States, 1949-1955, a Study in Government Policy, draft, The Henry Lucy Papers, box 25, folder 9: China: Chinese students, 1949-1956, Library of Congress, Manuscript Division.
102	T. K. Chu, "150 Years of Chinese Students in America," *Harvard China Review* 5, no. 1, spring 2004, p. 7.
103	引自 Stacey Bieler, *"Patriots" or "Traitors"？A History of American-Educated Chinese Students*, Armonk, N. Y.: M. E. Sharpe, 2004, p. 43.

第三章 戈鲲化：美国第一位汉语教师

1	张宏生编《戈鲲化集》，南京：江苏古籍出版社，2000 年，124 页。
2	毛泽东《念奴娇·鸟儿问答》(1965)，见 *Mao Zedong Poems*（未刊，Open Source Socialist Publishing, 2008），p. 45。
3	张宏生编《戈鲲化集》，257 页。

注　释

4　同上，80 页。
5　同上，253 页。
6　Williams Papers: folder, printed matter/ biographical notes, *Bulletin of the American Geographical Society*, no. 2 [1884].
7　Frederick Williams, *Life and Letters of Samuel Wells Williams*, p. 27.
8　Ibid., pp. 58-59.
9　Ibid., pp. 124-125.
10　Ibid., pp. 146-147.
11　Ibid., pp. 155.
12　Ibid., p. 282.
13　Ibid., p. 162.
14　Ibid., p. 149.
15　Ibid., p. 185.
16　Ibid., p. 230.
17　Ibid., p. 246.
18　W. A. P. Martin, *A Cycle of Cathy*, p. 28.
19　F. W. Williams, *Life and Letters of Samuel Wells Williams*, p. 412.
20　Ibid., p. 421.
21　Williams Papers: Feb. 24, 1870, folder 144, correspondence.
22　Williams letter to several friends from Utica, January 6, 1877, Williams Papers: folder 220/ correspondence, Jan. 6, 1877—-Feb. 2, 1877.
23　F. W. Williams, *Life and Letters of Samuel Wells Williams*, p. 425.
24　Ibid., p. 426.
25　当威妥玛（Thomas Wade）在 1888 年被牛津大学任命为第一位汉语教授时，根本没有任何薪水，他在牛津的继任翟理斯（Herbert Giles）作为汉语教授，直到任职的第三年才得到薪水。事实上，牛津大学在 1903 年以前从未将汉语当作一门考试科目或专业。详见胡思德（Roel Stercks）《置身神农的田园》（In the Field of Shennong），傅扬译，《汉学研究通讯》第 32 卷第 1 期，2013 年 2 月，第 1 页。
26　F. W. Williams, *Life and Letters of Samuel Wells Williams*, p. 426.
27　Ibid., p. 425.
28　Ibid., p. 427.
29　"Yale College," *New York Evening Post*, February. 25, 1884.
30　Noah Porter, "Professor Samuel Wells Williams," *The Missionary Herald* 80, no. 4, April 1884, pp. 130-135.
31　Bickers, *Scramble for China*, pp. 294-295.
32　樊书华《蒲德方案与哈佛大学的汉学起源》，刊于刘海平编《文明对话：本土知识的全球意义》，上海外语教育出版社，2002 年，480—506 页。
33　Ko Kun-hua Papers: Knight to Eliot, February 22, 1877.
34　Raymond Lum, "Vita: Ko K'un-hua, Brief Life of Harvard's First Chinese Instructor, 1838-1882," *Harvard Magazine*, March-April, 2008, pp. 44-45.
35　禧在明（Walter Hillier）曾任英国驻北京公使馆中文秘书，后为伦敦国王学院（King's College）的汉语教授。他著有《华英文义津逮》（*The Chinese language and how to learn it: a manual for Beginners*），初版于 1907 年（London: Kegan Paul, Trench, Trubner & Co, 1907），以及《英汉北京方言词典》（*Anglo-Chinese Dictionary of Peking Colloquial*, Shanghai: Presbyterian Mission Press, n.d.）。
36　Ko Kun-hua Papers: Walther Hillier to Knight, January 28, 1879。
37　同上，Hart to Knight, August 4, 1879.
38　Jonathan Spence, *To Change China: Western Advisers in China,1620-1960*, Boston: Little, Brown, 1969, p. 93.
39　Ko Kun-hua Papers: Drew to Eliot, July 28, 1879.
40　John King Fairbank, Martha Henderson Coolidge, and Richard J. Smith, *H.B. Morse, Customs Commissioner and Historian of China*, Lexington: The University Press of Kentucky, 1995, p. 50.

41 Ko Kun-hua Papers: Martin to Knight, September 8, 1879.
42 顾廷龙、戴逸编《李鸿章全集》第 32 册, 357 页。
43 Ko Kun-hua Papers: Drew to Eliot, July 28, 1879.
44 张宏生编《戈鲲化集》, 118 页。
45 Ko Kun-hua Papers: Drew to Eliot, July 28, 1979.
46 Ibid.: Drew to Eliot, July 28, 1879.
47 Ibid.: Knight to Eliot, May 4, 1879.
48 Ibid.: Knight to Eliot, May 27, 1879.
49 Ibid.: Knight to Eliot, July 2, 1879.
50 Ibid.: Knight to Eliot, July 1, 1879.
51 Ibid.: Knight's note to Mrs. Burlingame was included in his letter to Eliot, July 29, 1879.
52 Ibid.: Walter to Knight, January 28, 1879.
53 Ibid.: Morse Memorandum, September 2, 1879.
54 Ibid.: Walter to Knight, January 28, 1879.
55 Ibid.: Knight to Eliot, December 22, 1879.dd
56 Ko Kun-hua Collection: no author, no date, newspaper clippings.
57 张宏生编《戈鲲化集》, 263 页。
58 Ko Kun-hua Papers: "Chinese students at Harvard."
59 Williams Papers: group 547, series II, box 11, folder, Ko Kua-hua.
60 F. W. Williams, *Letters and Life of Samuel Wells Williams*, p. 450.
61 Ko Kun-hua Collection: no author, no date, newspaper clippings.
62 Ibid.
63 Ibid.
64 Ibid. The Boston book bulletin has no date and can be found in the Harvard University Archives.
65 Ibid.: Ge Kunhua to Curtis.
66 Ibid.: Benjamin R. Curtis, "Ko Kun-hua," *Boston Daily Advertiser*, February 20, 1882.
67 Ko Kun-hua Collection: Newspaper clippings.
68 Ko Kun-hua Papers: Boston Daily Advertiser, February17, 1882.
69 Ibid.
70 Williams Papers: group 547, series II, box 11, folder, Ko Kua-hua.
71 Ko Kun-hua Papers: Benjamin R. Curtis, "Ko Kun-hua," *Boston Daily Advertiser*, February 20, 1882.
72 Ko Kun-hua Papers: Boston Daily Advertiser, February17, 1882.
73 Bernadette Yu-ning Li, "The Beginning of Chinese Studies and Chinese Students at Harvard," *Harvard China Review* 5, no. 1, Spring 2004.
74 Parick Hanan and Mikael S. Adolphson, eds., *Treasures of the Yenching: Seventy-Fifth Anniversary of the Harvard-Yenching Library; Exhibition Catalogue*, Cambridge, Mass.: Harvard-Yenching Library, distributed by the Chinese University Press, 2003, p. 319.
75 Ko Kun-hua Papers: Eliot to C. Chester Lane, November 6, 1916.
76 Ibid.: Drew to Eliot, July 28, 1879; Drew to Eliot, July 28, 187

第四章 古德诺：中国的美国顾问

1 W. A. P. Martin, *A Cycle of Cathy*, p. 342.
2 Jonathan Spence, *To Change China*, pp. 292-293.
3 Columbia Library: central file, box 327/folder 3: Frank Goodnow.
4 美国政治学协会在第 25 届年会期间, 于 1929 年 12 月 28 日在新奥尔特古德诺会长举办午餐, 并宣读毕尔德的致辞。JHU Archives: Frank Johnson Goodnow Papers, box 1, folder 3.
5 Noel Pugach, "Embarrassed Monarchist: Frank J. Goodnow and Constitutional Development in China, 1912–1915," *Pacific Historical Review* 42, no. 4, November 1973, p. 501.
6 Roy Watson Curry, *Woodrow Wilson and Far Eastern Policy, 1913–1921*, New York: Octagon

注　释

Books, 1968, p. 36.
7　Eliot Papers: VAIS 150, box 224.
8　Henry James, *Charles W. Eliot: President of Harvard University, 1869–1909*, vol. 2, Boston: Houghton Mifflin Company, 1930, p. 218.
9　Columbia Library: Carnegie Endowment for International Peace, correspondence vol. 35, box 386.
10　Charles William Eliot, *Some Roads towards Peace: A Report to the Trustees of the Endowment on Observations Made in China and Japan in 1912*, Washington, D.C.: Carnegie Endowment for International Peace, Division of Intercourse and Education, 1914.
11　Columbia Library: Carnegie Endowment for International Peace, correspondence vol. 40, box 391.
12　John A. Garraty and Mark C. Carnes, eds., *American National Biography*, New York: Oxford University Press, 1999）, vol. 4, pp. 101-103.
13　Columbia Library: Carnegie Endowment for International Peace, correspondence vol. 39, box 390.
14　Eliot, *Some Roads towards Peace*.
15　Columbia Library: Carnegie Endowment for International Peace, correspondence vol. 44, box 395.
16　Eliot Papers: VAI 5.150, box 225, folder 424.
17　NA: RG 59: Records of the Department of State: Relating to Internal Affairs of China, 1910–1929, M329/89.
18　George Anderson to American minister, W. J. Calhoun, confidential, April 22, 1912, NA: RG 59: Records of the Department of State: Relating to Internal Affairs of China, 1910–1929, M329/89.
19　P. C. Knox to Calhoun, June 6, 1912, NA: RG 59: Records of the Department of State: Relating to Internal Affairs of China, 1910–1929, M329/89.
20　Edgar Bancroft to Knox, August 15, 1911, NA: RG 59: Records of the Department of State: Relating to Internal Affairs of China, 1910–1929, M329/89.
21　American legation in China to secretary of state, October 21, 1913, NA: RG 59: Records of the Department of State: Relating to Internal Affairs of China, 1910–1929, M329/89.
22　Columbia Library: Carnegie Endowment for International Peace, correspondence vol. 44, box 395.
23　Ibid.: Carnegie Endowment for International Peace, correspondence vol. 39, box 390.
24　Ibid.: Carnegie Endowment for International Peace, correspondence vol. 124, box 469.
25　Ibid.
26　Ibid.
27　Ibid.: central file: Butler arranged correspondence: box 161.
28　Ibid.: Carnegie Endowment, secretary's office and administration, CEIP 412.
29　Letter to Goodnow from James Brown Scott, secretary to the executive committee of the endowment, Columbia Library: Carnegie Endowment for International Peace, correspondence vol. 38, box 389.
30　James Brown Scott to secretary of state, March 5, 1913, NA: RG 59: Records of the Department of State: Relating to Internal Affairs of China, 1910–1929, M329/89.
31　The legation to secretary of state, March 14, 1913, NA: RG 59: Records of the Department of State: Relating to Internal Affairs of China, 1910–1929, M329/89.
32.　《清末民初驻美使馆档案：雅聘古德诺为顾问案》，"中央研究院"近代史研究所档案馆，031200/03-1。
33　JHU Archives: Frank Johnson Goodnow Papers, box 6, folder 3.
34　Columbia Library: Carnegie Endowment for International Peace, correspondence vol. 44, box 395.
35　Ibid.
36　Ibid.
37　Columbia Library: Burgess to Goodnow, March 26, 1913.
38　JHU Archives: Frank Johnson Goodnow Papers, box 6, folder 3.
39　Columbia Library: Carnegie Endowment for International Peace, correspondence vol. 124, box 469.
40　Goodnow to James B. Scott, April 1, 1913, Columbia Library: Carnegie Endowment, secretary's office and administration, CEIP 412.
41　Columbia Library: Carnegie Endowment for International Peace, correspondence vol. 124, box

469.
42 Columbia Library: Butler to Goodnow, March 19, 1913.
43 Columbia Library: Carnegie Endowment, secretary's office and administration, CEIP 412.
44 Columbia Library: Carnegie Endowment for International Peace, correspondence vol. 39, box 390.
45 Columbia Library: CEIP: Carnegie Endowment for International Peace records, box 40.
46 Columbia Library: central file, box 327/folder 3: Frank Goodnow.
47 JHU Archives: Office of the President Collections, box 174.
48 Goodnow to Butler, June 26, 1913, Columbia Library: Carnegie Endowment for International Peace, correspondence vol. 124, box 469.
49 Goodnow to Butler, May 18, 1913, Columbia Library: Carnegie Endowment for International Peace, correspondence vol. 124, box 469.
50 Goodnow to Butler, June 26, 1913, Columbia Library: Carnegie Endowment for International Peace, correspondence vol. 124, box 469.
51 Columbia Library: Carnegie Endowment for International Peace, correspondence vol. 44, box 395.
52 Edward B. Drew, "Sir Robert Hart and His Life Work in China," *Journal of Race Development* 4, no. 1, July 1913, p. 33.
53 Columbia Library: Carnegie Endowment for International Peace, correspondence vol. 44, box 395.
54 JHU Archives: Frank Johnson Goodnow Papers, box 3, folder 3: Goodnow, 1915, 1928-29, folder: incoming letters in 1919.
55 Goodnow to Butler, January 2, 1914, Columbia Library: Carnegie Endowment, secretary's office and administration, CEIP 412.
56 Goodnow to Butler, February 26, 1914, Columbia Library: Carnegie Endowment for International Peace, correspondence vol. 124, box 469.
57 Columbia Library: Carnegie Endowment for International Peace, correspondence vol. 124, box 469.
58 Ibid.
59 Ibid.
60 Columbia Library: Carnegie Endowment, secretary's office and administration, CEIP 412.
61 Chargé d'affaires of American legation in China to the secretary of state, October 30, 1913, NA: RG 59: Records of the Department of State: Relating to Internal Affairs of China, 1910–1929, M329/89.
62 Goodnow to Paul Reinsch, February 24, 1921, JHU Archives: Office of the President Collections, box 164.
63 Goodnow to Joshua Bau, JHU Archives: Frank Johnson Goodnow Papers, box 1, folder 3.
64 NA: RG 84: Rec ords of foreign service posts, diplomatic posts, China, vol. 0179.
65 Columbia Library: Carnegie Endowment for International Peace, correspondence vol. 124, box 469.
66 Reinsch to secretary of state, May 5, 1914, NA: RG 59: Records of the Department of State: Relating to Internal Affairs of China, 1910–1929, M329/89.
67 Goodnow to Paul Reinsch, February 24, 1921, JHU Archives: Office of the President Collections, box 164.
68 *New York Times*, June 22, 1914, 4.
69 Goodnow, "The Adaptation of a Constitution to the Needs of a People," *Proceedings of the Academy of Political Science in the City of New York* 5, no. 1, October 1914, pp. 31–38.
70 Goodnow to Willoughby, December 10, 1914, JHU Archives: Office of the President Collections, box 174.
71 "China's Constitution: Dr. Goodnow's Draft with His Explanatory Note," JHU Archives: Frank Johnson Goodnow Papers, box 25.
72 "Dr. Goodnow's Memorandum on Advisory Council," *Peking Daily News*, February 28, 1914.
73 Frank Goodnow, "Administrative Reform in China," *Peking Gazette*, January 30, 1914.
74 JHU Archives: Frank Johnson Goodnow Papers, box 19.
75 Columbia Library: Carnegie Endowment, secretary's office and administration, CEIP 413.

76　Columbia Library: Carnegie Endowment for International Peace, correspondence vol. 124, box 469.
77　Ibid.
78　Tele gram from Reinsch to secretary of state, January 24, 1914, NA: RG 59: Records of the Department of State: Relating to Internal Affairs of China, 1910–1929, M329/89.
79　John Bassett Monroe to James Brown Scott, Carnegie Endowment for International Peace, January 24, 1914, NA: RG 59: Records of the Department of State: Relating to Internal Affairs of China, 1910–1929, M329/89.
80　Columbia Library: Carnegie Endowment for International Peace, correspondence vol. 124, box 469.
81　Ibid.
82　Ibid.
83　Goodnow to Butler, February 26, 1914, Columbia Library: Carnegie Endowment for International Peace, correspondence vol. 124, box 469.
84　NA: RG 59: Records of the Department of State: Relating to Internal Affairs of China, 1910–1929, M329/89.
85　魏劳毕（William F. Willoughby）是普林斯顿大学教授，也是约翰·霍普金斯大学教授韦罗贝（W. W. Willoughby）的孪生兄弟。他在1914—1916年间代替古德诺任代理法律顾问。1916年3月21日，古德诺致信国务院，正式推荐约翰·霍普金斯大学政治学教授韦罗贝为新的中国顾问；中国政府通过驻华盛顿公使接受了这一推荐。见 NA: RG 59: Records of the Department of State: Relating to Internal Affairs of China, 1910–1929, m329, roll 89。
86　Warren Wilmer Brown, "New President of Johns Hopkins University and What He Thinks of His Job," *New York Times*, October 18, 1914.
87　Nemai Sadhan Bose, *American Attitude and Policy to the Nationalist Movement in China, 1911–1921*, Bombay: Orient Longmans, 1970, p. 113.
88　Paul Reinsch, *An American Diplomat in China*, New York: Paragon Book Gallery, 1967), p. 31.
89　Ibid., p. 47.
90　Ibid., pp. 173, 173–174.
91　Columbia Library: Carnegie Endowment for International Peace, correspondence vol. 124, box 469.
92　Pugach, "Embarrassed Monarchist," pp. 499–517.
93　"Goodnow Praises Yuan," *New York Times*, August 30, 1914, 15.
94　Goodnow, "Reform in China," *American Political Science Review* 9, no. 2, May 1915, pp. 210, 218.
95　Goodnow, "The Parliament of the Republic of China," *American Political Science Review* 8, no. 4 November 1914, pp. 548–549.
96　Bose, *American Attitude and Policy to the Nationalist Movement*, p. v.
97　Ibid., p. 100.
98　"China a Monarchy: Yuan Accepts Throne," *Los Angeles Times*, December 12, 1915, p. 11.
99　"American Advice to China," *Chicago Daily Tribune*, October 8, 1915, p. 8.
100　JHU Archives: Office of the President Collections, box 6, folder 3: Essays on the law and practice of governmental administration.
101　详见 Jerome Chen, *Yuan Shih-Kai*, Stanford: Stanford University Press, 1972, pp. 164, 201, 210。
102　Edward Friedman, *Backwards toward Revolution: The Chinese Revolutionary Party*, Berkeley: University of California Press, 1974, pp. 78, 169.
103　丁文江编《梁任公先生年谱长编（初稿）》，台北：世界书局，1959年，579—620页。
104　夏寿田对张国淦亲口所言。见张国淦《近代史片断的记录》，载《近代史资料》，北京：中华书局，1978年，152页。
105　*Peking Daily News*, March 14, 1916.
106　Jiannong Li, *The Political History of China*, Princeton, N.J.: D. Van Nostrand Co., 1956, p. 309.
107　Jordan to Langley, October 20, 1915, BA: WO350/13/101–103.
108　有关朱尔典对袁世凯的称赞，见 Jordan to Langley, June 13, October 6, 1916, BA: Jordan Papers, FO 350/15。

109 梁启超提供了非常好的实例。他的公开呼吁是反袁运动取得成功的关键,对公众舆论的巨大影响无人可以替代。根据一份报刊的评论,"他对共和事业的锲而不舍和同北京政府[袁世凯]的公开对抗,相当于至少又多了一支共和军队的力量。"《南华早报》(South China Morning Post),1916 年 4 月 20 日。
110 梁启超《异哉所谓国体问题者》,见梁启超《盾鼻集》,台北:文海出版社,1966 年,156 页;也见于梁启超《饮冰室合集:专集》,北京:中华书局,1989 年,33 页。
111 梁启超《饮冰室合集:文集》,34 页。
112 同上,39、89 页。
113 张品兴编《梁启超家书》,北京:中国文联出版社,2000 年。
114 同上。
115 1915 年 8 月 20 日,《北京日报》(the Peking Daily News)发表了"Republic or Monarchy? Full Text of Dr. Goodnow's Memorandum to the President"。
116 马慕瑞后来在 1916 年同古德诺的女儿洛伊丝·古德诺(Lois R. Goodnow)结婚,成为古德诺的女婿。
117 NA: RG 59: Department of State decimal file, 1910–1929, box 2590.
118 NA: Records of the Department of State: Relating to Internal Affairs of China, 1910-29, microcopy no. 329, roll 88.
119 NA: Records of the Department of State: Relating to Internal Affairs of China, 1910-29, JHU Archives: Office of the President Collections, box 174.
120 "China a Monarchy: Goodnow Is Surprised," *Los Angeles Times*, December 12, 1915, 11.
121 ."Dr. Goodnow Returns: Hopkins President Explains His Views on China," *Baltimore Sun*, October 12, 1915.
122 JHU Archives: Office of the President Collections, box 174.
123 Garraty and Carnes, *American National Biography*, vol. 4, pp. 250-251.
124 Frank Kellogg to Goodnow, February 21, 1928, JHU Archives: Frank Johnson Goodnow Papers, box 10, folder 3.
125 Goodnow to Kellogg, February 24, 1928, JHU Archives: Frank Johnson Goodnow Papers, box 10, folder 3.
126 JHU Archives: Frank Johnson Goodnow Papers, box 3, folder 3: Goodnow, 1915, 1928-1929, incoming letters.
127 Ibid.
128 1919 年 9 月 15 日国务院致外交部,聘请芮恩施为顾问,"中央研究院"近代史研究所《外交部档》,03-01-001-13-001.
129 Columbia Library: Carnegie Endowment for International Peace, correspondence vol. 124, box 469.
130 Goodnow to Butler, February 16, 1914, Columbia Library: Carnegie Endowment for InternationalPeace, correspondence vol. 124, box 469.
131 Statement read on behalf of Charles Beard, JHU Archives: Frank Johnson Goodnow Papers, box 1, folder 3.
132 Kenneth Pyle, "Professor Goodnow and the Chinese Republic," 26-27, unpublished thesis, JHU Archives manuscript room.
133 "Ship Line to Orient Financed," *Baltimore Sun*, August 31, 1915.
134 Frank Johnson Goodnow, *China: An Analysis*, Baltimore: Johns Hopkins University Press, 1926, p. vii.
135 Ibid., p. 101.
136 Ibid., p. 240.
137 Ibid., p. 245.
138 Ibid., p. 247.
139 Ibid., p. 279.
140 JHU Archives: Office of the President Collections, box 174.
141 John Dewey, *Lectures in China*, 1919–1920, ed. Robert W. Clopton and Tsuin-Chen Ou, Honolulu: University of Hawaii Press, 1973, p. 296.

142　Leigh K. Jenco, "'Rule by Man' and 'Rule by Law' in Early Republican China: Contributions to a Theoretical Debate," *Journal of Asian Studies* 69, no. 1, February 2010, pp. 185-191.

第五章 约翰·杜威：洋孔子兼文化大使

1　Barry C. Keenan 的《杜威与中国》(*The Dewey Experiment in China: Educational Reform and Political Power in the Early Republic*, Cambridge, Mass.: Council on East Asian Studies, Harvard University, 1977) 是一部开山之作，强调杜威对中国的影响要比其思想内容大得多。Jessica Ching-Sze Wang, *John Dewey in China: To Teach and to Learn* (Albany: State University of New York Press, 2007) 是关于这一专题最新的研究著作。

2　关于中国与第一次世界大战，详见徐国琦《中国与大战》和《一战中的华工》。

3　有关美国影响的相关著作，见 Charles W. Hayford, "The Open Door Raj: Chinese-American Cultural Relations, 1900–1945," in Warren I. Cohen, ed., *Pacific Passages: The Study of American–East Asian Relations on the Eve of the Twenty-First Century*, New York: Columbia University Press, 1995, pp. 139–162。

4　李毓澍编《中日关系史料：欧战与山东问题》第二卷，台北："中央研究院"近代史研究所，1974 年，653 页。

5　1913 年 4 月巴西和秘鲁宣布承认中华民国，1913 年 5 月 2 日美国正式承认中华民国，其他国家直到 1913 年 10 月才对中华民国予以承认。

6　例如，中国驻美公使夏偕复提出，在所有的国家中，只有美国才能做中国的朋友。在战后和平会议上，中国可以从美国人的友谊中获益；见 1915 年 3 月 22 日夏偕复给外交部的信，李毓澍编《中日关系史料》第二卷，788–789 页。

7　1916 年 7 月 25 日毛泽东给肖子升的信，见 Mao Zedong, *Mao's Road to Power: Revolutionary Writings, 1912–1949*, ed. Stuart R. Schram, 7 vols., Armonk, N.Y.: M. E. Sharpe, 1992, vol. 1, p. 104。

8　Hollington Tong, "What Can President Wilson Do for China?" *Millard's Review of East Asia* 6, no. 11, November 16, 1918, 431-434.

9　傅斯年、罗家伦主编《新潮》第 1 卷第 5 期，1919 年。

10　李大钊《威尔逊与平和》，《李大钊文集》第一卷，北京：人民出版社，1984 年，285 页。

11　陈独秀《发刊词》，《每周评论》第 1 卷第 1 期，1918 年。

12　唐振常《蔡元培传》，上海：上海人民出版社，1985 年，159 页。

13　Chinese Patriotic Committee, New York City, May 1918, "Might or Right? The Fourteen Points and the Disposition of Kiao-Chau," NA: State Department Records Relating to the Political Relations between China and Other States, 7-18-5/m341/roll 27/743.94/875.

14　《济南日报》1919 年 5 月 16、17 日。NA: State Department Records Relating to the Political Relations between China and Other States, 7-18-5/m341/roll 28.

15　毛泽东《民众的大联合 (1)》，1919 年 7 月 21 日，见 Schram, *Mao's Road to Power*, vol. 1, pp. 378–381。

16　毛泽东《可怜的威尔逊》，1919 年 7 月 14 日，见 Schram, *Mao's Road to Power*, vol. 1, p. 338。

17　中国社会科学院近代史研究所编《五四运动回忆录》第 1 册，北京：中国社会科学出版社，1979 年，222 页。

18　T. H. Bliss to Wilson, April 29, 1919, The Paper of Bliss, folder 247/W. Wilson/April1919, Library of Congress, Manuscript Division; see also Jin Wensa, *China at the Paris Peace Conference in 1919*, New York: St. John's University Press, 1961, p. 26.

19　详见顾维钧《顾维钧回忆录》第一卷，北京：中华书局，1983 年，200 页。

20　Reinsch, *American Diplomat in China*, pp. 364–382.

21　Columbia Library: central file, box 321/folder 13: John Dewey.

22　Keenan, *Dewey Experiment in China*, p. 11.

23　张宝贵编《杜威与中国》，石家庄：河北人民出版社，2001 年，19 页。

24　Jay Martin, *The Education of John Dewey: A Biography*, New York: Columbia University Press, 2002, 312.

25 Columbia Library: central file, box 321/folder 13: John Dewey.
26 J. Martin, *Education of John Dewey*, p. 139.
27 Ibid., p. 210.
28 Columbia Library: central file, box 321/folder 13: John Dewey.
29 Ibid.
30 John Dewey and Alice Chipman Dewey, *Letters from China and Japan*, ed. Evelyn Dewey, New York: E. P. Dutton Company, 1920, p. 150.
31 杜威在行文写作方面并不特别突出，也不是一个好的演讲者。小奥利弗·温德尔·霍姆斯有一次写给朋友道："杜威的书写得糟透了。"他的演说风格也缺乏激情，甚至1843年联邦调查局的档案中也形容杜威的演说"单调乏味，慢吞吞的"。胡适在私人日记中也记载杜威不是一个好的演说者，说如果杜威没有事先读过准备好的笔记，他的演讲简直就是拖沓。这些看法的详情，见 John Dewey, *The Middle Works of John Dewey, 1899–1924*, ed. Ann Boydston, 15 vols. , Carbondale: Southern Illinois University Press, 2008, vol. 12, p. ix; J. Martin, *Education of John Dewey*, p. 458; 季羡林编《胡适全集》第29册，合肥：安徽教育出版社，2003年，348页。
32 Keenan, *Dewey Experiment in China*, p. 43.
33 Wang, *John Dewey in China*, p. 22.
34 Dewey, "New Culture in China," *Asia* 21, no. 7, July 1921, p. 581.
35 Columbia Library: central file, box 321/folder 13: John Dewey.
36 Keenan, *Dewey Experiment in China*, p. 9.
37 Wang, *John Dewey in China*, p. 90.
38 Ibid., p. 79.
39 引自 Dewey, *The Middle Works*, vol. 11, pp. 178–179。
40 J. Martin, *Education of John Dewey*, p. 318.
41 Dewey, *Lectures in China*, p. 297.
42 Wang, *John Dewey in China*, p. 39.
43 Dewey, *The Middle Works*, vol. 13, p. 72.
44 Dewey, "Chinese National Sentiment," *Asia* 19, no. 12, December 1919, p. 1237.
45 Ibid., p. 1239.
46 Wang, *John Dewey in China*, p. 39.
47 Dewey, *Letters from China and Japan*, p. 156.
48 Dewey, *The Middle Works*, vol. 11, p. 214.
49 Dewey, *Letters from China and Japan*, p. 209.
50 Ibid., pp. 262-263.
51 Dewey, *The Middle Works*, vol. 12. p. 285.
52 Ibid., vol. 11, pp. 205-206.
53 转引自 Wang, *John Dewey in China*, p. 5。
54 Dewey, *The Middle Works*, vol. 13, p. 94.
55 Dewey, "The New Leaven in Chinese Politics," *Asia* 20, no. 3, April 1920, p. 267.
56 Dewey, *The Middle Works*, vol. 12, p. 47.
57 Ibid., vol. 13, p. 93.
58 Ibid., vol. 13, p. 94.
59 Ibid., vol. 11, pp. 213-214.
60 Dewey, *Lectures in China*, p. 199.
61 Dewey, *The Middle Works*, vol. 11, p. 191.
62 Ibid., vol. 11, p. 187.
63 Ibid.
64 Ibid., vol. 11, p. 190.
65 Ibid., vol. 11, p. 187.
66 Ibid., vol. 11, p. 190.
67 Dewey, *Letters from China and Japan*, p. 247.
68 Dewey, *The Middle Works*, vol. 13, p. 110.
69 Chow Tse-tsung, *The May Fourth Movement: Intellectual Revolution in Modern China*,

注 释

Cambridge, Mass.: Harvard University Press, 1960, p. 196.【周策纵《五四运动史》，世界图书出版公司，2016年】

70　Dewey, *The Middle Works*, vol. 13, p. 114.
71　Ibid., vol. 13, p. 223.
72　Ibid., vol. 13, pp. 226, 227.
73　Ibid., vol. 13, p, 75.
74　Ibid., vol. 13, p. 92.
75　Dewey, *Lectures in China*, p. 68.
76　Ibid., p. 47.
77　Ibid., p. 48.
78　Dewey, *The Middle Works*, vol. 13, p. 223.
79　Dewey, *Lectures in China*, p. 88.
80　J. Martin, *Education of John Dewey*, p. 321.
81　Ibid., p. 327.
82　Keenan, *Dewey Experiment in China*, p. v.
83　J. Dewey and A. Dewey, *Letters from China and Japan*.
84　J. Martin, *Education of John Dewey*, p. 318.
85　Ibid., p. 319.
86　Ibid., p. 325.
87　Dewey, *The Middle Works*, vol. 11, pp. 195–196.
88　Ibid., vol. 11, p. 197.
89　Ibid., vol. 11, p. 228.
90　Ibid., vol. 11, p. 229.
91　Ibid., vol. 11, p. 234.
92　Ibid., vol. 13, p. 126.
93　John Dewey, "America and Chinese Education (1921)," in Dewey, *The MiddleWorks*, vol. 13.
94　Dewey, *The Middle Works*, vol. 13, p. 137.
95　Ibid., vol. 13, p. 155.
96　J. Martin, *Education of John Dewey*, p. 318.
97　Dewey, *The Middle Works*, vol. 11, p. 208.
98　Ibid., vol. 13, p. 79.
99　Ibid., vol. 13, p. 80.
100　Ibid., vol. 13, p. 83.
101　Ibid., vol. 13, p. 85.
102　Ibid., vol. 13, p. 146.
103　Dewey, *Characters and Events*, vol. 2, p. 629.
104　Dewey, *Letters from China and Japan*, pp. 258–259.
105　Ibid., p. 266.
106　Dewey, *Characters and Events*, vol. 2, p. 631.
107　Dewey, *Letters from China and Japan*, p. 176.
108　Ibid., p. 179.
109　Dewey, *Lectures in China*, p. 195.
110　Dewey, *The Middle Works*, vol. 13, p. 120.
111　Ibid., vol. 12, p. 51.
112　Ibid., vol. 12, p. 52.
113　Dewey, *Lectures in China*, p. 302.
114　Wang, *John Dewey in China*, p. 79.
115　Dewey, *The Middle Works*, vol. 13, p. 152.
116　Ibid., vol. 13, pp. 220-221.
117　Ibid., vol. 12, p. 287.
118　Ibid., vol. 12, pp. 253-255.
119　Dewey, *Lectures in China*, p. 14.

120 Ibid., p. 98.
121 Ibid., p. 99.
122 Ibid., p. 121.
123 Ibid., p. 155.
124 Dewey, "Conditions for China's Nationhood," quoted in Cecile Bahn Dockser, "John Dewey and the May Fourth Movement in China: Dewey's Social and Political Philosophy in Relation to His Encounter with China (1919–1921)," doctoral thesis, Harvard University, 1983, p. 53.
125 Dewey, *The Middle Works*, vol. 13, p. 218.
126 John Dewey, *The Later Works of John Dewey*, ed. Jo Ann Boydston, 17 vols., Carbondale: Southern Illinois University Press, 2008, vol. 2, p. 174.
127 胡适《杜威先生与中国》，季羡林编《胡适全集》第1册，360—362页。参见 Dewey, *Lectures in China*, p. 232。
128 Wang, *John Dewey in China*, p. 42.
129 Zou Zhenhuan（邹振环），"The Dewey Fever in Jiangsu and Zhejiang during the May Fourth Movement and Its Relation to the Cultural Tradition in Jiangnan," *Chinese Studies in History* 43, no. 4, Summer 2010, p. 46.
130 Zhixin Su, "A Critical Evaluation of John Dewey's Influence on Chinese Education," *American Journal of Education* 103, no. 3 (May 1995): 311；参见袁刚等编《民治主义与现代社会：杜威在华讲演集》，北京：北京大学出版社，2004年，19页。
131 Dewey, *Lectures in China*, p. 229.
132 Chow Tse-tsung, *The May Fourth Movement*, p. 176.
133 Ibid., p. 228.
134 详见 Sor-hoon Tan, "China's Pragmatist Experiment in Democracy: Hu Shih's Pragmatism and Dewey's Influence in China," *Metaphilosophy* 35, nos. 1–2 (January 2004), 44-64。
135 Wang, *John Dewey in China*, 26.
136 Dewey, *Lectures in China*, p. 239.
137 Ding Zijiang（丁子江），"A Comparison of Dewey's and Russell's Influence on China," *Dao* 6, 2007, p. 157.
138 Chow Tse-tsung, *The May Fourth Movement*, 98.
139 C. F. Remer, "John Dewey in China," *Millard's Review* 13, no. 5 (July 1920): 267.
140 Dewey, *Lectures in China*, pp. 233–234.
141 Joseph Grange, *John Dewey, Confucius, and Global Philosophy*, Albany: State University of New York Press, 2004, pp. xiv, 30, 89; Keenan, *Dewey Experiment in China*, pp. 7, 35.
142 Dewey, *Lectures in China*, p. 158.
143 Ibid.
144 Jane Dewey, "Biography of John Dewey," in Paul Arthur Schilpp, ed., *The Philosophy of John Dewey*, Evanston, Ill.: Northwestern University Press, 1939, p. 40.
145 Ibid., p. 42.
146 Torjus Midtgarden, "The Hegelian Legacy in Dewey's Social and Political Philosophy, 1915–1920," *Transactions of the Charles S. Peirce Society* 47, no. 4, 2011.
147 Wang, *John Dewey in China*, pp. 84–85.
148 Dewey to Jacob Coss, January 13, 1920, in Larry A. Hickman et al., eds., *The Correspondence of John Dewey*, vol. 2: *1919–1939*, Carbondale: Center for Dewey Studies, Southern Illinois University, 2001.
149 J. Martin, *Education of John Dewey*, p. 325.
150 Dockser, "John Dewey and the May Fourth Movement in China," p. 42.
151 Ibid., p. 64.
152 Cecile B. Dockser, "John Dewey and China (1919–1921): Some of Dewey's Perceptions of China and Their Reflection on Aspects of His Social and Political Philosophy" (unpublished paper, September 20, 1977, located in Monroe C. Gutman Library, Harvard Graduate School of Education, Harvard University), p. 3.
153 Keenan, *Dewey Experiment in China*, pp. 156–157.

154　详见 Erez Manela, *The Wilsonian Moment: Self-Determination and the International Origins of Anticolonial Nationalism*, New York: Oxford University Press, 2007。

155　Nancy Sizer, "John Dewey's Ideas in China 1919 to 1921," *Comparative Education Review* 10, no. 3, October 1966, p. 390.

第六章　由体育运动而产生的共有外交旅程

1　Wu Tingfang, *America through the Spectacles of an Oriental Diplomat*, McLean, VA: IndyPublish.com, 1996, p. 119.
2　有关体育运动与中国政治的综合研究，见 Xu Guoqi, *Olympic Dreams*。
3　有关体育运动与中国国际化的具体内容，同上。
4　梁启超《新民说》，《梁启超全集》第 2 卷，709 页。
5　同上，713 页。
6　Richard Hofstadter, *The Paranoid Style in American Politics, and Other Essays*, New York: Alfred A. Knopf, 1965.
7　Gail Bederman, *Manliness and Civilization: A Cultural History of Gender and Race in the United States, 1880–1917*, Chicago: University of Chicago Press, 1995.
8　麦克乐（McCloy）《第 6 届远东运动会的教训》，载中华全国体育研究会编《体育季刊》（上海商务印书馆）第 2 卷第 2 期（1923 年 9 月），4 页。
9　一个被广为传述但从未印证过的说法是，皮埃尔·德·顾拜旦曾邀请清政府参加第一届奥林匹克运动会。我曾在国际奥林匹克委员会档案馆、中国第一历史档案馆、法国外交部档案馆，以及其它类似地方查询，然而未能找到国际奥林匹克委员会或顾拜旦邀请中国参加第一届或第二届奥运会的文件或证明。迄今为止，罗时铭提出了最佳看法，他令人信服地指出，中国人大概在 1900 年第一次听说过奥林匹克运动会。详见罗时铭《奥运来到中国》，北京：清华大学出版社，2005 年，12—22 页。
10　*Tiantsin Young Men* 19, October 26, 1907, quoted in Chih-Kang Wu, "The Influence of the YMCA on the Development of Physical Education in China," doctoral thesis, University of Michigan, Ann Arbor, 1956, pp. 103-104; 亦见许义雄编，《中国近代体育思想》，台北：启英文化出版公司，1996 年，153 页。
11　Chih-Kang Wu, "Influence of the YMCA," p. 108.
12　根据一份来自中国的基督教青年会报告陈述，"中国和朝鲜的基督教青年会已经连续几年推广体育运动，把这三个问题作为宣传标语"。YMCA, New York, *Annual Reports of the Foreign Secretaries of the International Committee, YMCA, 1909–1910*, p. 192.
13　邢军纪、祖先海《百年沉浮：走进中国体育界》，郑州：河南文艺出版社，2000 年，20 页。
14　蒋槐青编《刘长春短跑成功史》，上海：上海勤奋书局，1933 年，3—5 页。
15　LA Sports Library: *LA Xth Olympic Games Official Report*, 1932, p. 397.
16　*Los Angeles Times*, July 31, 1932, part vi-a, 4.
17　蒋槐青编《刘长春短跑成功史》，11 页。
18　有关乒乓外交的详细内容，见 Xu Guoqi, *Olympic Dreams*, pp. 117-163。
19　从中国国内政治角度出发考察中美恢复邦交，近期的研究见 Yafeng Xia, "China's Elite Politics and Sino-American Rapprochement, January 1969–February 1972," *Journal of Cold War Studies* 8, no. 4, Fall 2006, pp. 3-28。
20　Henry Kissinger, *White House Years*, Boston: Little, Brown, 1979, pp. 178-186.
21　西方学者似乎赞同钱江从 1969 年中苏边境冲突入手进行的分析。钱江《小球转动大球——"乒乓外交"幕后》，北京：东方出版社，1997 年。但是毛泽东对于是时候同尼克松就台湾问题达成协议的认识，即使不是更为重要的因素，也是一个主要因素。基辛格的《白宫岁月》（*White House Years*, p. 749）以及其他资料来源，称台湾问题只在周恩来和基辛格于 1971 年 7 月的第一次会谈中被简单地提了一下，这即使不是撒谎，也是完全误导。在北京与美国之间于 1970 年代初期的谈判中，台湾问题占据了极其重要的地位，这一点现在已经被人们所接受。
22　周恩来信的全文以及毛泽东的批示，见鲁光、张晓岚编《金牌从 0 到 15》，长沙：湖南少年儿童出版社，1985年，139—141页。亦见中共中央文献研究室编《周恩来年谱，1949—1976》第3册，北京：中央文献出版社，1997年，443—444页。
23. 鲁光、张晓岚编《金牌从0到15》，146页。
24. Bentley Library: J. Ruff ord Harrison files, box 19/original.
25. Bentley Library: St. mate rials, box 19.
26. 新闻会客厅《庄则栋：亲历乒乓外交》（2006年4月18日），中央电视台采访庄则栋的解说词。
27. Kissinger, *White House Years*, p. 709. 基辛格的记述是基于Arnold Dibble 1971年7月16日在合众社的一篇报道。
28. 毛泽东那时视力有严重问题，依靠助手为他读资料。见吴旭君《毛泽东的五步高棋：打开中美关系大门始末》，林克、徐涛、吴旭君《历史的真实》，北京：中央文献出版社，1998年，240页。
29. National Sport Commission and Foreign Ministry, "Report on the Requests of Ping Pong Teams from Colombia, Jamaica and the United States to Visit China and Request of American Journalists to Interview Our Ping Pong Team," April 3, 1971, secret. PRC Foreign Ministry Archives.
30. 详见周溢潢《中美乒乓外交背后的毛泽东》，《人民日报》2003年12月19日第15版。
31. Kissinger, *White House Years*, p. 710. 亦见《同美国乒乓球代表团的谈话》，中华人民共和国外交部档案；以及中共中央文献研究室编《周恩来外交文献》北京：中央文献出版社，1990年，469—475页。
32. "外交部就美国乒乓球代表团访华致友好国家大使馆的照会"（无日期），中华人民共和国外交部档案。
33. "外交部就科恩的母亲计划给周总理送花及文电的报告，1971年4月23日"，中华人民共和国外交部档案。
34. Bentley Library: Boggan files, box 1, Ping pong oddity, 239–240.
35. 中国关于乒乓外交的最新资料，见熊向晖《我的情报与外交生涯》，北京：中共党史出版社，1999年，236—259页。
36. Kissinger, *White House Years*, pp. 709-710.
37. Ibid., p. 711.
38. Ibid., p. 710.
39. NA: Nixon Presidential Materials Project, Haldeman files, box 43, Haldeman handwritten notes April–June 1971.
40. 1971年4月27日尼克松与基辛格的电话通话，NSA: China and the United States: From Hostility to Engagement, 1960–1998. See also FRUS, 17:303–308.
41. John Scali to Dwight Chapin, April 12, 1971, NA: Nixon Presidential Materials Project, White House central files, subject files, P.R. China, box 19, PRC 1/1/71–5/31/71.
42. H. R. Haldeman, *The Haldeman Diaries: Inside the Nixon White House*, New York: G. P. Putnam's Sons, 1994, pp. 273-274.
43. National security study memorandum 124, April 19, 1971, NSA: China and the United States.
44. Statement by the president, the White House, April 14, 1971, NSA: China and the United States.
45. The president's remarks at a question-and-answer session with a panel of six editors and reporters at the society's annual convention, April 16, 1971, NSA: China and the United States.
46. Memorandum of conversation between Kissinger and Zhou, July 9, 1971, FRUS, 17:364.
47. Minutes of Mao's meeting with Nixon, February 21, 1971, NSA: China and the United States. See also FRUS, 17:681–682.
48. 尼克松不愿意被指责为"背叛台湾"。见NA: Nixon Presidential Materials Project, White House special files, staff member and office files, Haldeman files, box 85: memo from Pat Buchanan（帕特·布坎南）to Haldeman（霍尔德曼），October 11, 1971. 布坎南在备忘录中引用共和党保守派的主导人物私下里的话，"我可以容忍对北京的访问……但是驱逐台湾我就得破釜沉舟了"。
49. NA: Nixon Presidential Materials Project, White House special files, staff member and office files, Alexander Haig files, 1970–1973, box 49.
50. Congressional Record, Proceedings and Debates of the 92nd Congress, First Session: The So-Called New Era of Ping-Pong Diplomacy, 1.
51. NA: Nixon Presidential Materials Project, Chapin box 32, minutes of China meetings.

注 释

52　Norton Wheeler, *The Role of American NGOs in China's Modernization: Invited Influence*, New York: Routledge, 2012. 周恩来看起来对此次访问感到欣慰，乒乓球代表团回国之后，他邀请了队员们到家里吃晚餐，见《周恩来年谱》第 3 册，515—516 页；李玲修、周铭共《体育之子荣高棠》，北京：新华出版社，2002 年，326—328 页。
53　Bentley Library: Eckstein, box 4/National Committee, ping pong: miscellanies.
54　在密歇根大学口述历史项目对格雷厄姆·斯廷霍文的采访中，斯廷霍文说当美国乒乓球代表团在中国的时候，他曾经问道是否有可能见到周恩来，但是"据我所知，我可以肯定，没有一个中国人问起要见尼克松总统。在我同尼克松的讨论中，他曾表示如果可能的话，愿意见他们"。Bentley Library: Steenhoven files, box 19.
55　Dwight Chapin to Stephen Bull, David Parker, and Ronald Walker, subject: PRC ping pong visit. March 20, 1972, NA: Nixon Presidential Materials Project, Scali files, box 3.
56　Scali to Kissinger, April 17, 1972, subject: Chinese ping pong tours. NA: Nixon Presidential Materials Project, Scali files, box 3.
57　中共中央文献研究室编《周恩来年谱》第 3 册，520 页。
58　有关尼克松不愿意被指责为背叛了台湾，见 NA: Nixon Presidential Materials Project, White House special files, staff member and office files, Haldeman files, box 85: memo from Pat Buchanan to Haldeman, October 11, 1971; Angela Torelli, "The Costs of Realism: The Nixon Administration, the People's Republic of China, and the United Nations," *Journal of American–East Asian Relations* 19, no. 2, 2012, pp. 1-26.
59　Soviet Handbook for Party Activists, Carter Library: Staff offices/Counsel Cutler, Olympic—press, box 104, folder 6: Olympics— publications and pamphlets.
60　Carter Library: White House central file, subject file/recreation-sports, box RE-2 Memo to file, date, August 14, 1979, subject meeting with Chinese Olympic Committee; the memo was written by Terence J. Scanlon.
61　Carter Library: Brement memo to Brzezinski, January 2, 1980, NLC-12-1-3-3-1.
62　Carter Library: USSR: Olympic Games preparations: an intelligence assessment: NLC-7-48-8-2-2.
63　Stephanie McConnell, "Detente, Diplomacy, and Discord: Jimmy Carter and the 1980 Olympic Boycott," master's thesis, Georgia State University, 1997.
64　Carter Library: Minutes of National Security Council meeting, March 18, 1980, NLC-17-2-19-4-7.
65　Carter Library: memo to the president, January 17, 1980, Lloyd Cutler, national security affairs, Brzezinski material subject file, Olympics box 48.
66　Carter Library: Henry Owen to the president, subject IEEPA, March 20, 1980: national security affairs, Brzezinski material subject file, Olympics, box 49, folder, Olympics, 3/80.
67　Carter Library: Memo to the president, March 20, 1980, Lloyd Cutler, subject: use of IEEPA as an additional enforcement tool to carry out economic and cultural exchange responses to Soviet invasion of Afghanistan, White House central file, subject file/recreation-sports, box RE-2.
68　Carter Library: Plains file, subject file, box 40, folder 4, Vance memo to the president, January 12, 1980.
69　Carter Library: Background report by the White House Press Office, April 4, 1980, folder Olympics, 4–10/80, national security affairs, Brzezinski material subject file, Olympics, box 49.
70　Carter Library: Staff offices/Counsel Cutler, Olympic— press, box 104, folder 6: Olympics—publications and pamphlets.
71　Carter Library: Staff offices/Counsel Cutler, Olympics, box 103, folder 3, Olympics—memo, January 16, Lloyd Cutler memo to the president on subject on Olympics; Carter library: Staff offices/Counsel Cutler, Olympics, box 103, folder 3, Olympics— Carter memo to Jody Powell, January 17, 1980.
72　Lloyd Cutler to Carter, February 18, 1980, Carter Library: Staff offices/Counsel Cutler, Olympics, box 103, folder 3, Olympics— memo on January 16, Lloyd Cutler memo to the president on subject of Olympics.
73　Carter Library: folder Olympics, 4–10/80 Carter Library: national security affairs, Brzezinski material subject file, Olympics, box 49.
74　Ibid.

75 Carter Library: Staff offices/Counsel Cutler, Olympic—press, box 104, folder 6: Olympics—publications and pamphlets.
76 Louis Martin, memo to the president, February 11, 1980, Carter Library: national security affairs, Brzezinski material subject file, Olympics, box 49, folder, Olympics, 3/80.
77 Marshall Brement to Lloyd Cutler, February 13, 1980, subject: what next on the Olympics, Carter Library: national security affairs, Brzezinski material subject file, Olympics, box 49, folder, Olympics, 3/80.
78 Marshall Brement to Lloyd Cutler, February 25, 1980, subject: what next on the Olympics, Carter Library: national security affairs, Brzezinski material subject file, Olympics, box 49, folder, Olympics, 3/80.
79 Acting Secretary of State Warren Christopher's memo to the president, April 23, 1980, Carter Library: Plains file, subject file, State Department evening reports, box 40, folder 7.
80 Lloyd Cutler memo for the president, March 20, 1980, subject: use of IEEPA as an additional enforcement tool to carry out economic and cultural exchange responses to Soviet invasion of Afghanistan, Carter Library: White House central file, subject file/recreation-sports, box RE-2.
81 President Carter's instruction, May 19, 1980, Carter Library: Staff offices/Counsel Cutler, Olympics, box 103, folder 6, Olympics-memo.
82 Nelson Ledsky memo to the White House, subject Olympic boycott: our next move?, May 21, 1980, Carter Library: folder Olympics, 4–10/80 Carter, national security affairs, Brzezinski material subject file, Olympics, box 49.
83 Jimmy Carter, *Keeping Faith: Memoirs of a President*, London: Collins, 1982, p. 196.
84 Ibid.
85 memorandum for the record, subject: Deep Backgrounder for magazine writers, Carter Library: donated historical material, Zbigniew Brzezinski Collection, geographic file, China, box 9/China/president's meeting with Deng.
86 GOP leading meeting, December 10, 1975, White House cabinet room, Ford library: Robert K. Wolthuis files, box2.
87 Phone conversations between Nixon and Kissinger, April 27, 1971, National Security Archives.
88 Kissinger, *On China*, p. 353.
89 Ibid., p. 364.
90 Carter's meeting with Deng, January 29, 1979, 5:00–5:40: subject: Vietnam, Carter Library: donated historical material, Zbigniew Brzezinski Collection, geographic file, China, box 9/China/president's meeting with Deng.
91 National intelligence officer for China, China's view of the Sino-US relationship: an update, no date, Carter Library: NLC-26-71-15-3-6.
92 Brzezinski memo to the president, subject: message from Premier Hua Guofeng, February 22, 1980, Carter Library, White House central file, subject file/recreationsports, box RE-2.
93 Brzezinski memo to the president, June 6, 1980, Carter Library: NLC-15-76-3-1-8.
94 Marshall Brement memo to Brzezinski, July 17, 1980, Carter Library: folder Olympics, 4-10/80, national security affairs, Brzezinski material subject file, Olympics, box 49.
95 有关对此次奥运会的抵制及其对美国运动员的影响，最新研究见 Tom Caraccioll and Jerry Caraccioll, *Boycott: Stolen Dreams of the 1980 Moscow Olympic Games*, n.p.: New Chapter Press, 2008。
96 Meeting between Secretary of State Edmund S. Muskie and Foreign Minister Andrei Gromyko, Hofburg, Vienna, Austria, May 16, 1980, Carter Library: NLC-128-5-1-16-6.
97 The statement can be found in LA Sports Research Library, Paul Ziff ren Collection, roll 3. See also UCLA, 1403 box 437, f. 7, press releases vol. 5: Chinese. Sources: UCLA, 1403 box 437, f. 12, press releases— vol. 5, f. 19: NOC's participation.
98 Peter Ueberroth, Made in America: His Own Story, New York: William Morrow, 1985, pp. 279-280.
99 LA Sports Library: The Official Report of the Games of the XXXIII Olympiad, Los Angeles, 1984, 3.

100 UCLA: 1403 box 426, f. 26 Olympic Village at UCLA Final Report: Executive Summary.
101 David Holley, "China Raises Flag over New Era of Competition," *Los Angeles Times*, July 18, 1984.
102 Ueberroth, *Made in America*, p. 351.
103 UCLA: 1403 box 426 f. 32, Olympic Village at UCLA Final Report: Government Relations.
104 邢军纪、祖先海《百年沉浮：走进中国体育界》，2 页。
105 详见徐国琦 *Olympic Dreams*, pp. 198-206。
106 Wu Tingfang, *America through the Spectacles of an Oriental Diplomat*, p. 120.

结语

1 Ernest R. May, "Epilogue: American–East Asian Relations in the 21st Century," in Cohen, *Pacific Passage*, p. 388.
2 Wu Tingfang, *America through the Spectacles of an Oriental Diplomat*, preface.
3 Richard Madsen, *China and the American Dream: A Moral Inquiry*, Berkeley: University of California Press, 1995, p. 228.
4 Kissinger, *On China*, p. 487.

参考文献

未刊档案

BENTLEY HISTORICAL LIBRARY, UNIVERSITY OF MICHIGAN, ANN ARBOR
National Archives on Sino-American Relations
Tim Boggan files
Alexander Eckstein Papers
J. Rufford Harrison files
Graham Barclay Steenhoven files
USTTA—Kaminsky, 1972 files
BRITISH NATIONAL ARCHIVES, KEW GARDENS, LONDON
FO 17/478
FO 233/86
FO 350/15
FO 405/13
WO 350/13
CONNECTICUT HISTORICAL SOCIETY MUSEUM AND LIBRARY, HARTFORD
MS 74256: Welles Family Papers, 1911–1934
MS 74258: Martin Welles, Correspondence, 1911–1925
MS 75024: Liang Family Papers, 1911–1937
MS 81877: Chinese Educational Mission, Hartford, Connecticut, Research Collection, 1906–1979
MS 83823: Yung Wing Letters
MS 95046: Atwell, Harriet Georgia, etc., Correspondence, 1875–1885
MS 97696: Arthur Robinson, George Hinckley, Chung Mun Yew, Papers, 1878–1929
MS 100913: Bruce A. Chan, Collection about Chung Mun Yew
MS 101023: Collection related to the Chinese Educational Mission, 1998
MS 101025: Martin Welles Collection, 1727–1917, 1950
DEPARTMENT OF SPECIAL COLLECTIONS, UNIVERSITY OF CALIFORNIA, LOS ANGELES
LAOOC Collection 2025
LAOOC Records, 1403
GERALD FORD PRESIDENTIAL LIBRARY, ANN ARBOR, MICHIGAN
James M. Cannon files: Olympic sports
John Carlson files
Richard Cheney files: Olympics
James E. Connor files
Gerald Ford Vice Presidential Papers: Olympics

Ron Nessen Papers: Olympics
White House central files/name files/Lord Killanin files
White House central files/subject file/box 5
GERMAN FOREIGN MINISTRY HISTORICAL ARCHIVES, BERLIN
Anson Burlingame files
HARTFORD HIGH SCHOOL ARCHIVE
Chinese Educational Mission materials
HARVARD UNIVERSITY ARCHIVES, CAMBRIDGE, MASSACHUSETTS
Charles W. Eliot Papers, VAIS 150, boxes 224, 225
HUG 380: UAI. 20.877: Ko, Kun-hua
HARVARD-YENCHING LIBRARY, HARVARD UNIVERSITY, CAMBRIDGE, MASSACHUSETTS
Ko Kun-Hua Collections
台北"中央研究院"近代史研究所
清末民初驻美使馆档案，031200/03-1
外交部档，03-01-001-13-001
总理衙门档案，01-24-012-03-038
JIMMY CARTER PRESIDENTIAL LIBRARY, ATLANTA, GEORGIA
Zbigniew Brzezinski Collection, geographic file, China, box 9/China/president's meeting with Deng
Brzezinski materials/subject file, Olympics
Minutes of National Security Council meetings
Plains file, subject file, box 40
Staff offices/Counsel Cutler, Olympic
White House central file, subject file/recreation-sports, box RE-2
KAUTZ FAMILY YMCA ARCHIVES, UNIVERSITY OF MINNESOTA LIBRARIES, MINNEAPOLIS
Annual and quarterly reports
China correspondence and reports
Reports of foreign secretaries
Clarence Hovey Robertson records
MANUSCRIPT DIVISION, LIBRARY OF CONGRESS, WASHINGTON, D.C.
Anson Burlingame and Edward L. Burlingame Family Papers, 1810–1922
Henry Luce Papers
President Franklin Roosevelt's office files, 1933–1945, part 2, diplomatic correspondence file
MANUSCRIPTS AND ARCHIVES, JOHNS HOPKINS UNIVERSITY, BALTIMORE, MARYLAND
Frank Johnson Goodnow Papers
Office of the President Collections
MANUSCRIPTS AND ARCHIVES, YALE UNIVERSITY LIBRARY, NEW HAVEN, CONNECTICUT
Joseph Hopkins Twichell Papers
Samuel Wells Williams Family Papers
Yung Kwai Papers
Yung Wing Papers
NATIONAL ARCHIVES, COLLEGE PARK, MARYLAND
Nixon Presidential Materials Project/White House special files/staff and office files
Dwight Chapin files
Alexander Haig files
H. R. Haldeman files
David C. Hoopes files/presidential trip to People's Republic of China, February 17–29, 1972
President's Office files
Ronald Ziegler files
John Scali files

Nixon Presidential Materials Project/White House central files, subject files
Country files (CO 34–2), P.R. China boxes 18–21
RG 59: Dispatches from United States ministers to China, 1843–1906
RG 59: Diplomatic instructions of the Department of State, 1801–1906, China
RG 59: Notes from the Chinese legation in the United States to the Department of State, 1868–1906
RG 59: Notes to foreign legations in the United States from the Department of State, 1834–1906, China
RG 59: Records of the Department of State: relating to internal Affairs of China, 1910–1929, M329/89
RG 84: Records of foreign ser vice posts, diplomatic posts, China
RG 59: Department of State decimal file, 1910–1929
NATIONAL SECURITY ARCHIVES, GEORGE WASHINGTON UNIVERSITY
China and the United States: From Hostility to Engagement, 1960–1998
PAUL ZIFFREN SPORTS RESEARCH LIBRARY, LOS ANGELES, CALIFORNIA
2000 and 2008 Beijing bid materials
Minutes of the International Committee
Paul Ziffren Collections
中华人民共和国外交部档案馆，北京
乒乓外交档案
RARE BOOK AND MANUSCRIPT LIBRARY, COLUMBIA UNIVERSITY
Central file, box 321/folder 13: John Dewey
Central file, box 327/folder 3: Frank Goodnow
Carnegie Endowment for International Peace Records Central file: Butler arranged correspondence: box 161

未刊文章及论文

Dockser, Celile Bahn, "John Dewey and China (1919–1921): Some of Dewey's Perceptions of China and Their Reflection on Aspects of His Social and Political Philosophy," Unpublished paper, September 20, 1977, located in Monroe C. Gutman Library, Harvard Graduate School of Education, Harvard University.
——, "John Dewey and the May Fourth Movement in China: Dewey's Social and Political Philosophy in Relation to His Encounter with China (1919–1921)," Doctoral thesis, Harvard University, 1983.
Hsu, Hua, "Pacific Crossings: China, the United States, and the Transpacific Imagination," Doctoral thesis, Harvard University, 2008.
Kim, Samuel, "Anson Burlingame: A Study in Personal Diplomacy," Doctoral dissertation, Columbia University, 1966.
Koo, Telly Howard, "The Life of Anson Burlingame," Doctoral dissertation, Harvard University, 1922.
McConnell, Stephanie, "Detente, Diplomacy, and Discord: Jimmy Carter and the 1980 Olympic Boycott," Master's thesis, Georgia State University, 1997.
Ring, Martin R., "Anson Burlingame, S. Wells Williams and China, 1861–1870: A Great Era in Chinese-American Relations," Doctoral thesis, Tulane University, 1972.
Wu, Chih-Kang, "The Influence of the YMCA on the Development of Physical Education in China," Doctoral thesis, University of Michigan, Ann Arbor, 1956.

中文论著

崔国因《出使美日秘日记》，合肥：黄山书社，1988。
陈独秀《发刊词》，《每周评论》第一卷，第一期，1918。

《大清德宗景（光绪）皇帝实录》，台北：华联出版社，1964。
约翰·杜威《杜威教育论著选》，上海：华东师范大学出版社，1981。
袁刚、孙家祥、任丙强编《民治主义与现代社会：杜威在华讲演集》，北京：北京大学出版社，2004。
约翰·杜威著、沈益洪编《杜威谈中国》，杭州：浙江文艺出版社，2001。
丁文江编《梁任公先生年谱长编（初稿）》，台北：世界书局，1959。
董恂《还我读书室老人手订年谱》，台北，文海出版社，1968。
樊书华《萧德方案与哈佛大学汉学起源》，载刘海平编《文明对话：本土知识的全球意义》，上海：上海外语教育出版社，2002。
方浚师《退一步斋文集》，台北：文海出版社，1969。
傅斯年、罗家伦主编《新潮》，第1卷，第5期（1919）。
高宗鲁编《中国留美幼童书信集》，台北：传记文学出版社，1986。
顾廷龙、戴逸编《李鸿章全集》，合肥：安徽教育出版社，2008。
顾维钧《顾维钧回忆录》，北京：中华书局，1983。
季羡林编《胡适全集》，合肥：安徽教育出版社，2003。
蒋槐青编《刘长春短跑成功史》，上海：上海勤奋书局，1933。
李慈铭《越缦堂日记》，台北：文海出版社，1963。
李大钊《威尔逊与平和》，《李大钊文集》，北京：人民出版社，1984。
李鸿章《李鸿章全集》9卷本，海口：海南出版社，1997。
李玲修、周铭共《体育之子荣高棠》，北京：新华出版社，2002。
李毓澍编《中日关系史料：欧战与山东问题》，台北："中央研究院"近代史研究所，1974。
梁碧莹《陈兰彬与晚清外交》，广州：广东人民出版社，2011。
梁碧莹《梁诚与近代中国》，广州：中山大学出版社，2011。
梁启超《盾鼻集》，台北：文海出版社，1966。
梁启超《梁启超全集》，北京：北京出版社，1999。
梁启超《饮冰室合集》，北京：中华书局，1989。
鲁光、张晓岚《金牌从0到15》，长沙：湖南少年儿童出版社，1985。
罗时铭《奥运来到中国》，北京：清华大学出版社，2005。
罗香林《梁诚的出使美国》，香港：香港大学亚洲研究中心，1977。
麦克乐（McCloy）《第6届远东运动会的教训》，中华全国体育研究会编《体育季刊》第2卷第2期（1923年9月），上海：上海商务印书馆。
《孟子》
闵锐武《蒲安臣使团研究》，北京：中国文史出版社，2002。
潘光哲《华盛顿在中国》，台北：三民书局，2006。
潘向明《留美幼童撤回原因考略》，《清史研究》2007年第2期。
钱钢，胡劲草《大清留美幼童记》，香港：中华书局，2006。
钱江《小球转动大球——"乒乓外交"幕后》，北京：东方出版社，1997。
钱钟书《七缀集》，北京：三联书店，2004。
石霓《观念与悲剧——晚清留美幼童命运剖析》，上海：上海人民出版社，2000。
苏精《清季同文馆及其师生》，台北：上海印刷厂，1985。
孙家谷《使西述略》，与志刚的《出使泰西记》合并出版，长沙：湖南人民出版社，1981。
唐振常《蔡元培传》，上海：上海人民出版社，1985。
王闿运《湘绮楼日记》，台北：学生书局，1964。
翁同龢《翁同龢日记》，北京：中华书局，1989。
吴旭君《毛泽东的五步高棋：打开中美关系大门始末》，林克、徐涛、吴旭君《历史的真实》，北京：中央文献出版社，1998。
邢军纪、祖先海《百年沉浮：走进中国体育界》，郑州：河南文艺出版社，2000。
熊向晖《我的情报与外交生涯》，北京：中共党史出版社，1999。
徐国琦《一战中的华工》，潘星、强舸译，尤卫群校，上海人民出版社，2014。
徐国琦《中国与大战——寻求新的国家认同与国际化》，马建标译，上海三联书店2008、2013。
许义雄编《中国近代体育思想》，台北：英文化出版公司，1996。
袁刚、孙家祥、任丙强编《民治主义与现代社会：杜威在华讲演集》，北京：北京大学出版社，

2004。
元青《杜威与中国》，北京：人民出版社，2001。
曾国藩《曾国藩全集》，12卷，沈阳：辽宁民族出版社，1997。
张国淦《近代史片断的记录》，《近代史资料》，北京：中华书局，1978。
张宏生编《戈鲲化集》，南京：江苏古籍出版社，2000。
张品兴编《梁启超家书》，北京：中国文联出版社，2000。
志刚《出使泰西记》，长沙：湖南人民出版社，1981。
中共中央文献研究室编《周恩来年谱（1949—1976）》，北京：中央文献出版社，1997。
中共中央文献研究室编《周恩来外交文献》，北京：中央文献出版社，1990。
中国社会科学院近代史研究所编《五四运动回忆录》，北京：中国社会科学出版社，1979。
中华书局编辑部《筹办夷务始末》，北京：中华书局，2008。
朱志辉《清末民初来华美国法律职业群体研究（1895—1928）》，广州：广东人民出版社，2011。

英文论著

Adler, Felix, et al., eds., *Essays in Honor of John Dewey, on the Occasion of His Seventieth Birthday*, October 20, 1929, New York: Henry Holt and Company, 1929.

Anderson, David L., *Imperialism and Idealism: American Diplomats in China, 1861–1898*, Bloomington: Indiana University Press, 1985.

Arkush, R. David, and Leo Lee, eds., *Land without Ghosts*, Berkeley: University of California Press, 1989.

Banquet to His Excellency Anson Burlingame: and His Associates of the Chinese Embassy; By the Citizens of New York, on Tuesday, June 23, 1868. New York: Sun Book and Job Print House, 1868.

Bederman, Gail, *Manliness and Civilization: A Cultural History of Gender and Race in the United States, 1880–1917*, Chicago: University of Chicago Press, 1995.

Bickers, Robert A., *The Scramble for China: Foreign Devils in the Qing Empire, 1832–1914*, London: Allen Lane, 2011.

Bieler, Stacey, *"Patriots" or "Traitors"? A History of American-Educated Chinese Students*, Armonk, N.Y.: M. E. Sharpe, 2004.

Biggerstaff, Knight, *The Earliest Modern Government Schools in China*, Ithaca, N.Y.: Cornell University Press, 1961.

——, *Some Early Chinese Steps toward Modernization*, San Francisco: Chinese Materials Center, 1975.

Bose, Nemai Sadhan, *American Attitude and Policy to the Nationalist Movement in China, 1911–1921*, Bombay: Orient Longmans, 1970.

Boston (Mass.) City Council, *Reception and Entertainment of the Chinese Embassy*, Boston: A. Mudge & Son, 1868.

Burlingame, Anson, *Speech of Hon. Anson Burlingame of Massachusetts, in the United States House of Representatives*, June 21, 1856. Cambridge, Mass.: n.p., 1856.

Caraccioll, Tom, and Jerry Caraccioll, *Boycott: Stolen Dreams of the 1980 Moscow Olympic Games*, N.p.: New Chapter Press, 2008.

Carter, Jimmy, *Keeping Faith: Memoirs of a President*, London: Collins, 1982.

Chang, Gordon H., "Chinese Painting Comes to America: Zhang Shuqi and the Diplomacy of Art," in Cynthia Mills, Lee Glazer, and Amelia A. Goerlitz, eds., *East-West Interchanges in American Art*, Washington, D.C.: Smithsonian Institution Scholarly Press, 2012, pp. 127–141.

Chen, Jerome, *Yuan Shih-Kai*, Stanford, Calif.: Stanford University Press, 1972.

Chow, Tse-tsung, *The May Fourth Movement: Intellectual Revolution in Modern China*, Cambridge, Mass.: Harvard University Press, 1960.

Chu, T. K. "150 Years of Chinese Students in America." *Harvard China Review* 5, no. 1, Spring 2004, pp. 7–26.

Clinton, Hillary, "America's Pacific Century," *Foreign Policy* no. 189, November 2011, pp. 56–63.

Cochran, Sherman, *Big Business in China: Sino-Foreign Rivalry in the Cigarette Industry, 1890–1930*,

Cambridge, Mass.: Harvard University Press, 1980.
Cohen, Warren I., *America's Response to China: A History of Sino-American Relations*, New York: Columbia University Press, 2010.
——, *The Chinese Connection: Roger S. Greene, Thomas W. Lamont, George E. Sokolsky and American–East Asian Relations*. New York: Columbia University Press, 1978.
——, ed. *Pacific Passage: The Study of American–East Asian Relations on the Eve of the Twenty- First Century*, New York: Columbia University Press, 1995.
Cotton, Edward Howe, *The Life of Charles W. Eliot*. Boston: Small, 1926.
Curry, Roy Watson, *Woodrow Wilson and Far Eastern Policy, 1913–1921*, New York: Octagon Books, 1968.
Danton, George H., *The Culture Contacts of the United States and China*, New York: Columbia University Press, 1931.
Dewey, Jane, "Biography of John Dewey," in Paul Arthur Schilpp, ed., *The Philosophy of John Dewey*, Evanston, Ill.: Northwestern University Press, 1939.
Dewey, John, *Characters and Events: Popular Essays in Social and Political Philosophy*, Edited by Joseph Ratner. New York: Henry Holt and Company, 1929.
——, China, Japan and the U.S.A.: Present-Day Conditions in the Far East and Their Bearing on the Washington Conference, New Republic pamphlet, no. 1. New York: Republic Publishing Company, 1921.
——, *The Early Works, 1882–1898*, Edited by Jo Ann Boydston, 5 vols. Carbondale: Southern Illinois University Press, 2008.
——, *The Later Works, 1925–1953*. Edited by Jo Ann Boydston. 17 vols. Carbondale: Southern Illinois University Press, 1981.
——, *Lectures in China, 1919–1920*, Edited by Robert W. Clopton and Tsuin-Chen Ou. Honolulu: University Press of Hawaii, 1973.
——, *The Middle Works, 1899–1924*, Edited by Jo Ann Boydston. 15 vols. Carbondale: Southern Illinois University Press, 2008.
——, *Philosophy and Civilization*, New York: Minton, Balch & Company, 1931.
Dewey, John, and Alice Chipman Dewey, *Letters from China and Japan*, Edited by Evelyn Dewey, New York: E. P. Dutton Company, 1920.
Dewey, John, and John J. McDermott, *The Philosophy of John Dewey*, New York: G. P. Putnam's Sons, 1973.
Ding, Zijiang. "A Comparison of Dewey's and Russell's Influence on China." *Dao* 6, no. 2, June 2007, pp. 149–165.
Drew, Edward B., "Sir Robert Hart and His Life Work in China," *Journal of Race Development* 4, no. 1, July 1913, pp. 1–33.
Eliot, Charles William, *Some Roads towards Peace: A Report to the Trustees of the Endowment on Observations Made in China and Japan in 1912*. Washington, D.C.: Carnegie Endowment for International Peace, Division of Intercourse and Education, 1914.
Fairbank, John King, *China: A New History*, Cambridge, Mass.: Belknap Press of Harvard University Press, 1992.
——, *The United States and China*, Cambridge, Mass.: Harvard University Press, 1948, 1972, and 1983 editions.
Fairbank, John King, Martha Henderson Coolidge, and Richard J. Smith, H. B. Morse, *Customs Commissioner and Historian of China*, Lexington: University Press of Kentucky, 1995.
Faust, Drew Gilpin, *This Republic of Suffering: Death and the American Civil War*, New York: Alfred A. Knopf, 2008.
Friedman, Edward, *Backwards toward Revolution: The Chinese Revolutionary Party*, Berkeley: University of California Press, 1974.
Frodsham, J. D., ed., *The First Chinese Embassy to the West: The Journals of Kuo Sung-T'ao, Liu Hsi-Hung and Chang Te-Yi*, Oxford: Clarendon Press, 1974.
Garraty, John A., and Mark C. Carnes, eds, *American National Biography*, 24 vols., New York: Oxford

University Press, 1999.
Goodnow, Frank Johnson, "The Adaptation of a Constitution to the Needs of a People," *Proceedings of the Academy of Political Science in the City of New York* 5, no. 1, October 1914, pp. 27–38.
——, *China: An Analysis*, Baltimore: Johns Hopkins Press, 1926.
——, *Comparative Administrative Law: An Analysis of the Administrative Systems, National and Local, of the United States, England, France, and Germany*. New York: G. P. Putnam's Sons, 1903.
——, *Politics and Administration: A Study in Government*, New York: Macmillan Company, 1900.
——, *Principles of Constitutional Government*, New York: Harper & Brothers, 1916.
——, *Social Reform and the Constitution*, New York: Macmillan Company, 1911.
Grange, Joseph, John Dewey, *Confucius, and Global Philosophy*, Albany: State University of New York Press, 2004.
Gumpach, Johannes von, *The Burlingame Mission: A Political Disclosure*, Shanghai: N.p., 1872.
Haddad, John, *America's First Adventure in China: Trade, Treaties, Opium, and Salvation*, Philadelphia: Temple University Press, 2013.
——, *The Romance of China: Excursions to China in U.S. Culture, 1776–1876*, New York: Columbia University Press, 2008.
Haldeman, H. R., *The Haldeman Diaries: Inside the Nixon White House*. New York: G. P. Putnam's Sons, 1994.
Hanan, Patrick, and Mikael S. Adolphson, *Treasures of the Yenching: Seventy-Fifth Anniversary of the Harvard-Yenching Library*; Exhibition Catalogue, Cambridge, Mass.: Harvard-Yenching Library, distributed by the Chinese University Press, 2003.
Hickman, Larry A., et al., eds., *The Correspondence of John Dewey*, Volume 2: *1919–1939*. Carbondale: Center for Dewey Studies, Southern Illinois University, 2001.
Hillier, Walter Caine, *The Chinese Language and How to Learn It: A Manual for Beginners*, London: Kegan Paul, Trench, Trübner & Co., 1907.
Hinners, David G., *Tong Shao-Yi and His Family: A Saga of Two Countries and Three Generations*, Lanham, Md.: University Press of America, 1999.
Hoar, George. F., *Autobiography of Seventy Years*, New York: Charles Scribner's Sons, 1903.
Hofstadter, Richard, *The Paranoid Style in American Politics, and Other Essays*, New York: Alfred A. Knopf, 1965.
Hornbeck, Stanley, "Has the United States a Chinese Policy?" *Foreign Affairs*, July 1927, pp. 617–632.
Hung, William, "Huang Tsun-Hsien's Poem 'The Closure of the Educational Mission in America.'" *Harvard Journal of Asiatic Studies* 18, no. 1/2, June 1955, pp. 50–73.
Hunt, Michael H., *Frontier Defense and the Open Door: Manchuria in Chinese-American Relations, 1895–1911*, New Haven: Yale University Press, 1973.
——, *Ideology and U.S. Foreign Policy*, New Haven, CT: Yale University Press, 2009.
——, *The Making of a Special Relationship: The United States and China to 1914*, New York: Columbia University Press, 1983.
Iriye, Akira, *Across the Pacific: An Inner History of American–East Asian Relations*, Rev. ed. Chicago: Imprint Publications, 1992.
——, *Cultural Internationalism and World Order*, Baltimore: Johns Hopkins University Press, 1997.
——, *Global Community: The Role of International Organizations in the Making of the Contemporary World*, Berkeley: University of California Press, 2002.
James, Henry, *Charles W. Eliot, President of Harvard University, 1869–1909*, 2 vols. Boston: Houghton Mifflin Company, 1930.
Jenco, Leigh K., "'Rule by Man' and 'Rule by Law' in Early Republican China: Contributions to a Theoretical Debate," *Journal of Asian Studies* 69, no. 1, February 2010, pp. 181–203.
Jin, Wensi, *China at the Paris Peace Conference in 1919*, New York: St. John's University Press, 1961.
Keenan, Barry C., *The Dewey Experiment in China: Educational Reform and Political Power in the Early Republic*, Cambridge, Mass.: Council on East Asian Studies, Harvard University, 1977.
Kirby, William C., Robert S. Ross, and Gong Li, *Normalization of U.S.-China Relations: An International History*, Cambridge, Mass.: Harvard University Press, 2005.

Kissinger, Henry, *On China*, New York: Penguin, 2011.
——, *White House Years*, Boston: Little, Brown, 1979.
Kissinger, Henry, and William Burr, *The Kissinger Transcripts: The Top Secret Talks with Beijing and Moscow*, New York: New Press, 1999.
La Fargue, Thomas E., *China's First Hundred*, Pullman: State College of Washington, 1942.
Lai, Selina, *Mark Twain in China*, Stanford: Stanford University Press, 2015.
Lampton, David M., *Same Bed, Different Dreams: Managing U.S.-China Relations, 1989–2000*, Berkeley: University of California Press, 2001.
——, *The Three Faces of Chinese Power: Might, Money, and Minds*, Berkeley: University of California Press, 2008.
Lee, Yan Phou, *When I Was a Boy in China*, Boston: Lothrop, Lee & Shepard, 1922.
Leibovitz, Liel, and Matthew I. Miller, *Fortunate Sons: The 120 Chinese Boys Who Came to America, Went to School, and Revolutionized an Ancient Civilization*, New York: W. W. Norton, 2011.
Li, Bernadette Yu-ning. "The Beginning of Chinese Studies and Chinese Students at Harvard." *Harvard China Review* 5, no. 1, Spring 2004, pp. 22–26.
Li, Jiannong, *The Political History of China*, Princeton, N.J.: D. Van Nostrand Co., 1956.
Lum, Raymond, "Ko K'un-hua; Brief Life of Harvard's First Chinese Instructor, 1838–1882," *Harvard Magazine*, March–April 2008, pp. 44–45.
MacDonald, James, *The China Question*, London: E. Wilson, 1870.
Madsen, Richard, *China and the American Dream: A Moral Inquiry*, Berkeley: University of California Press, 1995.
Mahbubani, Kishore, "Understanding China," *Foreign Affairs*, September/October 2005, pp. 49–60.
Manela, Erez, *The Wilsonian Moment: Self-Determination and the International Origins of Anticolonial Nationalism*, New York: Oxford University Press, 2007.
Mao, Zedong, *Mao's Road to Power: Revolutionary Writings, 1912–1949*, Edited by Stuart R. Schram, 7 vols, Armonk, N.Y.: M. E. Sharpe, 1992.
——, "To the Tune of Nien Nu Chiao: Two Birds; A Dialogue," (1965) in *Mao Zedong Poems*. N.p.: Open Source Socialist Publishing, 2008.
Marchant, Anita, *Yung Wing and the Chinese Educational Mission at Hartford*, New York: Outer Sky Press, 2008.
Mark Twain Project, ed., *Autobiography of Mark Twain*, 3 vols., Berkeley: University of California Press, 2010.
——, *Mark Twain's Letters*, vol. 1. Berkeley: University of California Press, 1988.
Martin, Jay, *The Education of John Dewey: A Biography*, New York: Columbia University Press, 2002.
Martin, W. A. P., *A Cycle of Cathay; or, China, South and North*, Edinburgh: Oliphant Anderson and Ferrier, 1900.
Midtgarden, Torjus, "The Hegelian Legacy in Dewey's Social and Political Philosophy, 1915–1920," *Transactions of the Charles S. Peirce Society* 47, no. 4, 2011, 361–388.
Mitter, Rana, *Bitter Revolution: China's Struggle with the Modern World*, Oxford: Oxford University Press, 2004.
Morse, Hosea Ballou, *The International Relations of the Chinese Empire*, 3 vols., London: Longmans, Green, and Company, 1910–1918.
"Mr. Churchill's Speech," *British Weekly*, July 11, 1918, p. 227.
Phelps, William Lyon, *Autobiography with Letters*, New York: Oxford University Press, 1939.
Platt, Stephen R., *Autumn in the Heavenly Kingdom: China, the West, and the Epic Story of the Taiping Civil War*, New York: Alfred A. Knopf, 2012.
Pugach, Noel, "Embarrassed Monarchist: Frank J. Goodnow and Constitutional Development in China, 1912–1915," *Pacific Historical Review* 42, no. 4, November 1973, 499–517.
Reception and Entertainment of the Chinese Embassy, by the City of Boston, Boston: Alfred Mudge & Son, 1868.
Reinsch, Paul Samuel, *An American Diplomat in China*, New York: Paragon Book Gallery, 1967.
Remer, C. F., "John Dewey in China," *Millard's Review* 13, no. 5, July 1920, 266–267.

Rhoads, Edward J. M., *Stepping Forth into the World: The Chinese Educational Mission to the United States, 1872–81*, Hong Kong: Hong Kong University Press, 2011.

Rosecrance, Richard, and Gu Guoliang, eds., *Power and Restraint: A Shared Vision for the U.S.-China Relationship*, New York: PublicAffairs, 2009.

Rud, A. G., James W. Garrison, Lynda Stone, and *John Dewey, John Dewey at 150: Reflections for a New Century*, West Lafayette, Ind.: Purdue University Press, 2009.

Ruskola, Teemu, *Legal Orientalism: China, the United States, and Modern Law*, Cambridge, Mass.: Harvard University Press, 2013.

Schmalzer, Sigrid, "Speaking about China, Learning from China: Amateur China Experts in 1970s America," *Journal of American–East Asian Relations* 16, no. 4, 2009, pp. 313–352.

Schrecker, John, "The First Chinese Embassy to Germany: The Burlingame Mission in Berlin, 1869–70," in Mechthild Leutner, ed., *Politik, Wirtschaft, Kultur: Studien zu den deutsch-chinesischen Beziehungen* (Berliner China-Studien) no. 31, 1996, pp. 407–432.

——, "For the Equality of Men— For the Equality of Nations" : Anson Burlingame and China's First Embassy to the United States, 1868," *Journal of American–East Asian Relations* 17, no.1, 2010, pp. 9–34.

Scully, Ellen P., *Bargaining with the State from Afar: American Citizenship in Treaty Port China, 1844–1942*, New York: Columbia University Press, 2001.

Seligman, Scott D., *The First Chinese American: The Remarkable Life of Wong Chin Foo*, Hong Kong: University of Hong Kong Press, 2013.

Seward, Frederick William, *Reminiscences of a War-time Statesman and Diplomat, 1830–1915*, New York: G. P. Putnam's Sons, 1916.

Seward, William Henry, *The Works of William H. Seward*, Edited by George E. Baker, New ed., 5 vols., New York: Houghton Mifflin Company, 1884.

Seward, William Henry, and Frederick William Seward, *William H. Seward: An Autobiography from 1801 to 1834*, New York: Derby and Miller, 1891.

Sizer, Nancy, "John Dewey's Ideas in China 1919 to 1921," *Comparative Education Review* 10, no. 3, October 1966, pp. 390–403.

Spence, Jonathan D., *The Chan's Great Continent: China in Western Minds*, New York: W. W. Norton, 1998.

——, *God's Chinese Son: The Taiping Heavenly Kingdom of Hong Xiuquan*, New York: W. W. Norton, 1996.

——, *To Change China: Western Advisers in China, 1620–1960*, Boston: Little, Brown, 1969.

Su, Zhixin, "A Critical Evaluation of John Dewey's Influence on Chinese Education," *American Journal of Education* 103, no. 3, May 1995, pp. 302–325.

Tan, Sor-hoon, "China's Pragmatist Experiment in Democracy: Hu Shih's Pragmatism and Dewey's Influence in China," *Metaphilosophy* 35, nos. 1–2, January 2004, pp. 44–64.

Teng, Ssu-yü, "Chinese Influence on the Western Examination System," *Harvard Journal of Asiatic Studies* 7, 1942–1943, pp. 267–312.

Teng, Ssu-yü, and John King Fairbank, *China's Response to the West: A Documentary Survey, 1839–1923*, Cambridge, Mass.: Harvard University Press, 1979.

Tong, Hollington, "What Can President Wilson Do for China?" *Millard's Review* 6, no. 11, November 16, 1918, pp. 431–434.

Torelli, Angela, "The Costs of Realism: The Nixon Administration, the People's Republic of China, and the United Nations," *Journal of American–East Asian Relations* 19, no. 2, 2012, pp. 157–182.

Twain, Mark, "The Chinese Mission," *New York Tribune*, March 11, 1868.

——, *Mark Twain at the "Buffalo Express"* : *Articles and Sketches by America's Favorite Humorist*, Edited by Joseph B. McCullough and Janice McIntire-Strasburg, DeKalb: Northern Illinois University Press, 1999.

——, "The Treaty with China, Its Provisions Explained," *New York Tribune*, August 4, 1868.

Tyau, Min-ch'ien, *China Awakened*, New York: Macmillan Company, 1922.

Ueberroth, Peter, *Made in America: His Own Story*, New York: William Morrow, 1985.

U.S. Department of State, *A Journey Shared: The United States and China— Two Hundred Years of History*. N.p., 2008.
Wade, T. F., and Walter Caine Hillier, *Yü yen tzu êrh chi: A Progressive Course Designed to Assist the Student of Colloquial Chinese as Spoken in the Capital and the Metropolitan Department*, Shanghai: Inspectorate General of Customs, 1886.
Wang, Chih-Ming, *Transpacific Articulations: Student Migration and the Remaking of Asian America*, Honolulu: University of Hawaii Press, 2013.
Wang, Dong, *The United States and China: A History from the Eighteenth Century to the Present*. Lanham, MD: Rowman & Littlefield, 2013.
Wang, Jessica Ching-Sze, *John Dewey in China: To Teach and to Learn*, Albany: State University of New York Press, 2007.
Wheeler, Norton, *The Role of American NGOs in China's Modernization: Invited Influence*, New York: Routledge, 2012.
Williams, Frederick Wells, *Anson Burlingame and the First Chinese Mission to Foreign Powers*, New York: Charles Scribner's Sons, 1912.
——, *The Life and Letters of Samuel Wells Williams*, LL.D., Missionary, Diplomatist, Sinologue. New York: G. P. Putnam's Sons, 1889.
Wright, Mary Clabaugh, *The Last Stand of Chinese Conservatism: The Tung-chih Restoration*, 1862–1874, Stanford: Stanford University Press, 1957.
Wu, Tingfang, *America through the Spectacles of an Oriental Diplomat*, McLean, Va.: IndyPublish .com, 1996.
Xia, Yafeng, "China's Elite Politics and Sino-American Rapprochement, January 1969–February 1972," *Journal of Cold War Studies* 8, no. 4, Fall 2006, pp. 3–28.
Xu, Guoqi, *China and the Great War: China's Pursuit of a New National Identity and Internationalization*, New York: Cambridge University Press, 2005.
——, *Olympic Dreams: China and Sports, 1895–2008*, Cambridge, Mass.: Harvard University Press, 2008.
——, *Strangers on the Western Front: Chinese Workers in the Great War*, Cambridge, Mass.: Harvard University Press, 2011.
YMCA, New York, *Annual Reports of the Foreign Secretaries of the International Committee, YMCA, 1909–1910*, New York: YMCA Publications, n.d.
Yung, Wing, *Correspondence and Manuscripts*, New Haven, Conn.: Yale University Library, 1971.
——, *My Life in China and America*, New York: Henry Holt and Company, 1909.
Zhang, Xiaoming, "Deng Xiaoping and China's Decision to Go to War with Vietnam," *Journal of Cold War Studies* 12, no. 3, Summer 2010, pp. 3–29.
Zou, Zhenhuan, "The Dewey Fever in Jiangsu and Zhejiang during the May Fourth Movement and Its Relation to the Cultural Tradition in Jiangnan," *Chinese Studies in History* 43, no. 4, Summer 2010, pp. 43–62.

索 引

（页码见本书边码）

A

阿尔伯特·萧德，123
阿富汗，249
阿贾克斯，见"唐绍仪"
阿拉巴马，38–39
阿拉斯加，60
阿礼国，42、63
阿姆赫斯特学院，140
阿思本舰队：解散，34–35；谈判，35
埃德蒙·马斯基，256
埃德蒙·詹姆斯，104
埃弗雷特，132–134
爱德华·豪斯，141
爱德华·蒲，71
爱丽丝·杜威，209
安德鲁·约翰逊：弹劾，53–54；任总统，56
奥地利，28
奥利弗·温德尔·霍姆斯，55
奥运会：1932年洛杉矶，238、256、258；1980年莫斯科，16；抵制，249–257；中国的抵制，253–257；2008年北京，1、16、235–238、257–258；2012年伦敦，16、237、258
巴黎和会，207、212

B

巴里·基南，230
白宫，54、56
柏林大学，140
百年博览大会（1876年），83–84
柏卓安，42、45、48
棒球，84–85
保罗-亨利·邦雅曼男爵，159
保卫马萨诸塞省，27–28

"北极熊"（演讲题目），82–83
北京大学，206、207
《北京日报》，英文版，176
北洋大学，155
本杰明·富兰克林，6–7
本杰明·史华兹，219
比利时，71
彼得·尤伯罗斯，256–257
俾斯麦，68–69
毕尔德，140、199
毕乃德，28–29、40
宾夕法尼亚大学，194
斌椿，40、45
波得赛·诺斯罗普，80–81
波兰，82
波士顿，7、55–56、118
波士顿《广告者周刊》，118
波士顿倾茶事件，7
伯特兰·罗素，227–228
卜鲁斯，34
不干预政策，221
布尔什维主义，224–225
布伦特·凯泽，183

C

蔡锷，191
蔡绍基，103
蔡廷干，好斗的中国人：留美学童，81–82、102；私人秘书，145–147、154–156、179、183–184、185、196
蔡元培，206、209、228
曹嘉祥，87–88
曾国藩，40、76–78
曾朴，89
查尔斯·W. 埃利奥特，15、134；哈佛大学校长，113–114、133、141；萧德，114、

131；杜德维，117–123、134–135；卡内基国际和平基金会，141、143–157、181–182；后期生涯，141；访问中国，142–146、161–162；访问日本，144；引见信，154–156
查尔斯·麦卡锡，182
查尔斯萨姆纳，27、54–55、60
朝鲜战争，7
陈独秀，7、206
陈兰彬：留美学童监督，77–78、92、97–98；个性，92、98–100
陈志让，190
筹安会，185、193–194
慈禧太后，41

D

大美国，79–80
大平正方，253
大跃进，13
戴维·兰普顿，262
丹尼尔·韦伯斯特，123
《当中国人在思考》，217–218、226
《道德经》，102
道家学说，218
德国，218、255；统一，68；利益，69
德黑兰，伊朗，250
德康斯坦男爵，159
德善，45
邓世聪，86–87
邓小平，6、12、188、231、249；抵制，253–254；访美，254–255
帝国海关：雇员，40、117、118；总税务司，115、126、162
帝国主义：走狗，16；英国，34
第31届世界乒乓球锦标赛（日本名古屋）：中国代表队，239–240、242、248；台湾代表队，241
第二次世界大战，261；美国的日本人集中营，6；同盟国，7
丁崇吉，103、126
丁韪良，32、34、44、48；翻译，38、61、91；论蒲安臣使团，71；著作，91；支持，118–119
丁子江，228
东京帝国大学，148
董显光，206
董恂，34–35、37–38、43–44、62
杜德维，134、162；与埃利奥特，117–123、134–135；职业生涯，119
杜克大学，8–9
《杜威五大演讲集》（杜威），227

E

E. C. 帕克，148
俄国，33、60、82–83、223。亦见"莫斯科奥林匹克运动会"、"苏联"
俄皇亚历山大二世，69

F

法国，206–207、211；入侵中国，26、29；外交官，31；合作，33；蒲安臣使团，67–68；大学，114、140；巴黎和会，207、212
《凡尔赛条约》，208、222
费城，83
费尔南·法汉吉尔，155
费正清，18–19、21、247
费正清《中国：一部新历史》，21
芬兰，82
冯大卫，164
冯石卿（音译），164
弗兰克·凯洛格，196
弗雷德里克·穆尔，155
弗雷德里克·西华德，58
复旦大学，231
富兰克林·D·罗斯福，7

G

戈鲲化，15、17、20、141、260；在哈佛大学，105、115、122–133；印章，105–106、134；古诗，106、128–131；履历表，106–108；去世，08、133–135；职业生涯，119–120；候选人，119–123；声誉，122；教学准备，123–124；哈佛学生，126；卫三畏，126–129；个性描述，128、132–133；书作，130；论学英语，132；记忆，132；家庭，134
哥伦比亚大学，89、140；校长，144、160；与古德诺，159–160、166；档案，209–210；约翰·杜威，209–210、213、219；功劳，211
格雷厄姆斯廷霍文，240–241
格伦·科恩，241–242、243
葛罗米柯，256
个人主义，2、225
"给汉语课学生的提示"，124
庚款留学项目，102、205
恭亲王，44
恭亲王：论遣使，41–44；国书，45–49；论蒲安臣使团，53、66、70；论《蒲安臣条约》，61–62

索引

《共同的旅程：中美两百年史》，1
共有历史，1；研究，17–19、108、139；着重，19–22；约翰·杜威的作用，219–226、230；意识，261–264
古德诺，15–16、20、102、260；经历，139–140；书信与文章，139–140、158、162、179–180、195；教育，140；荣誉学位，140；任命，141、143、147、151–156、196；描述，141；任中国顾问，145、153–166、195–196；期望，156；私人秘书，157–158；哥伦比亚大学，159–160、166；教授，159–160、166；记录，162–163；巴特勒，163、165–170、172–176、181–186、198–199；信使，163；收藏家，164–165；讲座，165–166、200；论中国宪法，167–170、173–180、201–202；在约翰·霍普金斯大学，169、177、180–184、198；论中国学生，169–170；备忘录，179–180、185–186、189–193；观察与看法，184–185、187–190、203；贡献，196–203；种族主义，200
古德诺的著作：《政治与行政：对政府的研究》，140；《社会改革与宪法》，140
顾盛，45
顾维钧，151、190–191、199–200
官话，124
广东省，80
郭秉文，209
郭嵩焘，79、92
国际奥林匹克委员会，国际奥委会：支持，237、248；规定，250
国际法，37–38、61
国际化：中华人民共和国，2–3、137、205；美国，2–3、137。亦见"卡内基国际和平基金会"
《国际经济紧急控制法案》，250–251
国际收割机公司，148
国家认同：问题，3–5、11–14；种族主义，5–6；历史，11–14；中国，208

H

哈佛大学，80、89、260；汉语讲座项目，105、113–126、134；戈鲲化在哈佛，105、115、122–133；埃利奥特任校长，113–114、133、141；萧德与哈佛，114–126、134；募捐，119、134
哈佛大学的哈佛—燕京图书馆，108、130
哈佛大学神学院，132–133
哈特福德，康涅狄格州，80–88
哈特福德公立高中，81–82
海归，海龟，10–11
海鸥，10–11
海约翰，33
韩德，19
汉密尔顿·菲什，70、72
汉学，114
汉语，中文，109、116；哈佛大学汉语讲座项目，105、113–126、134；耶鲁大学汉语课程，109–113
汉语，中文，109、116；哈佛大学汉语讲座项目，105、113–126、134；耶鲁大学汉语课程，109–113
汉族，26–27、80
好斗的中国人，见"蔡廷干"
赫德，40、48、162；论蒲安臣条约，63–64；论蒲德，115–117
亨利·华兹华斯·朗费罗，37、135
亨利·基辛格，8、12、20、264；基辛格回忆录，242；论乒乓外交，244–248
亨利·卢斯，259
亨利·普里切特，149–152
亨利·亚当斯，198
恒祺，42–43
胡适，259；学生，102；与约翰·杜威，209、211–212、226–227
胡思杜，231
《华盛顿邮报》，188
皇家学院，115
黄开甲，旋风杰克，83
黄遵宪，74、80、94、103
惠顿（《万国公法》作者），38、61

J

基督教，93–96、98、101
基督教青年会（YMCA）：干事，237；与中国，237–238
基肖尔·马凯硕，21
吉米·卡特，1、6；对莫斯科奥运会的抵制，249–257；美国驻德黑兰大使馆，250
加州大学伯克利分校，112、114
甲午战争（1894—1895），101
简·利弗莫尔·蒲：婚姻，27；论丈夫，32、50–51、54；论中国，39；写作，57、66、68–69
剑桥大学，114
江苏，80
蒋梦麟，206、209、211–212
教育，15；蒲安臣，27；在中华人民共和国，76；容闳，76–77、93；高等教育，108；古德诺，140；约翰·杜威论教育，210–211。亦见"清代留美学童"、"新教育运动"

《解析中国》，古德诺著，200–201
《京报》，173、193
经济和效率委员会）141
旧金山，55–56
决议案，251–252
军阀主义，208

K

卡尔文·柯立芝，196
卡内基国际和平基金会，15；与埃利奥特，141、143–157、181–182；董事们，141、143、146–156；特殊使命，143–144；报告，144–145；关于中国顾问，145–156；主要目标，146；巴特勒，149、150、157–159、163；约翰·霍普金斯大学，183
卡内基基金会教学促进部 150
康庚，87
克拉伦斯威克姆，103
克林顿的外交政策，21
孔子，12、133、208、228、243
孔子学院，13
叩头，41

L

拉丁美洲，28
拉福德·哈里森，240–241
拉瑟福德·B.海斯，59、90
兰斯洛特·帕克，158
劳埃德·卡特勒，250–252
劳文罗斯，50、64–65
雷默，228
黎姓学生，194、202
李大钊，206
李恩富，100–101
李鸿章：政治家，11、40、119；派遣留美学童的决策者，76–78、91–100
李剑农，191
李士彬，97
理查德·霍夫施塔特，237
理查德·马德森，263
理查德·尼克松：1972年访华，8、9、188、246；看法，72；论中国，239–248；论乒乓外交，244–248
理雅各，传教士，114
历史，1；国家认同，11–14；中华人民共和国，216
联合国，246
联合学院，110
梁诚，102

梁敦彦，103、197；演说者，81–83；体育运动，84
梁启超，72、190、197；评论和文章，202–203、236–237；
梁士诒，194、197
《列王》，259
列威廉，49
林语堂，259
刘长春，238
镂斐迪，78
鲁德亚德·吉卜林，21
路康乐，04
路易丝·巴特利特，103
路易斯·科苏特，28
伦敦《泰晤士报》，65、66–67、147
《论中国》（基辛格著），8、20、264
罗伯特·斯坦顿·威廉姆斯，111
《洛杉矶时报》，188
旅行，59

M

麻省理工学院，80、89、150
马戛尔尼，40
马克·吐温，25、35–36、39、80；论《蒲安臣条约》，62–63；发表悼词，70；论清代留美幼童，97–98
马克思主义，225
马慕瑞，171–172、193–194
马萨诸塞州，麻省，7、27–28、55–56、118
马士，125；历史学家，72；支持，118；备忘录，124
马歇尔·布莱蒙特，252、255
马修·佩里，110
玛格丽特·巴特利特，103
玛丽·巴特利特，103
玛丽·伯纳姆，101
玛丽亚·亚历山德罗芙娜，俄国皇后，69
迈克尔·奥克森伯格，254
麦克乐，237
满人，26–27、80
"满洲国"，238
毛泽东，11–12、226–227；诗词，105–106；看法，188、254；论中美关系，206、239；论威尔逊，207；文化大革命，239；论台湾，239、246、248；论乒乓外交，242–244、247–248
毛泽东体制，5
美国，7、238；宪法，1；国际化，2–3、137；对华外交政策，4、29–39、64–65；中国作为债权国；10、21；种族主义，5–6、261；公民权，6；移民政策，6、15、

索 引

26、89–90；与越南战争, 6、7、239、244、247–248；了解, 7–8；经济联系, 8–9；贸易, 9、12；留学生在, 10；领导人, 11–12；主导与衰落, 14；驻华使团, 29–31；反华主张, 57；与留美幼童, 78–100；百年博览大会, 83–84；高等教育, 108；政策, 188；影响, 205；在山东问题上, 206–207；与日本, 220；在台湾问题上, 246；中国乒乓球代表团, 247–248；与苏联, 249–257；保守派, 261。亦见"美国内战"

美国奥林匹克委员会, 250–252
美国报纸主编协会, 246
美国参议院, 251–252
美国的太平洋世纪, 21
《美国独立宣言》, 4
美国公理会差会, 109
美国国会：法案和决议案, 7、89–90；决议案, 7；否决, 207。亦见"排华法案"
美国国家安全委员会, 249
美国国务院, 1、182；支持, 143；承认, 159
美国海军学校, 78、90–91
美国梦, 262–263
美国内战, 26–27、75
美国乒乓球协会, 240–244、247
美国普莱西德湖冬季奥林匹克运动会（1980年）, 253
美国退还庚子赔款, 17
《美国与中国》（费正清著）, 18
美国在中国的机会, 220
美国政治和科学学院, 190
美国政治学协会, 140、199
美国众议院：蒲安臣使团, 54–55、57；
美式足球, 86–88
美中关系全国委员会, 247
门户开放时期, 205
孟子, 5
民国法制局, 167、168
民国国民议会：宪法草案, 171–172；与袁世凯, 171–172、178；解散, 172、178
民主：孙中山, 190；精神, 206；鼓吹, 225
明恩溥, 168
莫理循, 147、148、154、162
穆罕默德·阿里, 252

N

蒲德：职业生涯, 114；埃利奥特, 114、131；与哈佛大学, 114–126、134；赫德论蒲德, 115–117
南开大学, 237
南开中学, 155

尼古拉斯·默里·巴特勒, 210；职业生涯, 144、151–152、160、162；描述, 144；写作, 144–145；卡内基国际和平基金会, 149、150、157–159、163；和古德诺, 163、165–170、172–176、181–186、198–199
牛津大学, 114
纽约, 55、56
《纽约论坛报》, 53、83–84
《纽约每日图片报》, 105
纽约《时代》杂志, 53、54、60、63、93、177、243
诺厄·波特：耶鲁大学校长, 89、95–97、112–113；请愿书, 95–97
诺克斯（国务卿）, 147–148

O

欧内斯特·梅, 哈佛大学教授, 历史学家, 259
欧阳庚, 89

P

《排华法案》(1882年, 美国), 72；与清代留美幼童, 89–90；移民, 90；通过, 108、188
潘向明, 93
皮葛, 148
乒乓外交, 239–241；毛泽东论, 242–244、247–248；基辛格论, 244–248；尼克松论, 244–248
蒲安臣, 14、16–17、20、74；中国使者, 25–53、115、26、69–71；早年生活和教育, 27；婚姻, 27；政治生涯, 27–28；演说, 27–28；个性与技巧, 32、36–37、57；成就, 33、71–73；合作政策, 33–39；与大不列颠, 36；中文名字, 36–37
蒲安臣使团, 260；在美国, 52–63；恭亲王论, 53、56、70；在白宫, 54、56；在美国国会, 54–55、57；在英国, 63–67；在欧洲, 63–71；在法国, 67–68；丁韪良论, 71
《蒲安臣条约》(1868年), 25、63、71–73；西华德, 57–60、65–66；谈判和批准, 58、61–62；第五条, 58–59；清王朝, 58–59；关于移民, 58–60、89–90；第6条, 59；涉及旅行游历, 59；法律保护, 59–60；第8条, 61、64；恭亲王论, 61–62；台湾, 62–63；赫德论, 63–64；第7条, 76–77 违背, 89–90
普莱西德湖冬奥会（1980年）, 253

普雷斯顿·布鲁克斯, 27

Q

歧视, 59–60、89–91、108
钱学森, 102
钱钟书, 37
乔迪·鲍威尔, 251
乔治·H·布什, 188
乔治·H·丹顿, 5
乔治·W·布什, 1
乔治·班克罗夫特, 68–69、70、72
乔治·鲍尔, 247
乔治·马丁·雷恩, 中文名刘恩, 126、133
乔治华盛顿, 38
清王朝, 261；多民族, 5；扩张, 6；政府, 14、26–27、39–40、208；统治阶级, 26–27；国书, 48；《蒲安臣条约》, 58–59；朝廷, 70–71；旗帜, 83

R

R. W. 爱默生, 55
《人生颂》, 37
日本, 220–221
日本, 6、38、148、188–189、255；留日学生, 91；对日远征, 110；埃利奥特的访问, 144；宪法, 177；二十一条, 189–191、195–196；民族主义, 205；中美关系, 206；与中国, 206–207、222、236；山东, 206–207、222；与美国, 220；慷慨, 220–221；与梁启超, 220–221；约翰·杜威论日本, 221–223
日本的二十一条, 189–191、195–196
容闳, 10–11；所受的教育, 76–77、93；留美幼童的监督, 77–78、90–93、99–100；个人生活, 93、95；弱点, 93、97
容揆, 95、101
儒家学说, 5、218、228
入江昭, 2–3、18–19
入江昭著《跨越太平洋—美国东亚关系秘史》, 18–19
芮恩施：美国公使, 150–151、174、182、185–186、194；论宪法, 176；顾问, 197；辞职, 207

S

S. M. D. 诺斯, 158、186
赛艇队, 86
赛珍珠, 259
山东, 220；与日本, 206–207、222；美国论, 206–207
上海, 64、78
《社会改革与宪法》(古德诺著), 140
社会主义, 225
射击, 87–88
施肇基, 176
十四点讲话, 206
石霓, 103–104
史景迁, 139、261–262
水门事件, 12
斯凯勒·科尔法克斯, 54
斯坦福大学, 8–9、210
宋中, 241
宋中, 241
苏联, 261；新兴的, 205；与中华人民共和国, 239、254；入侵阿富汗, 249；与美国, 249–257。亦见"莫斯科奥运会"、"俄国"
孙大人, 孙家谷, 62
孙家谷：使臣, 45–49、55、67–68、71；作用, 61
孙中山, 220、226；加入美国国籍, 5、7、9；论民主, 190

T

台湾：毛泽东论, 239、246、248；台湾问题；240、248；在第31届世界乒乓球锦标赛上, 241；美国论, 246
太平天国运动, 26–27；伤亡人数, 31；镇压, 34
唐朝, 4
唐国安, 102
唐绍仪：留美幼童, 84、102；国务总理, 145–147、185
陶行知, 210
特伦斯·斯坎伦, 249
体育运动：文化, 2；作用, 15–17；梁敦彦, 84；清代留美幼童, 84–88；国家利益, 235。亦见"特殊奥运会""特别体育项目"
天津基督教青年会, 237
《天津条约》(1858年), 39–40
天下, 4、48
同文馆, 32、38；学生, 45；开办, 75–76；反对, 76
同治中兴, 77
土耳其, 83
托马斯·弗里德曼, 11
托马斯·哈代, 259

索 引

W

外交：总理衙门与外交，44–45；乒乓外交，239–248；毛泽东论乒乓外交，242–244、247–248；基辛格论乒乓外交，244–248；尼克松论乒乓外交，244 248

外交官：卫三畏；28、29、32–33、37、39、45、51–53、68、110–111；法国，31；英国，31、33–35；恭亲王，41–44；中华人民共和国，79

《万国公法》（惠顿著），38、61

万斯，251

汪大燮，197

王邵廉，155

王阳明，140

威利和帕特南公司（出版公司），110

威廉·A·派珀，70

威廉·邦迪，247

威廉·亨利·西华德：国务卿，28–29、31、36、39、45–46、51；会见，50、71；蒲安臣条约，57–60、65–66

威廉·里昂·菲尔普斯，84、87

威廉·麦金利，144

威廉·塔夫脱，141、152

威廉·詹宁斯·布莱恩，196

威妥玛，37、114、123

韦罗贝，179、180–181、186–187

维克多·H.杜拉斯，150

卫斐列，26、33、128

卫三畏（又译卫廉士）：外交秘书，28、29、32–33、37、39、45、51–53、68、110–111；通信，48–49、72；教授，89–90；传教士，109；演讲，109–110；学者，109–110；翻译，110；学位，111；在纽黑文，111；耶鲁大学讲座教授，111–113；去世，112；与戈鲲化，126–129

卫三畏的著作：《中国商业指南》，109；《中国总论》，110、112–113；《英华分韵撮要》，110；《英华韵府历阶》，109

温家宝，7–8

温斯顿·丘吉尔，4

文化大革命，13、239

文化国际主义，2–3

《文化国际主义和世界秩序》（入江昭著），2–3

文化认同，8

文化认知，14

文化相对主义，226

文明，1、4–5、260–261

文祥，38、42–43、45、49–50

文祥，50

倭仁，49、79

沃尔特·李普曼，220

沃尔特兰利，191

沃伦·哈丁，144

《我的中国童年》（李恩富著），100–101

"我也有一份"政策，18

吴嘉善，93–95、98、100

吴仰曾，85

五四运动：游行，211；约翰·杜威论，211、212–213、216–217、228

伍朝枢，197

伍德罗·威尔逊，7、141、188；新世界蓝图，205–207；十四点讲话，206；带领者，206–207、220、230

伍廷芳，235、257–258、262

X

西奥多·罗斯福，141、259

西班牙，28

西德，252

西点军校，78、90–91

希拉里·克林顿，21

禧在明，115、123–124

夏偕复，195

香港最高法院，148

香港最高法院，148

香烟贸易，8–9

"小精灵"，见"钟文耀"

《逍遥游》，105

辛亥革命：与中国，161–162、188；领导者，220

新共和，220

新教育运动，219

新文化运动：主要人物，211；约翰·杜威论，217、223、228

星期日世界，1917年8月5日，212

徐继畲，38

玄奘，106

旋风杰克，见"黄开甲"

Y

鸦片贸易，8

鸦片战争，26、29、34、206、208

亚伯拉罕·林肯，25

亚洲，220、226

阎锡山，226

晏阳初，210

杨约翰，101

杨振宁，102

耶鲁大学，80、260；与清代留美幼童，85–86、89；钟文耀在耶鲁，85–86；校长，89、

95–97、112–113；中文课程，109–113；卫三畏任讲座教授，111–113；历史学家们，139
《一份奇异的文件》，188
伊朗，250
依利胡·鲁特，144、147–149
一战，7、15、189、261；与中国，205–208；与约翰·杜威，212、228–229
移民：问题，5–6；美国的政策，6、15、26、89–90；《蒲安臣条约》，58–60、89–90；与《排华法案》，90
《异哉所谓国体问题》，191
意大利，71
《英华分韵撮要》（卫三畏著），110
《英华韵府历阶》（卫三畏著），109
英国，大不列颠，114、191、206–207；与中国，26、29、33–34、75；下议院，28；外交官，31、33–35；合作，33；帝国主义，34；与蒲安臣，36；公使馆，42；蒲安臣使团在英国，63–67。亦见"伦敦奥运会"
英国外交部，191
《英韵中国古诗》（蔡廷干著），102
《瀛寰志略》（徐继畬著），38
尤利西斯·格兰特，67、83、97–98
有贺长雄，148、171、176
《友谊之花遍地开：中国乒乓球代表团参加第31届世界乒乓球锦标赛摄影集》，240、242、245、248
于希渭，238
《语言自迩集》（威妥玛著），123
"远东的僵局"，222
袁克定，166、173
袁世凯，102、174、179、201；总统，143、147、150、155、160–162、185；私人秘书，145；与国会，171–172、178；帝制阴谋，188–191、196–197
约翰·杜威，15–17、20；演讲，202–203、211–212、219–220；在中国，204、208–226；中华人民共和国，204、208–226；实用主义，204、227–228、231；蒋梦麟，206、209、211–212；与胡适，209、211–212、226–227；信件和著述，209、212、214–218、220–226；学生，209、211–212、226–227；在哥伦比亚大学，209–210、213、219；学术生涯，210；教育，210–211；论五四运动，211、212–213、216–217、228；一战，212、228–229；论耐心，215；论新文化运动，217、223、228；在共有历史中的作用，219–226、230；不干预政策，221；论中美关系，221、229；论日本，

221–223；成功，226–231
约翰·弗格森，189
约翰·福斯特·杜勒斯，11–12
约翰·哈德逊，83
约翰·霍普金斯大学，140；古德诺，169、177、180–184、198；卡内基国际和平基金会，183；约翰霍普金斯大学出版社，200
约翰·莫莱，152
约翰·穆尔，151
约翰·斯卡利，244、247
约翰·泰勒（美国总统），45
约翰·威廉·伯吉斯，151、156
约瑟夫·罗斯威尔·霍利，84
约瑟夫·斯大林，11
约瑟夫·特威奇尔，95、97、100
越南，6
越南战争：中国人，6、7；美国，6、7、239、244、247–248

Z

暂时性保护，216
詹姆斯·B.杜克，8–9
詹姆斯·布朗·斯科特，150–153、156
詹姆斯·达纳，111
詹天佑，89、102、103
《战国策》，21–22
张伯苓，155、237
张康仁，102
张荫棠，153
赵天麟，155
政府：作用，2；清，14、26–27、39–40、208
政府的改革，180
政府的重要作用，40；共和，140–141
《政治与行政：对政府的研究》（古德诺著），140
《芝加哥每日论坛报》，188–189
《芝加哥每日新闻》，246
志刚，41；作为使臣，45–49、71；讲话，55–56；角色，61
中法战争（1884年），101
中国：中华人民共和国，9、13–14；中华文明，1、4–7、260–261；国际化，2–3、137、205；美国的债权国，4、10、21；资本主义，5；文官制度，5；"西部大开发"政策，6；盟友，7；认识，7–8；尼克松访华，8、9、188、246；香烟贸易，8–9；经济纽带，8–9；对外贸易，9、12；苦力，9；留学生，10、104；民族国家，11；领导人，11–12；外汇储备，20–21；蒲安臣作为使臣，25–53、115；

索 引

法国人入侵，26、29，33–34、75；19 世纪中叶，26–39；外交政策，29、32、262；近代国际法，37–38；简·利弗莫尔·蒲论中国，39；国旗，56；教育，76；外交官，79；主旨，103–104；文学，129–130；埃利奥特访问，142–146、161–162；古德诺为顾问，145、153–166、195–196；外国顾问，145–147；卡内基国际和平基金会论挑选顾问，145–156；宪法，156、162；培养，159；辛亥革命，161–162、188；古德诺论宪法，167–170、173–180、201–202；约翰·杜威，204、208–226；和一战，205–208；承认，206；和日本，206–207、222、236；国家认同，208；觉醒，214–215；暂时保护，216；历史，216；2008 年奥运会主办国，235–236；奥林匹克梦想，236–238；与基督教青年会，237–238；建国，239；与苏联，239、254；尼克松论中国，239–248；抵制 1980 年莫斯科奥运会，253–257；保守派，260–261。亦见"排华法案"、"山东"、"中国代表队"

中国奥林匹克委员会，256
《中国丛报》，109
中国代表队：在第 31 届世界乒乓球锦标赛上，239–240、242、248；在美国，247–248
"中国的联邦制"，224
"中国的新文化"，217
中国共产党：建立，7、206；敌人，13–14
"中国皇后"号，7
中国留美大学生归国学生会，102
中国留美幼童，73、108、260；首个留学项目，75–80；有关奏折章程，77–78；与美国，78–100；挑战，79；在康涅狄格州哈特福德，80–88；学生，80–88、100–104；误解，81；蔡廷干，81–82、102；在百年博览大会上，83–84；学生的外号，84；唐绍仪，84、102；棒球，84–85；体育运动，84–88；自行车，85；技艺，85；耶鲁大学，85–86、89；社交技巧，87–88；学院，89；排华法案，89–90；提前撤回，89–100；损害，93–95；皈依基督教，93–96、98、101；马克·吐温，97–98；总理衙门，99–100；成就与贡献，100–104

中国人：对越战争，6、7；软实力，20；蒲安臣的中文名字，36–37；歧视与种族主义，59–60、89–91、108；省份，80；古德诺论中国学生，169–170；国内社会合作，178；国内社会结构，200；对美国的印象，205–206；认知，208；哲学，211、218

《中国人的性格》，168
《中国人民》(Peuple Chinois，费尔南·法汉吉尔著)，155
《中国商业指南》，109
"中国学生的反叛"，216
《中国总论》(卫三畏著)，110、112–113
中美关系，104、223；弱点，1–2；经济、贸易问题，8–10、12；处于劣势，18；未来，21–22；与日本，206；毛泽东论，206、239；约翰·杜威论，221、229；相互滥用，259；模式，260
"中美"，258
中央太平洋铁路，9
《中英天津条约》，40
钟师统，256
钟文耀 / "小精灵"，84、103；童年，85；在耶鲁大学，85–86
种族主义：国家认同，5–6；在美国，5–6、261；中国人，59–60、89–91、108；古德诺，200
周策纵，228
周恩来，15、243–244、246
周寿臣 / 周长，103
周自齐，196–197
朱尔典，191
驻德黑兰美国大使馆，250
庄则栋，241–242
庄子）105
兹比格纽·布热津斯基，252–255
资本主义，5
自由主义，208
总理衙门：争执，38; proclamation of、38–39; diplomatic mission circular of、40–41；外交，44–45；留美学童，99–100；真实政策，139